가계소득주도
성장론

가계소득주도 성장론

발행일	2018년 7월 11일

지은이	이동욱		
펴낸이	손형국		
펴낸곳	(주)북랩		
편집인	선일영	편집	오경진, 권혁신, 최예은, 최승헌, 김경무
디자인	이현수, 김민하, 한수희, 김윤주, 허지혜	제작	박기성, 황동현, 구성우, 정성배
마케팅	김회란, 박진관		
출판등록	2004. 12. 1(제2012-000051호)		
주소	서울시 금천구 가산디지털 1로 168, 우림라이온스밸리 B동 B113, 114호		
홈페이지	www.book.co.kr		
전화번호	(02)2026-5777	팩스	(02)2026-5747

ISBN	979-11-6299-225-8 03320 (종이책) 979-11-6299-226-5 05320 (전자책)

이 도서의 국립중앙도서관 출판예정도서목록(CIP)은 서지정보유통지원시스템 홈페이지(http://seoji.nl.go.kr)와
국가자료공동목록시스템(http://www.nl.go.kr/kolisnet)에서 이용하실 수 있습니다.
(CIP제어번호 : CIP2018021232)

더 나은 대한민국 경제를 위한 26가지 생각

가계소득주도 성장론

INCOME-LED GROWTH THEORY

이동욱 지음

그동안 대한민국은 자본주도 성장을 거듭하면서 국부를 증진했지만,
양극화, 고용 대란, 청년실업, 가계부채 등
다양한 사회적 문제를 야기했다

그 대안으로 등장한 소득주도 성장론은 과연 침체의 늪에
빠진 대한민국호의 구원 투수가 될 수 있을 것인가?

북랩 book Lab

서문

국민경제의 3대 주체는 기업과 가계, 정부다. 기업은 생산의 주체고, 가계는 소비의 주체고, 정부는 생산과 소비의 주체라고 한다. 그러나 사실상 정부는 기업과 가계로의 소득 배분을 조정하는 조정자다.

경제 정책을 혁신성장, 창조경제, 소득주도 성장이라는 좋은 말로 포장하지만 사실상 이는 기업과 가계로의 소득 배분을 조정하는 것에 불과하다. 혁신성장과 창조경제 정책은 기업으로의 소득 배분을 확대해서 경제를 성장시키겠다는 정책이고, 소득주도 성장 정책은 가계로의 소득 배분을 확대해서 경제를 성장시키겠다는 정책이다.

생산액과 소비액은 같다.

기업으로 소득 배분을 확대하면 가계로의 소득 배분은 감소하고, 가계로의 소득 배분을 확대하면 기업으로의 소득 배분은 감소한다.

기업으로 소득을 더 많이 배분하면 공급이 증가하는 반면에 가계로의 소득 배분이 감소하여 수요가 감소한다. 공급이 증가하고 수요가 감소하면 가격이 하락하고, 가격이 하락하면 한계기업이 생산에서 퇴출당해 생산이 감소하면서 가격경쟁력이 상승하여 무역 흑자가 증가한다.

무역 흑자에 의한 생산 증가보다 가계소득 감소에 의한 국내소비의 감소가 훨씬 더 크다.

한계기업의 퇴출이 자영업의 폐업, 중소기업의 폐업이고, 조선업, 자동차산업의 구조조정이다. 한계기업의 퇴출이 우리나라의 경제문제인 양극화 확대, 청년실업 폭증, 고용 대란의 가장 큰 원인이다.

우리나라의 경제 문제나 고용 대란 문제를 해결하기 위해서는 기업으로의 소득 배분을 감소시키고 가계로의 소득 배분을 확대해야 한다.

가계로의 소득 배분을 확대하기 위해서는 가장 먼저 기업소득을 감소시키고 노동소득을 증가시켜야 한다. 기업소득이 영업이익이고 노동소득이 인건비다.

노동소득을 증가시키기 위해서는 노동시간을 단축하고 임금을 인상해야 한다.

생산은 자본과 노동의 결합으로 기업에서 이루어지고, 인건비가 노동비용이고 인건비 외의 모든 비용이 자본비용이며, 생산은 자본비용과 노동비용이 같아지는 지점에서 결정된다.

노동소득을 증가시키기 위해서 노동시간을 단축하고 시간당 임금을 인상하면 노동비용이 상승한다. 노동비용이 상승하면 기업은 자본의 투입을 확대하고 노동의 투입을 축소한다.

노동소득을 증가시키기 위한 노동시간 단축과 임금인상은 노동소득을 증가시키기보다는 오히려 고용을 감소시켜 노동소득을 감소시키는 역할을 한다.

노동비용을 상승시키면서 고용 감소를 막기 위해서는 자본비용도 같이 상승시켜야 한다는 결론이 나온다. 하지만 자본비용을 상승시키면 국제경쟁력이 약해져서 무역 적자가 발생한다.

본서 『가계소득주도 성장론』은 노동비용과 자본비용을 동시에 상승시켜서 고용과 임금을 동시에 증가시키되 국제경쟁력을 유지할 방법을 제시하고자 한다.

2011년 6월 25일 문재인 대통령에게 '경제전략'과 '소비능력 확대전략'이라는 이름으로 소득주도 성장 정책의 경제원리와 주요정책을 보냈고, 고맙다는 전화도 받았다. 내가 제일 먼저 소득주도 성장 이론을 문재인 대통령에게 전했을 것으로 생각한다.

누구보다 더 문재인 정부의 소득주도 성장 정책에 관심이 많다.

본서가 널리 알려져 문재인 정부의 소득주도 성장 정책을 주저앉히고자 하는 보수 기득권자들의 자본 논리를 무너뜨리고 소득주도 성장 정책이 본격적으로 시행되어 우리나라의 경제문제인 양극화 문제, 고용대란 문제, 청년실업 문제, 가계부채 문제를 해결할 수 있기를 기대한다.

차례

제2부

제1부

제1장

국가 발전과 경제 시스템

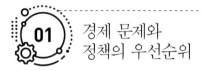

1) 국가 발전을 가로막는 것들

⑴ 경제 문제와 사회 문제

우리나라의 경제·사회 문제로는 빈부 격차의 확대, 소득의 양극화 확대와 중산층의 몰락, 청년 실업의 확대와 고령화, 저출산, 경제 위기의 상시화, 국가부채 급증, 가계부채 폭증, 기업부채의 확대와 부실기업 증가, 지속적인 내수(소비) 감소, 성장률 저하, 자살률 증가 등을 들 수 있다.

사회 정책으로는 사회 문제를 해결하지 못한다. 경제 문제를 해결하는 수단이 경제 정책이고, 사회 문제를 해결하는 수단이 사회 정책이다.

경제 문제로는 경기의 침체, 자영업의 몰락, 경기의 변동성 확대, 외환 위기, 성장률의 하락, 국제경쟁력의 하락, 부동산 주택 가격의 폭등·폭락, 전셋값 폭등, 서민물가 상승, 가계부채 확대, 고용 위기, 실업자 증가 등이 있으며, 대부분 경제가 선순환하지 못함으로써 발생하고, 발생한 문제를 거시 정책으로 미봉(彌縫)함으로써 확대·재생산되고 있다.

경기침체, 성장률의 하락, 경기의 변동성 확대는 국민경제가 선순환하지 못하기 때문에 발생한다.

외환 위기의 발생은 부채 확대 정책 때문이고, 부동산 및 주택 가격의 폭등이나 전셋값의 폭등, 가계부채의 확대 또한 경제가 선순환하지 못하고 침체하기 때문에 침체에서 벗어나기 위하여 부채를 확대하는 정책을 사용하기 때문에 발생하고 있다.

고용 위기, 실업자 증가도 경제가 선순환하지 못하기 때문이다. 경제가 선순환하지 못하면 경제 문제가 발생하고, 경제 문제가 심화되면 사회 문제로 전환된다.

사회 문제는 사회제도나 사회구조의 결함·모순으로 발생하는 실업 문제, 주택 문제, 인구 문제(저출산, 고령화), 질병, 빈곤 등 개인의 일상생활에 직접 관계되는 문제들로 인해 고통을 느끼는 사람들의 수가 증가함에 따라 개인의 문제가 사회 전체 시스템의 문제로 전환되는 것을 말한다.

사회 문제는 사회 시스템의 한계에서 오는 현상이나 문제이지만, 경제적 원인에 의해서 그 발생이 확대·재생산된다.

사회 문제 대부분은 사회 정책만으로는 해결할 수 없고, 경제 정책으로 사회 문제를 최소화해야 비로소 사회 정책으로 사회 문제를 해결할 수 있다.

경제 정책은 혁신경제, 창조경제, 공정 성장, 포용적 성장, 소득주도 성장 등 여러 가지 좋은 말로 포장을 하지만, 한마디로 말해서 국가가 가진 자원(소득)을 배분하는 것, 자원 배분을 조정하는 것, 자원이 배분되도록 유도하는 것에 지나지 않는다.

경제 정책은 자본과 노동으로의 소득 배분을 조정하고, 기업과 가계로 소득 배분을 조정하고, 개인과 개인 간의 소득 배분을 조정하고, 수도권과 비수도권, 지역 간의 자원 배분을 조정하고, 산업 부문 간의 자원 배분을 조정하고, 대기업과 중소기업 간의 소득 배분을 조정하는 것에 불과하다.

자원 배분이 잘못되면 많은 경제 문제가 발생한다. 발생하는 경제 문제를 해결하기 위해서 미봉적인 경제 정책을 사용하면 또 다른 경제 문제가 발생하고, 그 경제 문제가 심화되고, 더 나아가서 경제 문제가 사회 문제로 확대·재생산된다.

경제 정책의 수단으로는 조세 정책, 규제 정책, 지출 및 급부 정책이 있고, 사회 정책의 수단으로는 규제 정책, 지출 및 급부 정책이 있다.

사회 정책은 규제 정책이고 급부 정책이므로 개인의 자유(기본권)를 침해할 가능성이 아주 크다. 국민의 행복한 삶을 위한 사회 정책인 복지 정책도 개인의 자유를 간섭하는 부분이 크다.

경제 문제가 심화되고 확대되어 사회 문제로 발전하면 정부는 사회 문제를 해결하기 위하여 규제와 부담을 확대하게 된다. 또한, 국민의 기본권을 제한하게 되고 급부 정책과 행정력으로 개인의 행위에 대한 간섭을 확대한다.

경제 정책이 잘못되어 경제가 선순환하지 못하면 경제 문제가 발생한다. 발생한 경제 문제를 해결하기 위해 거시 정책과 같은 미봉적인 정책을 남발하여 경제 문제를 심화시키거나 새로운 경제 문제를 만들고 이를 사회적 문제로 확대·재생산하게 되면 다양한 문제가 발생한다. 사회 문제를 해결하기 위해서 국민에게 규제와 부담을 지우고, 행정 기능을 확대해서 행정이 국민 개개인의 생활에 깊이 개입하고 개인의 자유를 침해하게 된다.

사회 문제를 경제 정책으로 해결하지 않고 사회 정책만으로 해결하려고 하면, 사회 문제를 해결하지도 못하면서 국가의 예산만 낭비하고 국민의 기본권만 침해하는 결과를 낳는다.

경제 문제와 사회 문제가 해결되지 않은 채로 사회 시스템이 복원력을 상실하고 붕괴하면 국민의 정권에 대한 비판이 심해진다.

민주적인 정권이라면 파시즘적으로 국정을 운영하는 것을 선택하지 않을 것이므로 정권이 무너질 것이고, 조금이라도 전체적인 성격이 있거나 권력의지가 강한 진보 정권이라면 지지 세력을 동원하여 전체주의적으로 국정을 운영하려고 할 것이다.

보수 기득권적 정권이라면 사회 정책 중 복지 정책을 확대하겠다고 하면서 경제 문제를 더 확대·재생산하고, 그 결과 경제가 더 어려워지면 복지망국론으로 국민을 우민화시키고 방송 등을 장악하여 국민의 눈과 귀를 가려 국민의 표현의 자유를 억압하는 방식인 파시즘적으로 국정을 운영할 것이다.

사회 문제는 그 성격상 대부분 경제 문제에 의해서 지속적으로 확대·재생산된다. 때문에 경제 문제를 해결하지 않고서는 어떤 사회 정책으로도 사회 문제를 해결할 수도 없거니와 사회 문제를 최소화할 수도 없다.

반면에 사회 문제를 경제 정책으로 해결하려고 하면 기득권 세력이나 재벌·자본가들의 이익을 침해하게 된다. 정치인이나 행정 관료들은 경제 정책을 통한 사회 문제의 해결을 포기하고 사회 문제를 사회 정책으로만 해결하려고 한다.

그 결과 사회 정책 발달, 규제와 부담의 확대, 행정의 복잡성 등의 문제가 발생하고, 더불어 사회 정책을 담당하는 행정기관의 조직과 업무 영역, 관료의 숫자가 확대되고 예산도 증가한다.

사회 정책의 과다로 행정이 복잡해지고, 규제가 확대되고, 국민의 기본권에 대한 침해가 심해지는데도 불구하고 사회 문제가 해결되지 않고 오히려 심화되면 국민은 사회 정책·복지 정책 등 정부의 간섭에 대한 거부감을 가지게 된다. 그 결과로 복지망국론이 나오게 된다.

이러한 상황을 이용해서 재벌·자본은 전문가들을 내세워서 금융 파시즘인 신자유주의·공급경제 정책으로 규제 개혁(철폐), 공기업 민영화, 정부 역할의 축소, 정부의 시장에 대한 간섭배제(경제 정책의 무력화)를 시도했고 이는 대부분 성공했다.

금융 파시즘과 유신 파시즘을 무너뜨리기 위해서는 사회 문제를 해결해야 하고, 사회 문제를 해결하기 위해서는 우선 경제 문제부터 해결해야 한다.

경제 문제를 해결하는 첫걸음은 바로 경제를 선순환시키는 것이다.

(2) 편법과 패러다임 변화

현재 우리나라는 자본주의식 경제 정책이나 개발독재 시대의 기업경쟁력 확대를 위한 경제 정책으로는 우리나라에서 발생하는 소득 양극화, 중산층 몰락, 청년 실업과 출생인구 감소와 같은 경제·사회 문제를 해결할 수 없어서 신자유주의, 금융 자본주의, 노동시장 유연화와 수출 확대 정책, 재정 적자(국가부채) 확대와 가계부채 확대, 동반성장(상생) 정책, FTA(Free Trade Agreement, 자유무역협정)의 확대, 공기업 민영화, 의료 민영화, 서비스 선진화 등의 편법을 사용해서 문제 해결을 시도하고 있다. 그러나 문제는 이를 해결하지 못하고 더 심화시켜서 이제는 디플레이션(Deflation) 상태에 빠져들고 있다.

복지를 확대하지 않으면 국민의 고통지수는 계속 상승한다. 복지를 확대하기 위해서는 증세를 해야 하지만, 기업에 대한 증세(법인세 증세)는 기업의 국제경쟁력을 약화시키고, 소득세의 세율 인상은 저소득층과 중산층의 가처분 소득을 감소시켜서 경제를 침체시키고, 소득세 최고 세율 인상은 기업경영자의 이윤 마인드를 약화시켜서 경제 활동을 위축시킨다고 재벌과 관료들이 반대하고, 부가세와 같은 간접세의 세율인상은 서민들의 가처분 소득을 감소시켜서 서민경제를 더 파탄시킨다. 즉, 여러 방법으로도 해결이 어려운 것이다.

결국, 정부는 국민 건강을 위해서라는 이유를 내세워 담배소비세 2,000원 인상이라는 편법을 통해 증세하여 서민들과 노인들을 더 고통스럽게 하고 있다.

앞서 언급했던 것처럼 증세가 불가능하다는 판단이 서면 복지망국론이 등장할 것이고, 이미 2015년도에는 새누리당 대표 김무성의 입에서 "복지의 확대는 국민들을 게으르게 할 것이다."라는 막말까지 나왔다.

과거의 국가(왕조)들이 망한 근본적인 이유는 평민의 노예화와 조세 수입의 감소에 있다. 빈부 격차가 확대되면 조세 대부분을 부담하는 중간층인 평민이 몰락하여 노예가 되거나 유민이 되면서 조세 수입이 감소한다. 조세 수입이 감소하면 국가를 운영할 수 없으므로 더 가중한 조세를 평민에게 부담시킨다. 그 결과 평민의 노예화, 유민화가 더 가파르게 진행되어 조세 수입이 더 많이 감소하는 결과를 낳는다. 이는 결국 국가 기능의 마비와 민란, 외부의 침략으로 이어져 국가가 망하는 것이다.

현재 우리나라는 현대판 노예제인 간접고용과 비정규직이 만연하고, 노동자의 상당 부분이 과거의 노예나 유민과 같이 거의 소득세를 내지 못하는 저소득층에 속하게 되었다. 또한, 조세 수입의 감소로 매년 재정 적자가 늘어나서 이미 1년에 30조 원대의 적자를 넘어서고 있다.

이처럼 기존 패러다임에 머문 경제 정책으로는 현재 우리나라가 당면한 경제·사회 문제를 해결할 수 없다. 기존 패러다임의 경제 정책으로는 국민의 고통지수만 증가시킬 것이고 결국 국가를 망하게 할 것이다.

현재의 경제·사회 문제를 해결하기 위해서는 기존의 경제 이론이나 정책 패러다임과는 전혀 다른 새로운 경제 이론이나 정책 패러다임이 등장하지 않으면 안 되는 상황이다.

(3) 국가의 흥망성쇠와 조세 시스템

국가의 가장 기본이 되는 시스템이 조세 시스템이다. 사회는 변화·발전하고, 인간은 조세를 회피하고자 하는 본능이 있다.

역사적으로 보면, 조세는 인두세→토지세→소비세(영업세)→소득세→법인세의 순으로 사회의 변화에 따라 새로운 조세가 추가되면서 발전해 왔다.

개인은 조세를 회피하는 방법으로 사회 시스템을 변화·발전시키고, 국가는 소득이 발생하는 곳을 추적해서 조세제도를 변화시키면서 개인의 조세회피에 대응했다.

개인(기득권층)이 조세회피에 성공하거나 국가가 무능해서 소득이 많이 발생하는 곳에 조세를 부과하지 못하면, 사회는 양극화되고, 국고는 파탄 나고, 경제는 디플레이션에 빠진다.

한 국가의 흥망성쇠는 조세 시스템의 건전성에 달렸다. 국가의 흥망성쇠는 사회의 변화·발전에 따라 조세 시스템도 변화·발전시킬 수 있는지, 즉 개인(기득권층)의 조세회피 노력을 극복하고 소득이 많이 발생한 곳에 조세를 제대로 부과할 수 있는지에 달려있다.

그동안의 급격한 사회변화로 인해서 현재 우리나라는 조세제도가 변화해야 할 시점이 되었는데도 불구하고 변화하지 못하고, 오히려 소득이 확대되는 곳에 감세로 일관하고 있다. 증세를 하지 못하고 감세를 하게 된 이유는 현재의 조세 시스템으로는 증세를 하면 경쟁력 하락 등 또 다른 경제 문제를 발생시키기 때문이라고 본다.

이제는 기득권층의 조세회피 노력에 대응해서 조세 시스템을 변화·발전시킬 때가 도래했다. 조세 시스템을 변화·발전시키지 못하는 국가는 쇠약해지고, 결국에는 도태될 수밖에 없다고 본다.

(4) 부자가 천국에 가지 못하는 이유

『성경』에 "부자가 천국에 가는 것은 낙타가 바늘구멍을 통과하기보다 어렵다."는 말이 있다고 한다.

이 말에는 부자가 되기 위해서는 많은 돈을 벌어야 하고, 돈을 벌기 위해서는 죄를 짓는 일을 할 가능성이 크거나 모진 일을 하지 않고서는 돈을 벌기 어렵다는 뜻이 내포되어 있다. 그러므로 부자가 되기 위해서는 죄를 지을 가능성이 크고, 그래서 "부자는 천국에 가기 어렵다."라는 말이 성립한다고 해석되기도 했다.

하지만 『성경』이 말하고자 하는 본뜻은 위의 해석이 아니라고 본다. 작은 부자는 근면과 성실만으로 가능하지만, 큰 부자는 세상이 만든다고 한다. 이 말의 뜻은 부자는 여러 사람이 나눠 가져야 할 부가 한 사람에게로 몰려서 만들어진다는 의미다. 즉, 한 사람의 부자가 만들어지기 위해서는 많은 사람의 희생이 있어야 한다는 뜻이며, 부자는 많은 사람의 희생을 바탕으로 만들어진다는 의미다.

그러므로 결국 이 말은 '부자는 그 자체가 큰 죄를 짓는 것이므로 부자는 천국에 갈 수 없다.'라고 해석해야 한다고 본다.

큰 부자가 탄생했다는 뜻은 사회가 양극화되었다는 뜻이며, 기득권층이 국가의 조세 시스템을 무력화시켰다는 뜻이기도 하다.

(5) 종교와 기득권층의 결합

종교는 현재의 경제·사회 시스템이 문제가 있다는 것을 전제로 하면 경제·사회의 개혁과 미래의 희망, 현재의 기복에서 그 기원이 출발했다고 본다.

만약 종교의 신자가 기층민으로 구성되고, 종교가 기층민의 이익을 위해서 노력하는 한도 내에서는 종교가 기복신앙으로 흘러도 국가나 사회에 대하여 긍정적인 역할을 더 많이 하고 부정적인 영향은 별로 나타나지 않는다.

하지만 종교의 신자로 사회지도층 또는 기득권층이 참여하고, 종교의 신자들이 사회의 주류세력이 되면 종교의 지도자들은 기층민의 이익을 위해서 종교를 이끌지 않으며 사회지도층, 기득권층의 이익을 위해서 봉사하게 된다. 더불어 종교의 지도층 자체가 기득권층이 되며, 교리가 기득권층의 이익을 대변하는 것으로 변질되어 해석되면서 종교가 사회의 발전·변화를 가로막는 역할을 하게 된다.

종교의 지도자(목사)들은 사회의 발전과 변화를 막기 위해서 과거의 인물을 영웅으로 만들기도 하고, 소수자를 악마로 만들어서 국가 발전이나 개혁에 관한 신자들의 관심을 돌린다.

종교 지도자가 사회지도층, 권력층, 기득권층과 결합한 국가치고 도태되지 않은 국가가 없고, 후퇴하지 않은 민족이 없다.

고려 시대에는 불교가 고려를 망하게 했고, 조선 시대에는 유교가 조선을 외세에만 의존하게 했고, 국민을 수탈하여 국가와 사회의 발전을 막았고, 아랍이 뒤처진 이유도 이슬람교 지도자와 권력자가 결합하였기 때문이며, 중세유럽이 퇴보한 것도 마찬가지다. 현재 우리나라에서는 기독교가 같은 역할을 하고 있다.

국가의 모든 권력을 장악한 자들, 나라의 부를 다 차지한 자들이 복을 더 받으면, 권력이 없는 사람들, 부를 가지지 못한 사람들은 무슨 복을 받을 것이며, 받을 수 있는 복이나 있겠는가?

99%를 가진 자들이 권력을 잡고 1%를 더 가지겠다고 설치는 세상은 없어져야 하고, 그런 국가는 망해야 한다.

(6) '필요의 악'이 '악마'로 변하면 국가가 망한다

사회나 국가는 필요하지만 선하지 않은 악마와 같은 존재를 필요로 한다. 이를 '필요의 악'이라고 부른다.

군대도 '필요의 악'이며, 왕도 대통령도 '필요의 악'이며, 정보기관도, 검찰도, 종교도, 재벌도, 기업(회사)도 그 외의 많은 것들이 '필요의 악'이다.

'필요의 악'은 덩치나 권한이 커지면 생존과 발전이라는 유기체의 본능 때문에 스스로 악마가 될 수밖에 없다.

만약 '필요의 악'이 유기체가 아니고 한 사람이라면 '필요의 악'이 악마와 같은 행동을 할 때는 그 한 사람을 교체하면 해결이 된다. 하지만 '필요의 악'이 유기체라면 주요구성원 몇몇을 교체하더라도 '필요의 악'의 악마적인 행동을 막을 수 없다.

국가나 사회가 건전하게 발전하기 위해서나 망하지 않기 위해서는 이 '필요의 악'들이 악마로 변하지 못하도록 하여야 한다.

하지만 현재 우리나라는 정보기관, 검찰, 재벌, 일부 종교와 같은 '필요의 악'들이 필요한 범위를 넘어 이미 '악마'가 되어버렸다.

'필요의 악'들이 악마가 되는 것을 넘어 이제는 '필요의 악'이 국가와 사회를 좀먹는 암적인 존재가 되었다.

국가와 사회를 정상화하기 위해서는 '필요의 악'에 대한 대대적인 수술이나 항암요법이 필요하다. 암은 수술로 완전히 도려내든가 그렇지 않으면 암으로 가는 영양분을 차단하여야 한다.

우리나라가 망하지 않기 위해서는, 건전하게 발전하기 위해서는 국가의 암적 존재인 '필요의 악'으로 가는 영양분부터 차단해야 할 것이다. 아니면 제거해야 할 것이다.

(7) '아귀'들에게 상생이 가당키나 한가?

기업도 하나의 유기체다. 유기체는 같은 목표를 가지고 서로 관련을 맺고 움직이는 여러 구성원으로 구성된 집단, 조직체다. 기업의 본성을 변화시키는 것은 대단히 어렵다. 이유는 본성이 변하면 기업의 존립 자체가 위협받기 때문이다.

기업의 제1 목표는 이익이다. 고용 확대든, 사회적 기여든, 기업복지 확대든 무엇이든지 간에 기업은 이익을 희생하면서까지 어떠한 일을 추구하지는 않는다. 기업이 하는 모든 행위는 기업의 이익(생존과 발전)을 위해서 하는 행위다. 기업에서 이익은 아무리 많아도 지나치지 않다.

기업이라는 존재는 아무리 많이 이익을 남겨도 배가 고픈 아귀와 같은 존재이고, 아귀와 같은 본성을 버리면 기업 자체를 유지하기가 어렵다. 이 아귀 중에서도 가장 배가 고프고 큰 포식자 아귀가 대기업이고 재벌이다.

아귀는 이익을 나누라고 해서 이익을 나누고, 상생하라고 해서 상생할 수 없다. 아귀는 오직 상생하지 않으면 존재할 수 없을 정도로 규제하지 않으면 상생을 하지 못한다.

그러므로 재벌이나 대기업의 선의에 맡긴 노무현 정권이나 이명박 정권의 대기업·중소기업 상생(동반성장) 정책이나 박근혜의 창조경제혁신센터 정책은 처음부터 실패할 수밖에 없는 정책이다.

이제 필요한 상생 정책은 대기업에 대한 규제 확대를 통해 중소기업과 대기업의 힘의 균형을 잡아주는 정책이다. 대기업이 힘의 우위를 바탕으로 중소기업에 대하여 불법적 행위를 하면 대기업 자체가 존속할 수 없을 정도로 징벌적인 벌금과 손해배상을 하도록 하여야 비로소 상생이 가능하게 될 것이다.

⑻ 파시즘 정부의 등장과 결말은?

진보 정권이든 보수 정권이든 경제 문제를 제대로 해결하지 못하는 정권은 정상적으로 정권을 유지·운영할 수 없다.

경제 문제를 잘 해결하지 못하는 정권이 갈 곳은 정권을 잃거나, 아니면 독재의 길로 가서 국민에게 타도당하는 수밖에 없다. 이는 진보 정권이든 보수 정권이든 다 마찬가지다.

진보 정치집단이든 보수 정치집단이든 상대편 정권을 무너뜨리고 정권을 잡기 위해서는 경제 문제를 해결할 비전과 정책을 제시해야 한다. 경제 문제를 해결할 비전과 정책을 제시하지 못하면서 집권하겠다는 것, 정치투쟁을 하는 것은 상대편의 정권 유지에 서로 도움을 주겠다는 것이지, 자신들이 집권하겠다는 것이 아니다.

보수 정치인이든 진보 정치인이든 정권을 잡으려고 한다면, 즉 대통령이 되겠다고 한다면 다른 모든 것을 떠나서 경제 문제를 해결하는 방법을 찾는 데에 전념해야 한다.

왜냐하면 민주주의든 다른 어떤 주의든 결국 빵 문제(서민경제 문제)를 해결하지 못하면 정권을 유지할 수 없기 때문이다. 파시즘은 서민경제가 무너질 때 그 빈틈을 이용해서 등장했다. 가장 민주적인 정부가 빵 문제를 해결하지 못하면 그다음에는 가장 나쁜 파시즘 정부가 등장해서 경제를 붕괴상황으로 몰고 갔다. 이것은 역사가 증명한다.

근래 미국에서 가장 민주적인 정부라 할 수 있는 카터 정권이 미국의 쌍둥이 적자(Twin deficit) 문제를 해결할 능력을 보여주지 못함에 따라 금융 자본 파시즘의 일종인 신자유주의 레이건 정부가 탄생했다. 레이건 정부는 공급경제라는 미명하에 부채 확대와 빈부 격차를 확대해서 미국 경제를 붕괴시키는 상황으로 몰고 가서 결국 2008년의 금융 시스템 붕괴를 가져왔고, 현재(2012년부터 2014년까지)는 월 850억$~150억$의 양적 완화를 통해서 미국의 서민경제를 뿌리까지 뽑아버리면서 세계 경제를 뒤흔들고 있다.

우리나라 역시 가장 민주적인 정부라고 할 수 있는 노무현 정권이 개인 소비 감소에 따른 경기침체 문제를 해결하기 위하여 통화를 방만하게 운영하다가 총수요관리에 실패함에 따라 전국적인 부동산가격의 폭등(한참 후에 전셋값의 폭등이 뒤따르면서)으로 서민경제 문제 해결에 실패했다.

그 결과 부채 확대를 성장이라고 생각하는 금융 자본 파시즘 정권인 이명박 정권이 탄생해서 국가부채와 가계부채를 확대하고 빈부 격차를 확대해서 경제를 붕괴상황으로 몰고 갔고, 이제는 유신 파시즘 세력인 박근혜 정권이 탄생해서 경제를 파탄시키면서 역사를 1970년대의 유신 시대로 되돌리려다가 촛불 혁명으로 탄핵당하였다.

이명박 정권이라는 신자유주의 파시즘 정권이 등장한 것도 가장 민주적인 노무현 정권이 서민경제 문제를 해결하지 못했기 때문이고, 박근혜 정권이란 유신 파시즘 정권이 등장한 것도 진보·민주정치세력인 민주당과 진보 정당이 서민경제 문제를 해결할 비전과 정책을 제시하지 못했기 때문이다.

미국 역시 오바마 정권이 서민경제 문제를 해결하지 못하면(당연히 해결하지 못할 것이다), 그다음에 오는 정권은 히틀러 정권 이상의 파시즘 정권이 오게 되리라는 것이 뻔히 눈에 보인다.

일본에서 '아베 정권'이라는 극우 정권이 탄생한 것, 아베 정권이 극우 파시즘 행보를 보이는 것, 이는 모두 일본의 정치집단이 서민경제 문제인 빵 문제를 해결하지 못했기 때문이다.

그래서 민주·진보진영이 정권을 잡기 위해서는, 나아가서 민주적으로 국정을 운영하기 위해서는 정치가 아닌 서민경제 문제를 해결할 비전과 정책을 연구·제시하는 것에 집중해야 한다.

파시즘 정부는 경제 문제를 해결하지 못하면 전쟁 분위기로 몰아가서 국민의 불만을 잠재우고, 경제 붕괴가 체제의 붕괴로 이어질 정도로 악화되면 전쟁으로 문제 해결을 시도한다.

2) 경제 문제와 정책의 우선순위

⑴ 경제 정책의 우선순위

인간은 쉬운 길로만 가려고 하는 습성이 있다. 대부분의 사람은 건강을 위해서나 더 나은 체력을 위해서 운동으로 단련하기보다는 보약이나 음식, 약물에 의존하려는 경향이 있다. 인간이 운동과 단련으로 건강과 체력을 유지하지 않고 손쉽게 약물에 의존해서 건강과 체력을 유지하려고 하면 결국 약물의 부작용으로 건강을 해치게 된다.

경제 문제 중에서도 먼저 해결해야 할 문제가 있고, 뒤에 해결해야 할 문제가 있다. 이를 정책의 우선순위라고 한다.

정책의 우선순위는 중요한 문제와 덜 중요한 문제로 순서를 정하는 것이 아니고, 보다 효율적으로 문제를 해결하기 위하여 또는 두 가지(모든) 문제를 다 해결하기 위하여 해결해야 할 순서를 정하는 것이다.

정책의 우선순위를 정해놓은 것을 정책의 상위목표와 하위목표를 구분하는 것이라고 말하기도 하고, 정책 방향의 설정 또는 정책 기조라고 말하기도 한다.

인간은 어려운 문제의 해결은 뒤로 미루고 쉬운 문제부터 해결하려고 하는 경향이 있다. 하나의 문제를 해결하는 두 가지 방법이 있다면 미봉적인 쉬운 방법을 먼저 선택하게 된다. 그러나 쉬운 방법으로 문제를 해결하면 결국 그 쉬운 방법이 다른 문제를 만들어 최초의 문제를 더 해결하기 어렵게 만든다.

경제 문제도 마찬가지다. 경제 문제는 자원 배분이 잘못되었기 때문에 발생한다. 자원 배분을 조정하여 문제를 해결하는 방법은 이해관계인이 많으므로 추진하기가 극히 어렵다. 특히 기득권자들에게로 가는 자원 배분을 줄이는 문제는 기득권자들이 현실의 힘을 가지고 있기 때문에 정책 추진 자체가 어렵다.

그래서 정책당국은 많은 반발이 예상되는 자원 배분을 조정하는 경제 정책보다는 아무도 반대하지 않는 거시 정책(통화 확대나 재정 적자)을 통해서 손쉽게 문제를 해결하려고 하거나, 문제가 더 심화되어 경제 문제가 사회 문제로 전환된 뒤에야 아무도 반대하지 않고, 당위적이라고 느끼는 사회 정책으로 사회 문제를 해결하려고 한다. 하지만 사회 정책으로는 경제 문제로부터 파생된 사회 문제를 해결할 수 없다.

오히려 그 결과로 많은 경제 문제를 만들고, 경제 문제가 더 심화되어 경제 문제가 빈부 격차, 사회의 양극화, 노인 빈곤 문제, 실업자 증가, 청년 실업, 저출산과 같은 사회 문제로 전환되어 국가의 사회 시스템을 위기로 몰고 간다.

사회 문제가 이슈화되면, 사회학자, 사회 정책부서에서는 이때를 노려 깨알 같은 사회(급부) 정책을 만들어서 좁쌀영감처럼 국민에게 급부를 조건으로 '어떤 행위를 하라, 하지 마라, 이럴 때는 이렇게 해라, 저럴 때는 저렇게 해라.'라는 식으로 간섭을 한다.

경제부서는 경제 문제에서 파생된 문제를 사회부서에 떠넘겨 놓고 돈을 풀었다 조였다 하면서 금융기관과 기업을 주무르니 좋다. 사회부서는 업무영역이 많아지고 조직이 확대되어서 좋고, 대통령은 관료들이 열심히 문제를 해결하려고 노력을 하는 것 같아서 좋다. 단지 국민만 힘들고 피곤할 뿐이다.

경제 문제를 살펴보면, 대부분의 문제는 경제가 선순환하지 않음으로써 발생하거나, 선순환되지 않는 문제를 해결하기 위하여 미봉책인 거시 정책을 사용함에 따라 발생하고, 심화한다는 것을 알 수 있다.

경제 문제를 크게 나누면 경제의 선순환과 관련한 문제, 경제 위기와 관련한 문제, 경제안보와 관련된 문제, 장기성장과 관련된 문제로 나눌 수 있다.

경제 문제를 해결하는 우선순위를 정하면 현재의 선순환이 없으면 경제 위기에 대한 대책도 수립할 수 없고, 경제안보도 불가능하고 장기성장도 불가능하므로 경제의 선순환 문제가 최상위의 정책목표가 된다. 단 선순환을 위한 정책일지라도 경제 위기를 초래할 정책과 경제안보를 해치는 정책, 장기성장을 저해하는 정책은 최소화되어야 한다.

(2) 경제의 선순환과 관련된 경제 문제

경제가 선순환하지 않음으로써 발생하는 경제 문제를 나열하면, 개인 소비 감소(내수 감소, 경기침체), 고용 감소(실업자 증가), 청년 실업 증가, 소득 분배 악화, 빈부 격차 확대, 재정 적자 확대, 기업부채 확대, 정부부채 확대, 지방자치단체 부채 확대, 가계부채 확대, 부동산(주택) 등 자산 가격의 폭등(버블 발생)과 폭락(붕괴), 전셋값 폭등, 경제 체질(위기대응능력) 약화, 경기의 변동성 확대, 외환 위기 발생, 국민소득 감소, 성장률 하락, 중소기업의 파산, 자영업의 몰락, 중산층 붕괴, 양극화, 신용불량자양산 등이 있다.

경제가 선순환하지 못하는 이유는 다음과 같다. 근본적으로 투자 확대 정책으로 인해서 생산은 증가하는 데 반해 가계소득은 감소하여 개인 소비가 감소함으로써 생산과 소비의 격차가 확대되고, 그 격차만큼 한계기업(중소기업과 자영업)이 생산에서 퇴출당하기 때문이다.

경제가 선순환하기 위해서는 여러 가지 조건이 있지만, 가장 기본이 되는 것은 생산(공급)과 소비의 격차가 적어야 한다. 개인 소비가 증가하기 위해서는 지속해서 노동소득이 증가하고 소득 분배가 확대되어야 한다.

단, 선순환이 지속해서 이루어지기 위한 조건으로 경제 위기에 강한 경제 체질과 국제경쟁력을 갖추어야 하므로 소득 분배를 확대하되 생산의 감소를 최소화하는 방향으로 소득 분배를 확대해야 하는 것이 필요하다.

※ 경제의 선순환 문제는 제1부 제4장 '가계소득주도 성장론'에서 자세히 설명하고자 한다.

(3) 경제 위기의 원인과 대책

경제 위기는 국내 경제의 버블 붕괴, 외환 위기와 국제무역 위기(국제무역의 축소)를 들 수 있다. 경제 위기는 하나 또는 두 개, 세 개가 겹쳐서 올 수도 있다. 경제 문제 해결을 계속 미봉책으로 순연시켜 심화시키다가 결국 다른 문제가 발생하여 더 이상 미봉책으로는 문제를 막을 수 없는 상황에 이르면, 문제는 여러 개가 동시에 터질 수도 있다.

① 자산 가격의 폭락(버블 붕괴)

경제에서 버블은 자산 가격의 상승을 의미한다. 자산의 가격은 화폐(통화량)가 증가하면 상승한다. 버블이 붕괴한다는 의미는 간단히 말하면 자본(자본은 자산으로 저장되고 있다)과 노동의 교환가격이 너무 차이가 나거나 자본과 노동의 균형이 무너져서 노동이 비용을 지불하지 못하기 때문에 자본이 스스로 가격파괴라는 과정을 거치면서 붕괴하는 것을 말한다.

자산의 가격이 너무 상승하면 일반 국민(대부분 노동자와 그 가족)이 자신들의 소득(대체로 임금)으로 자산을 이용하는 임대료나 사용료를 지불할 수 없는 상태에 이르게 된다. 이런 상황이 되면 일반 국민(노동자)은 자산 사용을 줄이게 되고, 자본가들은 자산에 대한 투자(자산 구입)를 하지 않게 된다.

그 결과, 본원통화는 증가해도 통화량이 증가하지 않는 현상(유동성 함정)이 나타나고, 아무도 자산에 투자하지 않게 된다. 자산을 소유한 자는 자산을 매도하는 현상이 나타나고 그다음으로 오는 것은 자산 가격의 폭락이다. 이러한 상태를 버블 붕괴라고 말한다.

버블은 통화량의 확대 때문에 발생하는데 통화량의 확대는 재정 적자와 낮은 이자율 정책과 외환의 유입 때문이다. 버블 붕괴를 막기 위해서는 버블 형성을 하지 못하도록 하는 것이 가장 우선이며, 다음으로는 소득 분배를 확대해서 노동자의 소득을 증가시켜서 자산을 이용하는 사용료와 노동소득의 균형을 잡아줘야 한다.

버블의 형성을 막기 위해서는 재정 적자를 일으키지 않아야 한다. 기준이자율은 높이고 최고이자율은 낮추어야 한다. 왜냐하면 기준이자율은 대체로 자산 구입에 적용되고, 최고이자율은 저소득층의 소비에 많은 영향을 미치기 때문이다.

② 외환 위기(국가 부도)

외환 위기는 외자도입, 즉 외화표시부채 때문에 발생한다. 외자를 도입하는 곳은 국가, 지방자치단체, 공기업, 금융기관, 대기업이다. 외환 위기에 대한 대책으로는 첫째로 외환 위기가 발생하지 않도록 국가나 자치단체, 공기업의 부채 확대를 최대한 억제하는 것이고, 두 번째는 금융기관의 외자도입 소요를 최대한 억제되도록 국가가 총수요를 관리하는 것이다. 외환 위기 발생에 대한 대비도 각 금융기관의 책임으로 하도록 하되 모니터링도 꾸준히 해야 할 것이라고 본다.

마지막으로 가장 중요한 것은 금융기관이나 대기업의 외화 소요로 인해서 환율이 크게 요동칠 때도 정부가 경제의 변동성을 최소화하기 위한 외환시장 개입을 최대한 억제하여야 한다.

③ 국제무역 위기

국제무역 위기는 한 번 발생하면 최소 3년~5년 이상 진행된다고 봐야 한다. 국제무역이 감소하면 산업은 내수에 의존할 수밖에 없다. 국제무역 위기가 발생하면, 에너지와 식량을 확보하면서 내수를 3년~5년 이상 유지하기 위해서는 매년 GDP의 5%~10% 정도의 재정 적자를 3년~5년 정도 유지해야 한다. 즉, 최소한 4년 동안 GDP의 25%~35% 정도 국가부채를 확대할 수 있는 여력이 있어야 한다. GDP의 25%~35% 정도 국가부채를 확대할 여력을 갖추기 위해서는 현재의 GDP 대비 국가부채비율을 20% 이내로 낮추어야 한다.

이명박 정권 5년 동안 국가부채는 120조 원(GDP의 약 10%) 정도 증가했고, 박근혜 정권 5년 동안 국가부채가 200조 원 이상 증가가 예상된다는 의미는 이명박·박근혜 정권이 우리나라의 곳간을 다 갉아 먹고, 쪼아 먹고 있다는 것을 의미한다.

④ 경제안보 위기와 대책

경제안보 위기는 에너지 위기, 식량 위기, 자원 위기, 전쟁으로 나눌 수 있다. 일단 여기서는 전쟁은 논외로 한다.

에너지와 자원은 대부분 국내에서 생산되지 않으므로 정책의 첫째는 에너지와 자원의 상당량을 사전에 비축하는 정책이어야 한다. 두 번째로는 에너지나 자원을 적게 소비하는 산업구조로 바꾸어야 한다. 셋째로는 대체에너지나 자원의 개발을 확대하고, 수입국을 다변화하고, 운송로를 확보하고, 자원개발도 확대해야 하되 이를 정부 주도가 아닌 기업 자율에 맡겨야 한다는 것이다. 단 약간의 인센티브는 줄 필요가 있다. 정부 주도로 하면 결국 국제자원시장의 봉이 될 뿐이고, 이는 부정부패와 국민의 부담으로 돌아오기 때문이다.

식량의 경우에는 최소한의 품목에 대해서는 자급률을 결정해야 한다. 자급률이 결정된 최소한의 품목은 모든 수단을 다해서 자급률이 유지될 수 있도록 지원해야 하고, 식량 생산으로 인한 사회적 편익을 사회 부담으로 하여 사회적 비용과 사적비용이 일치되도록 하면 상당 부분 가능하리라 판단된다. 농업 분야 전문가들의 아이디어를 기대한다.

농업 정책은 농민에 대한 선별적인 금융지원을 조금 축소해서 낭비를 줄이고, 농업에 관한 기술 개발연구를 지원하는 정책을 확대하되, 소득 분배를 확대하는 정책과 일치시켜야 한다.

⑤ 장기성장 문제와 정책

장기성장을 위해서는 단기적으로 경제가 선순환해야 하고, 국내의 산업이 국제경쟁력을 유지해야 한다.

국제경쟁력은 상대적 개념이다. 국내의 경제 효율성이 낮아도 경쟁국이나 다른 나라의 경제효율이 더 낮으면 국제경쟁력이 유지될 것이고, 국내의 경제효율이 상당히 높아도 다른 나라의 경제효율이 더 높으면 국제경쟁력이 유지되지 못할 것이다.

현재 세계 각국의 경제효율은 대단히 낮다. 유로(EURO)와 같은 경우는 근본적으로 경쟁력을 유지할 수 없는 시스템이고, 미국은 국내의 불균형이 심해서 스스로 중국과 세계에 대해서 경쟁력을 낮추고 있다.

국제경쟁력을 갖추기 위해서는 우선 경제를 선순환시키는 과정에서 경제의 효율이 낮아지지 않도록 최대한 효율적으로 소득 분배를 확대해야 한다.

다음으로는 국내 산업의 효율을 위해서 비용을 최대한 낮출 수 있는 경제 시스템을 구축해야 한다. 국내 산업의 효율을 위해서는 사회적 비용과 사적비용을 일치시키고, 초과이윤이 발생하는 부분에서 초과이윤을 제거함으로써 비용의 최소화를 이룰 수 있다.

나아가 사회의 다양성을 보장해서 국민이 창의적인 생각을 가지게 하고, 이러한 창의적인 생각이 산업에 잘 반영되도록 시스템을 갖추어야 한다. 마지막으로는 과학기술에 대한 투자를 확대하되 경제의 선순환에 도움이 되도록 투자를 해야 한다.

※ 이 문제는 제1부 제5장 '장기성장 전략'에서 자세히 설명하고자 한다.

3) 경제 전략

(1) 경제 전략의 의미

국가의 경제 전략이란 한 국가의 경제적 목표를 달성하기 위하여 국가가 가진 모든 자원을 일관된 방향성으로 조화롭고 질서 있게 이용하는 종합적인 계획을 말한다.

이를 다른 말로 표현하면, 국가의 경제 전략은 한 국가의 투자율을 결정하는 것이자 투자와 소비로의 자원 배분을 결정하는 것이고, 최적의 투자율을 찾아가는 과정이라고 말할 수 있다.

(2) 경제 목표와 우선순위

경제 정책의 목표는 국민경제의 균형, 성장, 안정과 적정한 소득 분배를 유지하는 것이라고 할 수 있다.

헌법 제119조 제2항을 보면 '국가는 균형 있는 국민경제의 성장 및 안정과 적정한 소득의 분배를 유지하고, 시장의 지배와 경제력의 남용을 방지하며, 경제주체 간의 조화를 통한 경제의 민주화를 위하여 경제에 관한 규제와 조정을 할 수 있다.'고 되어 있다.

'균형 있는 국민경제'란 지역 간, 부문별, 계층 간의 격차가 발생하지 않는 것을 의미하고, '성장'이란 국민소득(GDP)의 증가를 의미하고, '안정'이란 경기의 급격한 변동이나 인플레이션, 디플레이션이 발생하지 않는 것을 의미하고, 적정한 소득 분배란 경제가 선순환할 수 있을 정도의 소득 분배를 유지하는 것을 의미한다고 본다.

균형과 성장, 안정(적정한 소득 분배포함)이라는 경제 목표 중 절대적인 우선순위의 차이는 없다고 본다. 단 각 목표를 달성하면서 다른 목표를 훼손하지 않아야 하고, 부득이한 경우라 해도 훼손하는 정도가 최소한에 그쳐야 한다.

경제 전략을 수립하는 것 자체가 세 가지 목표를 동시에 달성하기 위한 것이다. 그러므로 높은 완성도의 경제 전략일수록 다른 목표를 훼손하지 않고 세 가지 목표를 동시에 달성할 수 있다.

경제 목표 사이에는 우선순위가 없더라도 경제 전략을 수립함에 있어서는 우선순위가 있다. 목표를 달성하기 위한 정책 수단이 다양한 목표보다 정책 수단이 다양하지 않은 목표가 경제 전략을 수립할 때 우선순위가 높아야 한다. 그 이유는 목표를 달성하는 정책 수단이 다양하지 않은 것부터 우선 검토되고 결정되어야 다른 목표를 훼손하지 않는 완성도가 높은 전략을 수립할 수 있기 때문이다.

정책 수단의 다양성, 대체 정책 수단의 수를 기준으로 보면, 안정 정책과 균형 정책이 비슷하고, 성장 정책은 대체 정책 수단이 많다.

(3) 정책의 종류와 우선순위

정부의 정책은 국가의 자원을 배분하거나 배분되게 하는 정부의 행동계획이다.

정부의 정책을 대별하면 국가의 예산을 사용하는 세출 및 급부 정책, 기업과 개인의 행위를 규제하는 규제 정책, 기업과 개인으로부터 조세를 징수하는 조세 정책이 있고, 국가가 경제 활동에 직접 참여하는 공기업 정책이 있다.

헌법 제119조 제1항에 의하면 '대한민국의 경제 질서는 개인과 기업의 경제상의 자유와 창의를 존중함을 기본으로 한다.'고 되어 있다.

개인과 기업의 경제상의 자유와 창의성을 가장 적게 훼손하는 것을 기준으로 보면, 정책의 우선순위는 조세 정책, 세출 급부 정책, 공기업 정책, 규제 정책이다.

국민의 지지(정치적인 관점)를 기준으로 보면, 정책의 우선순위는 세출 급부 정책, 규제 정책, 조세 정책 순이라고 할 수 있다.

국가의 가용자원의 한계를 기준으로 보면, 정책의 우선순위는 규제 정책, 조세 정책, 세출 급부 정책의 순서다.

헌법 제119조 제1항의 규정으로 보면, 경제 정책의 우선순위는 조세 정책, 세출 급부 정책, 규제 정책의 순서다. 순수하게 경제적인 관점에서 보면 정책의 우선순위는 조세 정책, 규제 정책, 세출 정책의 순서고, 단기적인 정치적 관점에서 보면 세출 정책, 규제 정책, 조세 정책의 순서다.

경제 전략은 국가가 가용할 수 있는 모든 자원을 총동원하여 배분하는 계획이다. 국민경제에 가장 적은 부담을 주면서 최고의 자원 배분 효과를 주는 조세 정책을 최우선으로 검토·선택하고, 그다음에 정책의 목표와 수단의 효과성, 연계성을 따져 규제 정책과 세출 급부 정책을 적절하게 선택하는 것이 옳다.

02 국가 발전과 시스템

1) 국가의 발전과 시스템의 관계

(1) 시스템과 환경의 조화

국가의 발전은 장기적인 관점에서 보면 국가가 가진 시스템에 의해서 좌우된다.

국가의 시스템이 국가를 둘러싸고 있는 시·공간의 환경과 조화를 이루게 되면 국가는 순조롭게 발전하지만, 환경과 조화를 이루지 못하면 긴장과 갈등이 일어나기 때문에 발전하지 못하고 도태되고 만다.

국가가 발전하기 위해서는 국가의 시스템이 주변의 환경과 조화를 이루도록 항상 개선할 수 있어야 한다. 하지만 국가의 시스템을 주변 환경의 변화에 맞추어서 조화를 이루도록 변화시키는 것은 대단히 어렵다. 그 이유는 항상 변화에는 변화에 대한 두려움으로 인한 서민들의 불안과 기득권 세력의 저항이 따르기 때문이다.

국가의 시스템을 환경의 변화에 맞추어 변화시키기 위해서는 반드시 국민의 두려움을 해소해야 한다. 기득권 세력의 저항은 이익과 관계되기 때문에 세력대결의 문제라고 치부한다고 해도, 적어도 일반 국민의 두려움만은 해소해야 국민의 지지를 받을 수 있고 시스템으로 정착시킬 수도 있다고 본다.

일반 국민의 변화에 대한 두려움을 해소하기 위해서는 시스템의 근본원리와 환경의 변화, 국민성을 조화시킨 시스템을 제시하되, 새로운 시스템으로 국가의 목표(국민의 여망)를 달성할 수 있다는 것을 보여줘야 한다.

(2) 과학의 발전과 환경의 변화

한 국가의 시스템 구성에 영향을 미치는 것은 국민의 사고방식(국민성), 국제정세와 지역적 위치, 과학의 발달이다. 국민의 사고방식이나 지역적 위치는 대체로 변화가 적으므로 실질적으로 가장 영향을 많이 미치는 것은 국제정세의 변화와 과학의 발달이다. 과학의 발달은 멈추지 않고 지속해서 시스템의 환경에 변화를 준다.

국가의 성쇠는 과학의 발달로 인해서 발생하는 정치, 행정, 경제, 사회 환경의 변화와 국민의 사고방식이 얼마나 조화를 이룰 수 있는지에 달려있고, 변화하는 환경에 국가 시스템을 변화시키면서 조화를 이룰 수 있느냐에 달려있다.

국민의 사고방식이 과학의 발달로 인한 환경의 변화와 조화를 이루는 시스템과 상성이 맞으면 새로운 시스템의 탄생이 쉬울 것이므로 해당 국가는 발전하게 될 것이다. 그렇지 않으면 환경과 조화를 이루는 시스템의 탄생이나 채택을 더디게 해서 많은 갈등을 겪을 것이므로 해당 국가는 도태되기 쉽다.

국민의 사고방식은 그 국가가 위치한 지역의 기후환경과 풍토, 지내온 역사 등에 의해서 형성된다. 국민의 사고방식이 상당히 고정되어 있다고 본다면 결국 국가의 발전은 인위적인 점보다는 자연적인 조건과 과학과의 조화에 의해 결정되는 것이 어느 정도 인정된다.

오늘의 성공이 내일의 변화에 장애가 된다는 점, 과학의 발달로 인한 환경의 변화가 계속해서 일어난다는 점을 생각하면 한 국가의 번성, 한 집단의 번성이 영원할 수 없음도 당연하다고 본다.

문명사의 변천은 결국 과학의 발달과 민족성, 국민성의 차이에서 온 것은 아닌가 생각해 본다.

2) 국가 발전과 시스템의 개혁

정치 시스템 개혁은 정치세력 간의 이해관계가 첨예하게 대립하는 사안이므로 정치세력 간의 타협이 없으면 실현이 불가능하다. 타협으로 이루어지는 정치 시스템의 개혁은 개혁보다는 개악이 될 가능성이 높다.

정치 시스템 개혁(개헌 등)을 통한 국가 발전 전략은 적절한 전략이 될 수 없다.

행정 시스템의 개혁은 정부의 의지만으로 가능하고, 경제 시스템의 개혁은 대선공약을 통한 국민의 합의·선택만으로도 채택이 가능하다.

반면에 사회 시스템은 워낙 여러 분야로 나뉘어 있고, 개개의 사안에 기득권 문제가 걸려있기 때문에 많은 반발이 예상된다. 사회 시스템의 개혁을 국가 발전 전략으로 선택하기에는 개혁 전선이 너무 넓어지게 되어 기득권의 반격을 초래하여 개혁에 실패할 가능성이 커진다. 선택과 집중이라는 면에서 보면 좋은 전략이 될 수 없다.

단, 사회 시스템의 개혁을 위하여 사전기반을 조성할 필요는 있다. 사회 시스템의 개혁은 정보의 공유(공개)에서부터 시작된다. 정보공유 시스템을 갖추면 사회 시스템의 개혁 기반이 갖추어진다.

그러므로 국가의 발전을 위한 개혁은 경제 시스템과 행정 시스템의 개혁에 중점을 두되, 개혁의 효과를 바탕으로 하여 부문별 주요 정책과 정보공개촉진 시스템을 시행하여 사회 시스템을 개혁하고, 사회 시스템이 개혁되면 정치 시스템을 개혁할 수 있는 기반(국민의 압력)이 조성되므로 정치 시스템까지 개혁할 수 있다고 본다.

3) 경제 시스템

⑴ 왕조(국가)의 성립과 멸망

한 국가(왕조)가 수립되는 과정에서는 혁명이나 전쟁으로 축적된 자본이 파괴되고 노동소득이 증가하는 과정을 거치면서 생산과 소비가 균형을 이룬다.

노동소득이 증가하는 과정은 대개 다음과 같다. 전쟁에 참여하는 군인이나 잡역부에게는 최소한의 생명을 유지할 수 있는 보수가 지급된다. 또한, 전쟁물자의 확보는 생산을 확대해서 고용을 확대하고 자본투자를 확대한다.

전쟁의 한 당사자가 패하게 되면 패자를 지원했던 자본은 전쟁에 투입된 자본을 회수할 수 없게 되고 이는 자본의 파괴로 이어진다. 전쟁으로 인한 생산시설과 사회기반시설의 파괴에 더하여 패자를 지원한 자본까지 회수불능으로 파괴된다.

반면 승자를 지원한 자본은 정상이윤 이상의 이익을 실현하여 자본증가를 이룬다.

새로운 왕조는 정전법 같은 토지제도를 통하여 소득 분배를 일정한 기간 동안 실현하지만, 곧 기득권층의 이익추구와 세상의 원리에 의해서 소득 분배가 악화한다.

소득 분배가 악화하면 소비가 감소하여 경제가 침체하고, 경제가 침체하면 조세 수입이 감소하고, 조세 수입의 감소는 중간층(평민)에 대한 증세로 이어지고, 이는 중간층의 붕괴로 이어져서 다시 조세 수입을 감소시킨다.

조세 수입의 감소는 국가 기능의 약화로 나아간다. 국가 기능의 약화는 사회 혼란 확대와 군사력의 약화로 이어지고, 외국으로부터의 침략, 내부의 반란으로 국가(왕조)가 멸망하는 과정에까지 이르게 한다.

(2) 과거의 경제 시스템

옛날에는 생산력이 낮아서 한 사람이 생산력을 최대로 가동해도 두 사람이 소비할 몫(상품의 단위)밖에는 생산할 수 없었다.

예를 들어, 한 국가의 전체 인구가 100명이라면 50명이 제1차·제2차 산업에 종사한다. 이들 100명이 소비할 상품 단위를 생산해서 노동자 50명이 60명이 소비할 상품 단위를 배분받아 50명분을 제1차·제2차 산업에 직접 사용하면 제3차 산업에 10명분을 소비하게 된다. 자본가 10명은 40명분에 해당하는 몫을 배분받아 10명분은 제1차·제2차 산업에 직접 사용하고 20명분을 제3차 산업에 소비한다면, 10명분에 해당하는 상품 단위가 재고로 남는다. 이는 화폐(금·은 본위 화폐)로 변해서 저장된다. 후에 정변이 일어나고 전쟁이 일어나면 이 재고분 10명분의 누적 재고 중 상당 부분이 국고로 환수되어 소비되어 없어진다.

정변이 일어나고 전쟁이 일어나면 저장된 재고분이 소비되어 균형을 이루게 되지만, 정변이 일어나지 않고 전쟁도 일어나지 않으면 재고가 누적되고, 재고가 누적되면 재고는 생산 감소를 거쳐 화폐로 바뀌어 저장되어 사라진다. 화폐가 사라져서 통화량이 감소하면 소비가 감소하고, 소비가 감소하면 생산이 줄어들고, 생산이 줄어들면 노동의 가격이 줄어들고, 그 정도가 심해지면 평민들이 신체를 팔게 된다.

평민들이 신체를 팔게 되면, 즉 노예와 유민이 증가하면 사회 시스템이 붕괴되고, 사회 시스템이 붕괴되면 혁명이 일어나고, 혁명이 일어나면 왕조가 교체되거나 멸망하는 결과를 낳는다.

(3) 현대의 경제 시스템

현대는 생산력이 높아져서 두 사람으로도 열 사람이 소비할 상품 단위를 생산할 수 있다.

예를 들어, 한 국가의 전체인구가 100명이라면 20명이 제1차·제2차 산업에 종사하여 100명분의 상품 단위를 생산한다. 노동자 20명이 40

명분의 상품 단위를 배분받아 20명분은 제1차·제2차 산업에 직접 소비하고, 20명분은 제3차 산업에 소비하게 된다. 자본가 10명은 60명분을 배분받아 10명분을 제1차·제2차 산업에 직접 소비하고, 30명분을 제3차 산업에 소비한다. 그래도 20명분의 상품 단위가 재고로 남는다.

신용화폐 시대에서의 재고는 금본위 시대와는 다르게 화폐의 형태로는 저장되지 않고 자산 가격의 상승을 통하여 자산으로 저장된다. 저장할 수 있는 한계는 자산에 대한 유효수요가 뒤따를 때까지뿐이다.

재고는 다음의 생산을 감소시키고, 생산 감소는 다시 고용을 감소시킨다. 이는 소득 분배를 악화시켜 소비를 감소시키고 재고를 증가시키는 결과를 낳는다.

현대는 민주주의 정치 시스템이면서 사유재산이 완벽하게 보호되는 자본주의 시대이기 때문에 정권의 교체는 있어도 자본이 파괴될 정도의 정변은 일어나지 않는다. 정변이 일어나지 않으므로 자본가층의 교체도 거의 일어나지 않고, 재고도 줄어들지 않거니와 자본파괴도 일어나지 않는다. 그래서 재고는 줄어들지 않지만 생산된 상품의 재고 증가율은 옛날보다 더 높아졌다.

따라서 현대의 경제 시스템은 시스템의 불균형이 과거보다 더 심하고, 교정할 기회도 없어졌다. 시스템의 불균형이 심하고 교정도 하지 못한다면 시스템의 붕괴도 옛날보다 더 빨라질 수밖에 없다.

정부는 경제 시스템의 붕괴를 막기 위해서 재고를 축소시키려고 통화(부채)의 확대를 통해 소비를 확대한다. 그러나 통화 확대는 자산 가격의 상승으로 이어져 다시 빈부 격차를 확대하여 장기적으로 소비를 감소시킬 뿐만 아니라, 통화 확대 자체가 미래의 소비를 앞당겨 사용하는 것이므로 미래의 소비까지 축소시켜서 시스템의 불균형을 더 확대시키고 붕괴를 앞당긴다.

4) 경제 시스템의 선택

경제 시스템에 있어서 가장 중요한 것은 첫째로 재화와 용역에 대한 가격 결정 권한을 누가 가지고 있느냐는 것과 둘째로는 생산된 재화와 용역에 대한 분배 권한을 누가, 얼마나 가져야 하는 것이라고 본다.

공산주의 경제 시스템은 재화와 용역에 대한 가격 결정권과 분배권을 국가(정부)가 가지고 있다. 반면에 자본주의 경제 시스템은 재화와 용역에 대한 가격 결정과 분배를 시장에 의존하고 있다.

(1) 공산주의가 실패한 이유

공산주의가 자본주의와의 경쟁에서 패배한 것은 물론 정치 시스템의 의사결정 방식이라는 문제도 있다. 그러나 경제 시스템의 관점에서 보면, 재화와 용역에 대한 가격을 국가(관료)가 인위적으로 결정함으로써 국가의 자원 배분이 왜곡되고, 관료제의 특성에 의해 오류를 제대로 교정하지 못하므로 인해서 시간이 지날수록 자원 배분의 왜곡이 누적되고 심화되어 생산성이 낮아지게 되고, 생산능력이 떨어져서 자본주의 국가와의 경쟁에서 패배할 수밖에 없었다는 점이 있다.

공산주의 국가의 자원 배분 왜곡을 극단적으로 표현한 예는 다음과 같다. 1,000원의 비용이 들어가는 상품을 100원으로 가격을 결정하고, 100원의 비용이 들어가는 상품을 1,000원으로 가격을 결정한다. 그렇게 하면 한쪽에서는 적게 일을 하고도 많은 배분을 받을 수 있고, 반대쪽에서는 더 많은 일을 하고도 적게 배분되는 현상이 나타나므로 생산이 정상적으로 이루어질 수 없게 되고 전체적으로도 생산비용이 더 많이 들어가게 된다.

이처럼 소득 분배의 첫 번째 단계인 가격 결정이 합리적으로 이루어지지 못함으로 인해서 분배 역시 합리적으로 결정될 수 없게 되는 것이다.

공산주의가 망한 이유를 경제적인 측면에서 보면, 인간이 합리적으로 재화와 서비스의 가격을 결정할 수 있다는 오만에서 비롯되었다고 말할 수 있다. 정치적인 측면으로 봐도 집단의 의사결정을 토론 등을 통해서 합리적으로 하나로 통일 할 수 있다는 오만에서 비롯되었다고 본다면, 결국 공산주의 자체가 인간의 오만으로부터 비롯된 것이 아닌가 하는 생각이 든다.

(2) 자본주의가 실패하고 있는 이유

자본주의는 가격 결정과 분배를 시장에 의존하고 있다.

자본주의의 기저를 이루는 인간의 경쟁심과 이기심이라는 속성, 시장의 무차별성과 몰인간성으로 인해서 생산능력은 크게 향상되었지만, 반대로 분배는 악화될 수밖에 없었고, 분배가 악화됨으로 인해서 소비가 저하되어 경제 성장이 저하되었다. 분배의 악화가 지속되면 소득 격차로 인한 소비 감소로 재고가 누적되어 대침체 또는 공황으로 돌아온다. 이런 상황에서 각 나라의 대처방식은 다음과 같았다.

기축통화국인 미국은 신용창조를 통한 빚에 의한 성장과 금융 자본을 통하여 세계 각국에서 생산된 부가가치를 미국으로 쉽게 이전하기 위하여 신자유주의 금융 자본주의 방식을 선택했다.

독일과 일본, 한국, 중국을 비롯한 아시아는 근린 궁핍화를 통하여 이익을 추구하는 국가 할인주의 공급경제 방식을 택했다.

북·서구 유럽은 복지에 대한 지출을 확대함으로써 생산과 소비의 균형을 잡으려고 했다.

그러나 상대의 희생을 바탕으로 성장을 추구하는 자본주의공급경제 시스템은 영원히 지속될 수 없는 시스템이다. 그 결과는 미국의 금융 시스템 붕괴로 돌아왔다.

자본주의가 실패하고 있는 이유는 생산성 향상으로 인한 과잉생산과 분배 악화에 따른 소비 감소로 인해서 생산과 소비의 격차가 확대되

없기 때문임을 알 수 있다. 그것은 결국 인간의 이기심과 경쟁심 때문이고, 생존과 발전이라는 모든 유기체의 본능 때문임도 알 수 있다.

따라서 현재의 시스템을 그대로 고수해서는 생산과 소비를 일치시킬 수 없으므로 인간의 본능을 억제하여 생산과 소비의 균형을 이룰 수 있는 새로운 경제 시스템이 고안되고 구축되어야 한다고 본다.

(3) 제3의 길과 그 방향

공산주의는 자원 배분(가격 결정)의 왜곡 때문에 생산능력이 낮아져서 자본주의와의 경쟁에 패해서 멸망했고, 자본주의는 공산주의와의 경쟁에서는 이겼지만, 생산과 소비의 불일치로 인한 불경기를 겪으면서 생산과 소비를 일치시키려고 하기보다는 인간의 이기심으로 인해 생산과 소비의 격차를 더 확대하여 자본주의라는 경제 시스템까지 붕괴시키고 있다.

아직도 국가 간의 경쟁은 국가의 존립에 영향을 미치고, 국민의 생활 수준 향상은 국가의 책무다.

따라서 제3의 길이 지향해야 할 방향은 생산능력은 조금 줄이되 소비는 확대하는 방식을 통해 생산과 소비의 불일치를 축소하여 균형을 이루는 방향이어야 한다.

① 가격 결정의 시장의존과 규제

생산요소의 합리적인 배분은 현재의 인간 능력으로는 시장을 통해서만 달성할 수 있으므로 시장경제를 통해서 재화와 용역에 대한 가격 결정을 하되, 시장의 부작용인 비용의 사회화 문제, 경제주체 간의 힘의 불균형, 독·과점에 의한 초과이윤 발생 등에 대한 정부의 적절한 통제로 시장 기능을 보완할 필요가 있다.

② 재화와 용역의 분배

생산된 재화와 용역에 대한 분배를 시장에게만 맡기면, 분배를 악화시켜 생산과 소비의 격차가 확대되어 경제 시스템을 붕괴시킨다.

소비는 유효수요와 소비성향에 달려있다. 저소득층의 소득 배분이 높아져야 소비가 확대될 수 있다. 시장의 가격 결정으로 1차로 이루어진 소득의 분배를 정부가 직접 분배 권한을 행사하여 2차로 다시 소득을 재분배하여 소비를 최대한 증가시킬 필요가 있다.

소비를 최대화할 방법은 소득을 평등하게 배분하는 것이지만, 인간의 이기심과 경쟁심이 생산능력의 향상에 작용하는 점을 고려한다면 소득 배분의 절대 평등을 추구하는 것이 반드시 바람직하지만은 않다는 것도 알 수 있다. 적절한 조화가 필요하다.

제2장

공급 확대 경제 시스템

01 경제 시스템의 구축

1) 시스템의 원리

세상에는 현실과 꼭 들어맞는 완벽한 진리도 없고, 완벽한 시스템도 없다. 어떤 시스템이든지 환경과 조화를 이루지 못하면 긍정적인 효과보다는 부정적인 효과가 더 많이 발생한다. 환경은 항상 변화한다. 시스템의 환경이 변화하면 환경과의 조화가 깨지면서 외부와의 갈등을 만들고, 외부와의 갈등은 내부의 갈등을 만든다. 시스템은 외부환경과의 갈등이 없어도 시간이 지나면 내부의 갈등으로도 모순이 나타나게 되어 있다.

시스템의 모순을 해결할 힘을 가진 집단은 시스템으로부터 이익을 취하고 있는 기득권 집단이다. 시스템에서 모순을 해결하기 위해서는 기득권 집단의 이익을 감소시켜야 한다. 시스템의 모순이 발생하면 기득권 집단은 시스템의 모순을 해결하기보다는 자신들의 기득권이 계속해서 유지될 수 있도록 미봉하려고만 한다. 그렇게 한다면 시간이 지나면 지날수록 시스템의 모순은 확대되고, 부작용도 확대된다.

우리나라 역시 외부환경의 변화에 따라 경제 시스템을 변화시켜야 했는데 변화시키지 못했고, 시스템의 모순이 극대화되는 데도 인지하지 못했다. 그 결과 외환 위기를 맞아 국제금융 자본에게 국부를 털렸고 금융을 개방하여 지속해서 수탈할 수 있는 기반을 제공했으면서도, 권력의 헤게모니를 장악한 자들은 대응책을 세우기보다는 국제금융 자본의 앞잡이가 되어 국민을 상대로 수탈(돈벌이)하는 데에만 혈안이 되어 있다.

2) 경제 시스템 구축(경제 전략 수립)

경제 전략(경제 시스템)이란 한 국가의 자원을 질서 있고 조화롭게 사용함으로써 가장 효율적으로 국가의 발전과 국민의 후생을 최대화하는 정책의 방향계획을 의미한다.

GDP(Gross Domestic Product, 국민소득)는 기업 소비와 개인 소비, 정부 소비의 합에 무역 흑자(=수출-수입)를 더하여 계산된다.

경제 전략은 기업 투자를 확대하거나, 개인 소비를 확대하거나, 정부 소비를 확대하거나, 무역 흑자를 확대할 수 있는 경제 시스템을 구축하는 것이라 하겠다.

02 공급 확대 경제 시스템의 원리

1) 공급 확대 경제 시스템의 근본 원리

국민소득(GDP)은 기업 소비와 정부 소비, 개인 소비, 무역 흑자의 합이고, 이를 산식(算式)으로 나타내면, 'GDP=기업 소비+정부 소비+개인 소비+수출-수입'이다.

국민경제의 자원을 배분하여 단기적으로 국민소득을 증가시키는 방법은 기업 소비를 증가시키는 방법, 정부 지출을 증가시키는 방법, 개인 소비를 증가시키는 방법, 무역 흑자를 확대하는 방법 외에는 사실상 없다.

GDP 구성 요소 중 생산 부문은 기업 소비와 수출이고, 소비 부문은 개인 소비와 수입이다.

정부 소비는 그 성격에 따라 생산지원도 있고, 소비지원도 있다.

공급 확대 경제 시스템은 생산 부문 지원에 절대적으로 유리하게 자원을 배분하는 경제 시스템이다.

공급 확대 경제 시스템의 원리는 기업 투자가 증가하면 생산이 증가하고, 생산이 증가하면 고용이 증가하여 소득과 소비가 증가하고 다시 생산이 증가하여 국민소득이 증가(성장)한다고 주장하는 경제 이론이다.

공급 확대 경제 시스템에서 가장 핵심적인 정책은 기업의 투자를 유인하는 정책이 된다.

공급 확대 경제 시스템에서는 서민경제가 살아나기 위해서는 적하효과(낙수효과)가 일어나야 한다고 주장하고 있다. 적하효과는 경제가 좋아지면 부자들의 소득이 증가하고, 부자들의 소득 증가는 소비 증가로 이어져 경제 전체가 활성화되어 서민들의 고용과 소득도 늘어난다는 것이다.

공급 확대 경제 시스템에서의 소득 정책은 부자(자본소득 및 고소득) 감세 정책이고, 소비 정책은 부자들이 주로 소비하는 고급제품과 향락산업에 대한 소비를 지원하는 정책(감세 정책)이 주를 이룬다.

2) 공급 확대 경제에서의 국민소득 증가

기업 투자를 증가시켜 국민소득을 증가시키겠다는 전략이 보수 정치의 경제 정책 방향이다. 기업 투자란 기업이 생산을 위하여 다른 기업으로부터 중간재를 구입하는 것과 인건비를 지출하는 것을 이른다. 기업이 투자를 증가시키면 투자한 만큼 국민소득 증가 효과가 있다.

투자 기업의 중간재 구입 증가는 공급하는 기업의 생산을 증가시키고, 공급하는 기업의 생산 증가만큼 국민소득 역시 증가한다. 즉, 공급하는 기업의 생산 증가는 곧 공급하는 기업의 영업이익과 노동자의 소득(인건비) 증가다.

또한, 투자 기업의 인건비 지출 증가는 투자기업노동자의 노동소득 증가다. 투자 기업이 인건비 지출을 증가하는 만큼 노동소득과 국민소득이 증가한다. 기업의 투자 증가만큼 국민소득이 증가하는 것이다.

더 나아가서 기업이 생산(부가가치 증대)을 증가시키는 것만큼 공급을 확대할 수 있는 능력이 생긴다. 기업이 생산(공급)을 확대한 만큼 전부 다 소비자에게 판매했다면 기업 투자(중간재구입과 인건비지출)에 더하여 이윤(영업이익) 증가만큼 국민소득이 증가한다.

'국민소득 증가=투자 증가+투자 증가 기업의 영업이익 증가'라는 공식이 성립하는 것이다. 이것이 바로 '국민소득 산식(國民所得 算式)'이다. 국민소득 산식에서는 기업 투자 증가액과 투자 증가 기업의 영업이익 증가액의 합만큼 개인 소비가 증가했다고 본다. 이를 재도식화하면 다음과 같다.

국민소득 증가=투자 증가+투자 증가 기업의 영업이익 증가=개인(정부) 소비 증가

만약 투자기업이 생산(공급)은 확대하였지만 판매하지 못하고 재고로 남아 있다면, 투자기업의 투자는 기업 소비로 잡힌다.

결국 '국민소득 증가=투자 증가=기업 소비 증가', 이것이 보수경제 정책이며 기업 투자 확대 정책의 이론적 배경이다.

03 공급 확대(기업 투자 확대) 경제 정책의 내용

기업의 투자를 확대하기 위해서는 기업의 투자를 유인하는 정책들을 사용하게 된다.

주요 정책으로는 감세 정책(투자세액공제 제도, 법인세 감세, 소득세 최고세율 인하, 부동산 보유 및 양도세 감세, 인수합병 관련 조세 감세), 통화 확대 정책(기준금리 인하 정책), 노동시장 유연화 정책, SOC(Social Overhead Capital, 사회간접자본) 투자 확대 정책, 외국자본 유치 정책, FTA 체결, R/D(Research and Development, 연구개발) 투자나 설비 투자지원 정책, 공기업 민영화 정책, 의료 등 서비스 산업에 대한 자본 투자규제 해제 등이 있다.

기업이 투자를 증가시키기 위해서는 이윤이 증가해야 하고, 이윤이 증가하기 위해서는 매출(수요)이 증가하거나 투자비용이 감소해야 한다. 새로운 투자처의 발생도 수요의 증가로 볼 수 있다.

매출(수요)의 증가는 국내와 국외로 나눌 수 있고, 국내의 수요가 증가하기 위해서는 개인 소비나 정부 소비가 증가하거나, 새로운 투자처가 발생해야 하고, 해외수요가 증가하기 위해서는 국내산업의 가격경쟁력이 상승해야 하고, 가격경쟁력이 상승하기 위해서는 생산원가가 낮아지거나 환율이 상승해야 한다.

투자비용이 감소하기 위해서는 인건비의 감소, 자본비용의 감소(금융 자유화 정책과 기준금리 인하 정책과 해외자본 유입 확대 정책), 간접자본 증가에 의한 비용의 감소, 정부의 조세 감면이나 보조금 지급 등이 있다.

개인 소비를 증가시키는 방법으로는 노동소득 확대와 소득 분배의 확대가 있고, 정부 소비의 증가는 재정 적자를 증가시키는 것을 의미하며, 새로운 투자처란 공기업 민영화나 의료 민영화와 같이 자본 투자의 진입 제한이 있는 부문에 대한 진입 허용(규제 해제)을 의미한다.

환율상승이나 유지를 위하여 외평기금으로 외환을 매입하거나 보유 외환으로 외국 국채를 매입하는 등 해외 투자 확대 정책을 사용한다.

1) 감세 정책

조세를 감면해주면 기업의 비용이 감소한다. 기업의 비용이 감소하면 기업의 이익이 증가하므로 그만큼 투자를 더 하게 된다.

감세 정책으로 대표적인 것은 법인세 감세 정책이 있고, 기업의 설비 투자를 촉진시키기 위해서 투자세액공제제도가 있으며, 부자들의 조세 부담을 감소시켜 투자를 확대하기 위해서 소득세 최고세율을 낮추고, 부동산에 대한 투자를 확대하기 위해서 부동산 보유 및 양도세를 감세한 적도 있고, 인수합병 관련 조세를 감면함으로써 기업의 구조조정과 인수합병 투자를 원활하게 할 수 있다.

법인세 감세를 중심으로 감세 정책의 효과에 관해서 설명해보고자 한다.

법인세율을 낮추면 정부의 조세 수입이 감소하고 조세 수입이 감소하면 정부의 지출도 감소한다. 정부의 지출이 중립적으로 감소한다면, 법인세율을 낮추면 자본으로의 소득 배분을 증가시킨다. 자본으로의 소득 배분이 증가하면 투자가 증가하여 생산(공급)이 증가한다.

자본으로의 소득 배분 증가는 반대로 노동으로의 소득 배분을 감소시킨다. 노동으로의 소득 배분 감소는 가계소득을 감소시키고 소득 분배를 악화시켜 빈부 격차를 확대하고 개인 소비를 감소시킨다. 개인 소비가 감소한 것만큼 국민소득이 감소한다.

개인 소비는 감소하는 반면에 기업 투자가 증가했으므로 생산(공급)은 증가한다. 생산과 소비의 격차가 확대된다. 생산(공급)과 소비(수요)의 격차가 확대되면 수요공급의 법칙에 의해서 가격이 하락한다.

가격이 하락하면 국제경쟁력이 상승하여 수출이 증가하고, 수출이 증가하면 무역 흑자가 발생하고, 무역 흑자가 발생하면 환율이 하락하여 무역이 균형을 이룬다. 수출 증가에 의한 생산 증가는 수입 증가에 의한 국내생산의 감소와 같으므로 수출 증가에 의한 생산 증가 효과는 사실상 없다.

단 1회의 무역 흑자에 의한 생산(소득) 증가와 환율 하락으로 인한 국내소득의 구매력 상승에 의한 소득 증가 효과가 있다.

가계소득 감소와 소득 분배 악화는 개인 소비를 감소시킨다. 개인 소비 감소에 의한 소득 감소 효과와 소비 감소의 승수효과에 의한 소득 감소 효과가 있다.

수출산업과 내수산업의 생산성(노동계수) 차이가 있으면 수출 증가에 의한 노동소득 증가보다 수입 증가에 의한 노동소득의 감소가 훨씬 더 많이 발생한다.

법인세를 낮춤으로써 발생하는 국민소득 증가 효과는 1회의 무역 흑자 효과와 환율 하락에 의한 국내소득의 구매력 향상이고, 국민소득 감소 효과는 최초의 노동소득 감소에 의한 개인 소비 감소와 소비승수효과에 의한 소득 감소와 수출산업과 내수산업의 노동계수 차이에 의한 노동소득의 감소에 의한 소비 감소와 승수효과에 의한 소득의 감소가 있다.

국민소득 증가 효과보다 국민소득 감소 효과가 상당히 많다.

법인세를 낮춤으로써 발생하는 경제 문제는 소득 감소, 소득 분배 악화, 고용 감소(실업 증가), 개인 소비 감소(내수 감소)가 있다.

특히 기업에 대한 조세 감면은 기업 간의 격차를 확대해서 고용과 소비를 생각 이상으로 많이 감소시킨다.

2) 인건비 감소 정책

인건비의 감소는 기업의 입장에서 보면 원가의 감소이므로 국제경쟁력을 상승시켜서 생산을 확대한다. 반면에 노동자의 입장에서는 임금의 감소이고, 국민경제의 입장에서는 노동소득의 감소이고, 자본소득의 증가다.

인건비 감소 정책으로는 노동시장 유연화 정책과 해고의 자유 확대와 성과연봉제, 포괄임금제, 노조활동 억압 정책과 외국 저임노동자 유입 확대 정책과 최저임금 인상억제 정책 등이 있다.

(1) 인건비 감소 정책의 주요 내용

① 노동시장 유연화 정책

노동시장 유연화는 기업(고용주)이 필요한 최소 수준의 노동력만큼을 고용하고 경기변동에 따라 임시적·단기적 노동력을 탄력적으로 활용하는 유연화 전략으로 고용형태의 유연화, 노동의 외주화, 근무형태의 유연화(변형 근로 확대)로 나타난다.

노동시장의 유연화 정책은 기업가에게는 매우 유용하지만, 노동자의 입장에서는 고용의 안정을 해치는 것으로 삶의 문제와 직결된다. 한국의 경우 IMF 이후 비정규직 노동자 및 실업자(장기실업자 포함), 비자발적 자영업인이 폭발적으로 증가하게 된 가장 큰 원인이다.

노동시장이 유연화되면 '그레셤의 법칙(Gresham's law)'에 의하여 노동시장은 저임금화되고, 임금은 차츰 최저임금 수준으로 수렴한다.

노동시장 유연화의 주요 내용으로는 (1) 해고 조건의 완화, (2) 노동조건에 대한 규제 완화, (3) 노동형태의 다양화, (4) 노동의 외주(특수고용직과 사내하청)화 등이 있다.

② 노조활동 억압 정책과 고용환경에 대한 규제 완화

노동조합의 단결권, 단체교섭권, 단체행동권에 대한 규제를 확대하면 대부분의 노조활동이 불법이 된다. 불법행위에 대한 사법처리(처벌), 손해배상소송은 노조활동 자체를 불가능하게 한다.

노조활동의 억압은 해고의 자유 확대와 근무환경이나 근무조건, 임금이 낮아지는 결과를 낳는다.

외국 저임노동자들은 생활 수준이나 문화 수준이 낮기 때문에 낮은 임금으로도 노동하고자 하지만, 내국인은 낮은 임금으로는 종전과 같은 생활 수준이나 문화 수준을 유지할 수 없게 되고, 내국인 상당수가 노동을 포기하고 다른 부문에서 소득을 확보하려고 하는 현상이 나타난다.

다단계 사기 집단이 증가하고, 경마와 같은 도박산업이 폭증하고, 로또와 같은 복권사업이 번창하고, 향락산업이나 마약과 같은 범죄사업이 증가하는 이유도 외국 저임노동자들의 유입 등으로 인하여 임금수준이 낮아졌기 때문이다.

외국 저임노동자들은 소득의 상당 부분을 국내에 소비하지 않고 본국으로 송금한다. 그 결과 노동소득 분배율보다 국내 소비수준이 더 낮아진다.

③ 최저임금 인상억제 정책

저임 서비스 산업의 임금은 대부분 최저임금 수준이다. 최저임금을 규제하는 이유도 저임 서비스 산업의 임금을 규제하여 경제적 약자인 아르바이트 청소년, 여성 노동자들에게도 최소한의 생활 수준을 유지할 수 있도록 하는 제도다.

저임 서비스 산업과 경쟁 관계에 있는 고용시장으로 근무환경이 열악한 제조업의 하청, 재하청기업의 비정규직, 파견근로, 건설 일용시장의 보통인부 등이 있다.

최저임금이 인상되지 않으면 저임 서비스 산업의 임금이 인상되지 않을 뿐만 아니라 대기업 하청기업, 재하청기업의 비정규직, 파견근로자의 임금도 오르지 않고, 건설일용직의 보통 인부들의 임금도 오르지 않는다.

최저임금 인상억제 정책은 저임 서비스 산업의 비용을 감소시키기 위한 것이 아니고 수출 대기업의 생산비용을 감소시키기 위한 정책이라 할 수 있다.

(2) 인건비 감소 정책의 경제적 효과

인건비가 감소하면, 생산원가가 하락하여 가격경쟁력이 상승한다.

수출산업의 수출단가 낮아지므로 가격경쟁력이 상승해서 수출이 확대된다. 수출기업의 생산이 확대되므로 수출기업 전체의 소득(영업이익과 임금)도 증가한다. 단, 노동소득(임금)은 별로 확대되지 않는다. 이유는 임금수준이 종전보다 낮아졌고, 현재가 고용 없는 성장 시대이므로 수출이 확대되어도 고용이 많이 확대되지 않기 때문이다.

자유변동환율제에서는 수출이 확대되어 무역 흑자가 발생하면, 환율이 하락하고, 환율이 하락하면 수출이 줄어들고 수입이 확대되어 일정한 환율에서 무역의 균형을 이룬다.

노동시장 유연화 정책으로 수출이 확대되어 수출 부문에서 생산이 증가하여 국민소득이 증가하더라도 수입이 확대되어 그만큼 국내의 내수 부문 생산을 축소시키기 때문에 전체적으로는 소득이 증가하지 않는다. 한 번의 무역 흑자에 의한 소득 증가 효과와 환율 하락에 의한 구매력 증가 효과가 있다.

내수 부문을 보면, 수출산업의 소득 증가는 내수 부문의 소비를 확대하지만, 수입 증가로 상계되고, 수출산업과 내수산업의 임금 하락은 가계소득을 감소시키고 소득 분배를 악화시켜 국내 소비를 가계소득 감소의 소비승수만큼 감소시킨다. 국내 소비의 축소는 내수산업의 생산을 감소시킨다.

경험칙에 의하면, 인건비 감소분의 약 2배 정도 국민소득 감소를 가져온다고 한다.

노동시장의 유연화 정책은 일정 부분 기업의 가격경쟁력을 상승시키지만, 공급과 수요(소비)의 격차 확대, 가계소득의 감소, 소득 분배를 악화하여 내수를 축소시키고, 고용수준을 하락시키고 국민소득을 감소시킨다.

3) 자본비용 감소 정책

자본비용 감소 정책으로 기준금리 인하 정책과 자본시장(금융)에 대한 규제 해제 정책이 있고, 해외자본 유입 확대(규제 해제와 인센티브) 정책이 있다.

(1) 기준금리 인하 정책

자본비용이 감소하기 위해서는 이자율이 낮아져야 한다. 이자율을 낮추는 정책이 금융통화위원회에서 기준이자율을 인하하는 것이다.

이자율이 낮아지면 기업의 입장에서는 자본비용이 낮아지므로 투자가 확대된다. 이자율 인하는 대출을 확대하여 일시적으로 구매력을 증가시켜 경제를 성장시키지만, 부동산과 주식 등 자산 가격을 상승시킨다. 자산 가격의 상승과 노동소득의 상대적 하락은 소득 분배를 악화시켜 장기적으로 소비를 더 감소시킨다.

소비의 감소는 생산의 감소로, 생산의 감소는 노동소득의 감소로, 노동소득의 감소는 다시 소득 분배를 악화시켜서 소비 축소라는 악순환에 빠지게 한다.

(2) 외국자본유치 확대 정책(자본규제 해제와 경제자유특구 설치)

자본시장에 대한 규제 해제는 단기적으로 자본비용을 감소시킬 수 있지만, 금융의 도박성과 약탈적인 성격으로 인해서 장기적으로는 국민경제의 금융비용을 더 확대시킬 가능성이 높다.

해외자본유치를 확대하기 위해서는 국내 전 지역에서 자본(금융)에 대한 규제를 해제하여 자본이익을 보장하고 확대(조세 감면)하는 정책을 사용할 수도 있고, 특정 지역을 경제자유특구로 지정하여 규제를 해제하고 자본이익을 보장하고 확대하는 정책을 사용할 수 있다.

해외자본을 유치하면 자본가격이 하락하므로 기업의 입장에서는 비용이 감소한다. 비용이 감소하면 경쟁력이 높아지므로 기업은 생산을 확대하기 위하여 투자를 증가시키며, 투자 증가에 의한 국민소득 증가 효과가 있다.

반면에 자본가격이 하락하면 자본집약장치산업의 경쟁력이 상승하고 노동집약산업의 경쟁력이 약화된다. 산업이 장치산업화된다. 산업이 장치산업화되면 고용이 감소하여 노동소득이 감소하여 가계소득을 감소시키고 소득 분배를 악화시켜서 소비와 생산을 감소시키는 악순환에 빠지게 한다.

동일통화를 사용하는 지역에서 국민경제 전체의 소비 증가 없이 한 지역의 생산 증가는 다른 지역의 생산 감소를 수반한다.

경제자유지역에 대한 규제의 해제와 조세 감면은 경제자유지역의 생산을 증가시키지만, 규제 해제에 따른 부정적인 효과와 조세 감면의 부정적인 효과에 더하여 다른 지역의 경제를 피폐화시키는 부정적인 효과가 있다.

해외자본의 유입은 환율을 하락시켜 국내기업의 가격경쟁력을 약화시킨다. 가격경쟁력이 약화하면 수출이 감소하고 수입이 증가하여 무역흑자가 감소하거나 무역 적자가 발생한다.

무역 적자가 발생하면 가격경쟁력을 높이기 위하여 국내 소비를 감소시키고 공급을 증가시켜서 가격을 하락시키거나 인건비를 낮추어서 생산원가를 낮추어야 한다.

공급(생산) 증가 정책과 소비 감소 정책, 자본비용 감소 정책은 국민소득을 감소시키고 노동소득을 감소시켜서 가계소득을 감소시키고 서민경제를 파탄시킨다.

4) 인프라 구축 정책

인프라는 유형의 인프라(SOC)와 무형의 인프라로 나눌 수 있다. 무형의 인프라는 많은 자원을 투자하지 않을 수도 있지만, 유형의 인프라는 국가의 많은 자원 투자가 필요하다. 국가자원의 한 부문에 대한 투자는 다른 부문의 투자를 감소시키거나 다른 정부 지출을 감소시킨다.

SOC에 대한 투자 확대도 정부 소비의 한 형태이므로 SOC에 투자하든 다른 부문에 지출하든 국민소득의 변화는 거의 발생하지 않는다.

국가가 인프라를 구축해주면 기업의 입장에서는 생산비용이 감소하므로 국제경쟁력이 상승한다. 국제경쟁력이 상승하면 생산과 고용이 증가하고, 수출과 영업이익이 증가한다.

국민경제에서 생산은 소비와 같다. 인프라의 구축으로 한 지역, 한 부문에서 생산이 증가하면 국민경제 전체의 소비가 증가하지 않는 한 다른 지역, 다른 부문에서 생산이 감소한다.

인프라의 구축으로 생산이 증가하는 부문과 생산이 감소하는 부문의 노동계수가 같다면 인프라 구축에 따른 생산의 변화는 일단 없다고 해야 한다(평균 생산성의 증가에 의한 무역 흑자 효과와 환율 하락에 의한 국민소득 증가 효과가 있다).

하지만 인프라가 구축되면 생산성이 향상하고 노동계수가 낮아져서 자본소득이 증가하고 고용이 감소하여 노동소득이 감소하고 소득 분배가 악화한다. 소득 분배가 악화하면 소비가 감소하여 생산(소득)이 감소한다.

인프라 구축에 의한 경쟁력 상승에 의한 1회의 무역 흑자와 환율 하락에 의한 국민소득의 증가보다 노동소득 감소에 의한 가계소득의 감소와 소득 분배 악화에 의한 소비 감소의 악순환에 의한 국민소득의 감소가 비슷하거나 조금 많을 것이라고 본다.

SOC 건설은 생산비용 감소 효과가 장기적으로 지속된다. 장기적인 관점에서 보면 SOC 건설에 의한 생산 증가와 소득 분배 확대에 의한 소비 증가가 연결되면 국민소득 증가 효과가 상당할 것이라고 본다.

SOC 투자(대부분 토목사업)는 다른 정부 지출이나 업종보다 인건비 비율이 아주 낮다. 인건비 비중이 작으면 정부 소비의 소비승수 효과가 아주 낮다. SOC 투자는 다른 정부 지출보다 노동소득 증가 효과가 낮으므로 SOC에 대한 투자를 확대하면 노동소득이 감소하고 소비가 감소하여 국민소득이 감소한다.

SOC 투자를 확대하기 위해서는 그와 비슷한 정도로 자본소득을 감소시키는 정책 또는 노동소득과 소득 분배를 확대하는 정책을 사용해야 소득 분배 악화와 소비 감소라는 부작용을 해소할 수 있다.

5) 정부의 보조금 지급

재산세를 낮추거나 법인세를 낮추면 그만큼 기업의 실질적인 이윤이 증가한다. 기업이 부담해야 할 부담금 등을 감면하는 것도 같은 효과가 있고, 보조금을 지급하는 것도 같은 효과가 있다. 단 부담금 감면이나 보조금 지급은 일부 기업이나 일부 산업에만 적용되므로 효과도 한정적으로 나타나고 풍선효과에 의하여 다른 산업이나 기업에는 부정적으로 작용하기도 한다.

기업의 이윤 증가는 저축의 증가와 투자의 증가로 이어져서 생산(소득)의 증가로 이어지고, 그 대부분은 자본소득의 증가로 이어진다. 반면에 조세의 감면이나 부담금의 감면은 세입의 감소로 이어지고, 보조금의 지급은 세출의 증가로 이어져서 다른 부문 정부 지출(정부 소비)을 감소시킨다.

생산의 증가와 정부 소비의 감소를 비슷하게 보면, 정부 소비의 감소는 중립적인 데 비하여 생산의 증가는 대부분 자본소득에서 일어나므로 조세 감면과 보조금 지급 정책은 자본소득을 증가시키고 노동소득을 감소시켜 소득 분배를 악화시킨다.

소득 분배가 악화하면 개인 소비가 감소하고, 개인 소비가 감소하면 생산도 그만큼 감소하므로 경제는 침체에 빠진다.

더하여 보조금을 지원받는 기업은 대체로 경쟁력이 높다. 보조금 지원을 받은 기업의 생산은 증가하고 보조금을 지원받지 못한 기업의 생산은 감소한다. 보조금 지원을 받는 기업의 생산 증가에 의한 고용의 증가보다 보조금을 지원받지 못한 기업의 고용 감소가 훨씬 더 많다.

고용의 감소는 노동소득의 감소로, 노동소득의 감소는 가계소득의 감소로, 소득 분배의 악화로 이어져 소비를 감소시킨다. 가계소득의 감소가 소비승수만큼 국민소득을 감소시킨다.

6) 규제 완화·해제 정책

기업의 투자나 생산에 관련되어 나타나는 부정적인 효과를 최소화하기 위해서 여러 가지 규제를 한다. 이런 규제를 해제하면 기업의 입장에서는 투자와 생산 활동을 하기 쉬워지므로 비용 감소 효과가 있고, 경우에 따라서는 많은 이익도 얻을 수 있다. 그러므로 규제를 해제하면 해제된 부문에서 투자가 확대되고, 생산과 고용이 증가한다.

하지만 규제를 해제함으로써 기업 활동으로 인한 부정적인 효과도 같이 나타나고, 이는 사회의 부담으로 전가된다. 이를 다른 말로 표현하면 '사적 비용의 사회적 비용으로의 전가'라고 말한다.

사회적 비용이 증가하면 국민경제 전체적으로 경쟁력이 낮아져서 생산이 감소하거나, 아니면 국민 개개인의 부담이 증가하여 국민의 가처분 소득이 감소한다. 생산이 낮아지는 것, 가처분 소득이 감소하는 것 둘 다 국민경제의 소비 감소를 의미한다.

규제의 해제·완화는 사회적 비용을 증가시키지 않는 범위 내에서 행해져야 한다.

규제가 해제된 부문에서 생산이 증가한다고 해도 국민경제의 소득 분배가 확대되지 않는 한 단기적으로 생산은 거의 증가하지 않는다. 즉 소비 확대가 이루어지지 않는 한 규제가 해제된 부문에서 생산이 증가하면 다른 부문에서 그만큼의 생산 감소가 발생한다는 뜻이다.

규제를 해제하면 생산은 증가시키지 못하면서 국민경제의 비용만 증가시켜 국민경제의 생산(소득)을 감소시킨다.

규제의 해제대상이 기업 활동이므로 규제의 해제는 자본으로의 소득 배분을 증가시킨다. 자본으로의 소득 배분을 증가시키면 노동소득이 감소하므로 가계소득이 감소하고 소득 분배가 악화한다. 가계소득 감소와 소득 분배의 악화는 소비 감소로, 소비 감소는 생산 감소로, 생산 감소는 다시 노동소득의 감소로 이어지는 악순환을 발생시킨다.

기업의 활동에 대한 규제를 해제하면 기업의 투자비용이 감소하는 효과가 있다. 특히 특혜성 규제 해제는 국민 전체의 이익을 빼앗아서 특정 개인이나 기업에게 주는 것이 된다.

7) 자유무역협정(Free Trade Agreement, FTA) 체결

FTA라고도 불리는 '자유무역협정'은 국가 간에 상품이나 서비스를 사고팔 때 부과하는 세금이나 수입 제한 등의 무역 장벽을 완화하거나 철폐하여 상호 간의 교역을 증진하기 위한 협정이다. 한·미 FTA를 중심으로 FTA의 효과를 설명해 보고자 한다.

한·미 FTA의 목적은 교역의 확대와 자본이동의 확대다. 교역의 확대는 관세의 인하고, 자본의 이동 확대는 자본이익의 확대와 안전보장이다.

교역의 확대, 즉 관세 인하와 무역자유화 확대는 국제간의 교역(무역)을 확대한다. 자유변동환율제 국가는 국제경쟁력이 환율에 의해서 조정되는 점을 생각하면 수출이 확대되는 만큼 수입도 증가한다. 국제경쟁력이 높은 기업은 수출이 증가함으로써 생산이 증가하고, 수입이 확대됨으로 인해서 다른 내수기업의 생산이 감소한다.

기업 투자 확대 정책을 사용하면 자본 투자를 많이 하는 장치산업은 경쟁력이 높아지고, 노동을 많이 사용하는 노동·기술 집약산업은 경쟁력이 약해진다. FTA 체결로 인해서 수출과 수입이 증가하면 장치산업의 생산이 증가하고 노동·기술 집약산업의 생산은 감소하여 자본소득은 대폭 증가하고 노동소득은 대폭 감소하면서 고용도 대폭 감소한다. 고용이 감소하면 가계소득이 감소하고 소득 분배가 악화하여 개인 소비가 감소하고, 개인 소비가 감소하면 다시 생산과 고용을 감소시키는 악순환에 빠지게 한다.

기업 투자 확대 정책을 계속 사용하면서 FTA를 체결하면 지속해서 노동소득이 감소하여 가계소득이 감소하고 소득 분배가 악화하여 양극화가 확대되고, 국민소득도 감소한다.

한·미 FTA는 독소조항이 국가가 양극화를 해소하기 위한 정책들까지 간섭하여 양극화 해소를 방해하게 된다. 한·미 FTA의 대표적인 독소조항으로는 래칫(역진 방지), 투자자·국가제소권, 포괄적 허용 등이 있다.

(1) 래칫(Ratchet, 역진 방지)

역진 방지 장치, 한·미 FTA 체결로 개방된 조항은 다시 체결 이전으로 되돌릴 수 없다. 예를 들어 치아보험을 민간에 허용한 후 미국 보험업체에서 관련 상품을 내놓았다면, 정부가 다시 치아보험 대상치료를 국민건강보험에 편입시키기가 어렵다.

(2) 투자자·국가제소권

한국에 투자한 기업이 직접 정부를 상대로 국제교역기구에 제소할 수 있는 권한. 대표적인 독소조항이다. UPS 등 미국의 택배회사는 캐나다 우정사업본부를 상대로 투자자·국가제소권을 발동한 바 있다. 한·EU FTA는 기업이 직접 정부를 상대로 소송하지 않고, 그 기업의 소재 국가가 대신 나서게 되어 있다고 한다.

(3) 포괄적 허용

네거티브 리스트(Negative list). 2007년 이후 이미 자본시장통합법 등 국내 일부 법에서도 적용한 것으로 새로운 산업 분야, 개방 대상 분야는 무조건 허용하고, 허용 불가능한 분야만 적시해두는 방식을 말한다. 긍정적으로 볼 경우 생각지도 않은 산업의 형성이 빨라지는 효과가 있지만 국민의 생활에 심대한 영향을 미치는 산업을 규제하기 어려워진다.

※ 포괄적 허용, 역진 방지, 투자자·국가제소권의 규정으로 보아 법률의 제정이나 조세개편과 세율조정 등을 한·미 FTA에서 예외대상으로 명시(규정)해 놓지 않았다면 우리나라의 투자자(자본) 이익을 침해하는 법률의 제정, 조세개편과 세율조정, 행정행위 등 모든 것들이 투자자·국가제소권의 대상이 될 수 있다.

※ 건강보험약가 결정 등 공공의 이익을 위하여나 또는 실질적으로 독점적 수요자의 가격 결정으로 인해서 투자자·제약회사의 이익이 침해되는 경우에도 투자자·국가제소권의 대상이 될 수 있다고 본다.

8) 자본의 투자처 확대 정책(공기업 민영화, 의료 민영화, 서비스 선진화)

기업 투자 확대 정책은 노동소득이 감소하여 가계소득이 감소하고 소득 분배가 악화하면 소비가 감소한다. 소비가 감소하면 기업이 투자를 확대해도 재고만 증가한다. 가격이 하락해서 국제경쟁력이 상승하여 수출이 증가하고 무역 흑자가 발생하면 환율이 하락하여 경쟁력이 상실되므로 기업은 투자를 확대할 수 없는 상황에 빠진다.

기업 투자를 확대하기 위해서는 새로운 투자처를 만들어야 한다는 결론이 나온다.

새로운 투자처로는 공기업을 민영화하여 기업이 투자를 할 수 있게 하는 공기업 민영화 정책과 서비스 산업에 대한 규제를 폐지하여 정부의 투자나 자본의 진입을 허용하는 서비스 산업 선진화 정책과 의료기관에 대한 기업의 투자를 허용하는 의료 민영화 정책이 있다.

공기업 민영화는 다른 말로 표현하면 국가(국민)만이 가져야 하는 독점에 의한 이익을 자본이 가져가겠다는 것에 불과하다. 경영합리화를 내세우지만, 요금만 올리면 얼마든지 이익을 낼 수 있는 독점기업이 스스로 경영합리화를 한다는 것도 기대할 수 없는 일이고, 자본이 경영합리화를 한다면 기껏 노동자의 임금을 깎거나 아니면 인력을 줄이는 것 외에 다른 경영합리화 방법은 없을 것이다.

오히려 독점이익을 빼먹기 위하여(독점기업이 파산할 이유는 없는데) 후순위채권이라는 이름으로 연 50% 이상의 고금리채권을 발행해서 대주주들에게 부당이득을 챙겨주고 있는 실정이다.

우리나라 서비스 산업의 생산이 OECD 국가의 평균에 비하여 매우 낮고, 서비스 산업의 고용계수가 다른 산업에 비하여 매우 높다. 서비스 산업에 대한 투자를 확대하여 우리나라 고용 부족 문제를 해결하고 생산을 높여 경제 성장률을 높일 수 있다고 주장하며 서비스 산업 선진화 정책을 추진하고 있다.

요즈음은 제3차 산업을 제4차 산업(정보·의료·교육서비스 산업 등 지식집약형 산업), 제5차 산업(취미·오락·패션산업 등)으로 분류하면서 우리나라는 제4차 산업과 제5차 산업의 기반이 OECD 국가와 비교하여 약하므로 발전시킬 여지가 많다고 하며, 경제가 성장하기 위해서는 제4차 산업과 제5차 산업에 대한 투자를 확대해서 생산을 확대해야 한다고 주장한다.

서비스 산업이나 제4차 산업, 제5차 산업은 정부가 투자를 많이 하거나 자본이 투자를 많이 한다고 해서 생산이 증가하는 산업이 아니다. 국민소득이 높아지고, 소득 분배가 확대되고 노동시간이 단축되어 국민 개개인이 서비스 산업이나 제4차 산업, 제5차 산업에서 소비를 증가시킬 때에 생산이 증가한다.

가계소득이 증가하지 않고 소득 분배가 악화해서 서민들이 서비스 산업이나 의료, 교육서비스, 취미나 오락서비스를 이용하지 못하고 있는데 서비스 산업, 제4차 산업, 제5차 산업의 생산이 증가할 수 있겠는가?

고용 확대, 경제 성장을 위해서 서비스 산업이나 제4차 산업, 제5차 산업을 발전시키자고 주장하며 정부의 투자 확대나 자본의 진입 허용을 주장하는 바탕에는 대기업의 서비스 산업진입에 대한 반대 정서의 완화나 정부 투자 확대를 통한 자본소득을 확대하고자 하는 의도가 있다.

자본의 진입이 허용되지 않고 있는 독점적 특혜산업인 의료 부문에 자본이 진입하여 의료 부문의 독점적 이익을 자본이 가져가겠다는 욕망이 있다.

자본의 진입이 확대되면 자본소득이 증가하고 노동소득이 감소한다. 당연히 소비가 감소하고 고용도 감소하고 노동소득도 감소하며 국민소득이 감소한다.

※ 더 자세한 내용은 제2부 제20장 '의료기관자법인 설립하면 일자리는 감소한다'를 참조하기 바란다.

9) 고환율 정책

경제를 단기적으로 성장시키는 방법은 (1) 부채(기업부채, 정부부채, 가계부채)를 확대하는 방법, (2) 소득 분배를 확대하는 방법, (3) 수출을 확대하여 무역 흑자를 계속 증가시키는 방법이 있다.

경제 성장을 달성하기 위한 방법 또는 국제경쟁력이 있음을 나타내기 위한 방법으로 무역 흑자를 증가시키거나 유지하여야 하고, 무역 흑자를 지속해서 증가시키거나 유지할 방법은 한 국가의 환율을 고환율 상태로 계속 유지하는 방법 외에는 사실상 다른 방법은 없다.

고환율을 유지하는 방법으로는 첫째로 국내의 생산(공급)을 확대하고 소비를 감소시키면 국내의 가격이 하락한다. 국외의 가격은 변함이 없는데 국내의 가격이 낮아지면 환율은 평균경쟁력을 반영하는 환율보다 높은 곳에 있게 된다. 환율이 높은 곳에 있으면(국제가격보다 국내가격이 낮으면) 수출이 증가하고 무역 흑자가 발생한다. 자유변동환율제에서는 무역 흑자가 발생하면 환율이 하락하고 환율이 하락하면 수입이 증가하여 무역이 균형을 이루면서 종전보다 환율이 약간 하락한 수준에서 무역이 균형을 이룬다.

약간의 무역 흑자와 환율 하락에 의한 국내소득의 구매력 향상에 의한 국민소득 증가 효과가 있다. 반면에 국내 소비의 감소에 의한 소득 감소와 소비 감소에 의한 생산 감소와 고용 및 노동소득 감소에 의한 소비 감소(소비승수에 의한 소득 감소)가 발생한다.

계속해서 고환율 상태를 유지하기 위해서는 계속해서 생산과 소비의 격차를 확대해야 한다. 생산과 소비의 격차를 계속해서 확대하기 위해서는 지속적으로 노동소득을 감소시켜야 한다.

둘째로는 외평채(외국환평형기금채권)를 동원해서 외환시장에서 외환을 매입하면 환율이 상승한다. 외환 시장에서 외환(달러나 유로 등)을 매입하면 수요공급의 법칙에 의해서 외환 가격은 상승하고 국내 화폐의 가격은 하락한다. 국내의 가격경쟁력이 변하지 않는 상태에서 외환의 가격이 상승하면 평균경쟁력보다 환율이 고환율 상태에 놓인다.

평균경쟁력보다 환율이 고환율 상태에 놓이면 수출이 증가하고 수입이 감소하여 무역 흑자가 발생하고, 무역 흑자가 발생하면 환율이 하락하고 수출이 감소하고 수입이 증가하여 무역이 균형을 이룬다. 단 1회의 무역 흑자와 환율 하락에 의한 국내소득의 구매력 향상 효과가 있다.

하지만 외평채를 동원해서 외국환을 매입하면, 외평채를 매입한 자금이 국내 투자나 소비를 포기하게 된다. 환율의 상승이 외평채의 매입에 의한 것인 만큼 환율상승에 의한 무역 흑자나 국내소득의 구매력 상승에 의한 국민소득의 증가는 외평채 매입자금의 투자나 소비의 포기에 의한 국민소득 감소 효과보다 높을 수는 없다.

더하여 수출기업의 생산 증가에 의한 자본소득과 노동소득의 분배율이 국내기업의 평균소득 분배율보다 자본소득 분배율이 높다는 것을 생각하면 외평채를 동원해서 환율을 상승시키면 국내소득의 소비성향이 낮아지고, 소비성향이 낮아지면 소비승수가 낮아져서 국민소득이 감소한다. 당연히 고용도, 노동소득도 낮아진다.

04 공급 확대 경제 정책에 대한 종합 평가

1) 공급 확대 경제 정책과 고정환율제

고정환율제 국가에서 기업의 투자 확대를 통한 성장 전략을 사용하면 생산(공급)이 증가하고 소비(수요)가 감소하여 가격이 하락한다. 수요가 감소한 것만큼 국민소득(생산)이 감소한다. 가격이 하락하면 국제경쟁력이 높아져 수출이 증가하고 무역 흑자가 발생한다. 기업의 투자 확대에 의해서 비용의 상승이 없는 상태에서의 생산 증가만큼 수출이 증가한다.

국내 소비(수요)의 감소만큼 국민소득(생산)의 감소가 있고, 무역 흑자(수출 증가)만큼 소득(생산) 증가 효과가 있다.

무역 흑자에서 국내의 소비 감소를 공제한 것만큼 국민소득이 증가한다. 국민소득 증가율보다 낮은 비율이지만 노동소득도 증가하여 노동자들의 소득도 증가하고 생활 수준도 전반적으로 향상될 수 있다.

반면에 상대적으로 무역 적자가 발생한 국가는 그만큼 국내의 생산이 감소하므로 국민소득이 감소한다.

고정환율제 국가에서 기업 투자 확대를 통한 성장 정책을 사용하면 무역상대국을 궁핍화시킨다. 기업 투자 확대를 통한 성장 정책을 근린궁핍화(近隣窮乏化) 정책이라고 하고, 제국주의식 경제 정책이라고도 한다.

2) 공급 확대 경제 정책과 자유변동환율제

자유변동환율제 국가에서 기업 투자 확대 전략을 사용하면 기업소득이 증가하여 공급이 확대되고, 노동소득이 감소하여 가계소득이 감소하고 소득 분배가 악화하여 소비가 감소한다. 공급이 증가하고 수요가 감소하면 가격이 하락하고, 가격이 하락하면 가격경쟁력이 상승하여 수출이 증가하고 무역 흑자가 발생한다. 무역 흑자가 발생하면 환율이 하락하고, 환율이 하락하면 수입이 증가하고 수출이 감소하여 무역이 균형을 이룬다.

국민소득의 증가 효과는 1회의 무역 흑자와 환율의 하락에 의한 국내소득의 구매력 증가다.

반면에 국민소득의 감소 효과는 노동소득의 감소와 노동소득 감소에 의한 소비 감소(승수효과)에 의한 소득 감소가 있다.

1회의 무역 흑자와 환율 하락에 의한 구매력 증가에 의한 소득 증가보다 노동소득 감소에 의한 소비 감소와 소비 감소에 의한 소득 감소가 더 크게 발생한다.

기업 투자 확대 전략과 고환율 정책은 국민소득을 증가시키기보다는 오히려 국민소득을 감소시킨다. 더하여 고용을 감소시켜서 가계소득을 감소시키고 소득 분배를 악화시켜 서민들의 생활을 더 어렵게 한다.

05 정부가 기업 투자 확대 전략을 선호하는 이유

기업 투자 확대 전략은 소득 분배를 악화시켜 소비를 축소시켜 디플레이션을 발생하게 하여 경제 시스템의 붕괴로 이어진다. 그런데도 정치인과 관료집단은 기업 투자 확대 전략을 선호한다. 그 이유를 살펴보면 다음과 같다.

첫째, 기업 투자 확대, 부채 확대, 수출 확대 정책을 제외하고 현재까지 다른 성장 정책을 찾아내지 못하고 있다.

둘째, 기업 투자 확대 정책을 사용하면 정책의 긍정적인 효과인 소득 증가 효과는 투자의 후방 관련 효과에 의하여 즉시 나타난다. 반면에 소득 분배 악화와 개인 소비 감소에 의한 소득 감소 효과와 같은 부정적인 효과는 천천히 나타난다.

셋째, 기업 투자 확대 전략의 긍정적인 효과인 투자 증가에 의한 고용 증가와 생산 증가는 후방 관련 효과에 의하여 명확히 확인할 수 있다. 반면에 기업 투자 확대 전략의 부정적인 효과인 소득 분배 악화와 소비 감소에 의한 고용 감소와 생산 감소는 국민경제 전반에 걸쳐서 일어나므로 그 인과관계를 명확하게 확인할 수 없다.

넷째, 기업 투자 확대 전략의 부정적인 효과인 개인 소비 감소는 거시 정책이라는 이름으로 재정 적자(공공 정책)와 이자율 인하 정책으로 소비를 일정 기간 앞당겨 사용하여 부정적 효과의 발생을 연기시킬 수 있다.

다섯째, 자유변동환율제 국가, 신용화폐 시대에 살면서도 고정환율제 국가와 금본위제 화폐 시대의 사고방식을 유지하고 있기 때문이다.

기업 투자 확대 전략은 고정환율제 국가인 경우에는 근린궁핍화 효과가 있고, 자유변동환율제 국가인 경우에는 국내 노동자들을 궁핍화하는 효과가 있다.

고정환율제에서의 기업 투자 확대 전략은 국내적으로 부정적인 효과보다 긍정적인 효과를 더 많이 발생했다. 반면에 자유변동환율제 국가에서는 긍정적인 효과보다 부정적인 효과가 더 많이 발생한다.

금본위 시대에 기업 투자 확대 전략과 통화 확대를 동시에 사용하면 그 부작용은 아주 천천히 나타날 것이다. 하지만 금본위 시대에는 금의 부족으로 통화 확대 정책을 사실상 사용하기가 불가능했다.

신용통화 시대에서는 기업 투자 확대 전략을 사용하면 긍정적인 효과가 발생한 후에 부정적인 효과는 천천히 발생한다.

마지막으로, 정책의 수혜자가 특정되므로 정책결정권자·집행권자와 수혜자 사이에 유착이 발생하며 정치자금이나 뇌물을 받을 수도 있기 때문이다.

06 공급 확대 경제 정책의 부작용과 대책

1) 공급 확대 경제 정책의 부작용

공급 확대 경제 시스템에서는 투자를 성장의 수단으로 보기 때문에 투자를 유인하는 정책들을 많이 사용하고, 투자유인 정책들의 부작용으로 많은 부문에서 과잉 투자가 일어나서 국가의 자원이 낭비되고 있다. 그뿐만 아니라 그 속에는 국민의 세금까지 흘러 들어가서 부정부패가 만연하다.

공급 확대 경제 시스템에서는 서민들의 소득이 줄어 빈부 격차가 확대되므로 서민들의 반발을 막기 위하여 국민들이나 정부에게 빚을 지우는 방법 등 여러 가지 소비를 확대할 수 있는 정책들을 남발하게 된다. 그 과정에서 경제 시스템의 요소요소에서는 국민의 세금이나 산업의 부가가치를 빨아먹는 기생충 같은 것들이 늘어나게 된다.

공급 확대 경제 시스템에서는 투자유인을 위한 여러 정책, 빈부 격차 확대에 따른 반발을 무마하기 위한 여러 편법적인 조치로 인해서 조세법 등 법률은 누더기가 되고 아주 복잡해졌다. 이것들이 또 다른 기생충들을 양산한다.

(1) 생산과 소비의 격차 확대와 부채 확대

투자가 확대되어 생산이 증가하고, 개인 소비가 감소하여 생산과 소비의 차이가 확대되면, 그 차이만큼 재고가 발생한다. 재고의 발생이 기업의 부채 확대다. 재고가 발생하면 가격 하락과 수출 증가, 무역 흑자와 환율 하락, 수입 증가를 거쳐 중소기업과 자영업과 같은 한계기업에서 생산 감소가 일어나고 생산에서 퇴출(파산)당한다.

중소기업의 파산, 자영업의 몰락은 중산층을 붕괴시키고, 가계부채를 확대하고, 부동산 등 자산을 처분하게 하거나 경매를 하게 만들어 주택 가격폭락의 원인이 되기도 한다. 중소기업의 파산, 자영업의 파산은 그 기업에 종사하는 노동자들을 실업자로 만든다. 실업자 증가 문제가 발생하고, 생계형 가계부채를 확대시키며, 신용불량자를 양산한다.

개인 소비가 감소하면 국민소득이 감소하면서 조세 수입도 감소한다. 정부는 조세 수입의 감소, 경기침체를 이유로 재정 적자를 확대하고, 기준금리를 낮게 유지하거나 낮춘다. 재정 적자와 이자율 인하는 통화를 확대하고, 통화 확대에 의한 자금 공급은 금융기관, 대기업, 부자, 중소기업의 순서로 이어진다. 금융기관, 부자들은 소비를 증가시키기보다는 자산 취득에 주력하고, 자산의 수요가 많으면 자산 가격이 상승하는 것은 당연하다. 자산가의 상승은 빈부 격차의 확대, 소득 분배의 악화로 연결되고, 결국 소비 감소로 이어진다.

또한, 재정 적자는 국가부채의 확대로, 낮은 이자율은 기업과 가계의 부채 증가로 이어져서 국민경제를 위기에 취약한 경제 체질로 만든다.

(2) 과잉시설과 기업부실 확대와 구조조정

자본비용을 감소시키고 에너지요금을 낮추고, 인건비를 감소시키는 기업 투자 확대 정책을 사용하면 대규모 자본과 저임노동자를 사용하는 조선업, 대규모 자본 투자가 필요한 해운업이나 중화학공업이 발달하는 등 산업이 불균형하게 발달한다.

세계 경제가 침체에 빠지는 등 경제 위기가 오면 모든 산업의 생산이 축소되고 생산이 축소되면 대규모 자본 투자를 한 기업은 고정비용이 많아 손실이 크게 확대된다. 기업의 손실 확대는 부채의 확대로, 기업의 부실로 연결된다.

대규모의 구조조정이 필요하게 되고 대량실업이 발생한다.

2) 공급경제 정책과 수출 확대 정책

생산(공급)이 증가하고 수요가 감소하면 가격이 하락한다. 기업 투자 확대 정책으로 국민경제의 공급(생산능력)이 증가하고, 개인 소비의 감소로 인해서 유효수요(소비능력)가 감소하면 국내의 재화와 용역의 가격이 하락하고, 국내가격이 하락하면 가격경쟁력이 상승하여 수출이 증가하고 무역 흑자가 발생한다.

종전보다 국내 소비가 감소한 상태에서 비슷한 정도로 수출이 증가하여 무역 흑자가 발생한다.

우리나라는 자유변동환율제 국가다. 자유변동환율제 국가는 (자본수지의 변동이 없다면) 수출이 확대되어 무역 흑자가 발생하면 환율이 하락하고, 환율이 하락하면 수출은 줄어들고 수입이 늘어나서 무역(수·출입)이 균형을 이룬다.

우리나라와 같은 자유변동환율제 국가는 무역 흑자를 확대하기 위하여 수출 확대지원 정책을 사용한다고 하더라도 무역 흑자는 별로 확대되지 않는다. 단 1회의 무역 흑자 효과가 있다.

반면에 수출 확대지원 정책으로 인한 개인 소비의 감소로 인하여 국민소득은 오히려 감소하게 된다. 단 약간의 무역 흑자와 환율이 하락한 것만큼 국내소득의 구매력이 증가한 것만큼 국민소득이 증가한 효과가 있다.

무역 흑자를 유지하기 위해서는 지속적으로 공급을 확대하고 수요를 감소시키는 정책을 계속 사용해야 한다. 공급 확대 정책이 지속되지 않아 공급과 수요의 격차가 줄어들어 균형을 이루면 무역 흑자는 더 유지되지 않는다.

기업 투자 확대 정책에 의해서 기업의 소득 증가와 가계의 소득 감소가 비슷하고, 국내 소비의 감소에 의한 생산 감소와 무역 흑자에 의한 생산의 증가가 비슷하더라도 가계소득의 감소에 의한 소비의 감소 효과(소비승수)에 의해서 국민소득은 종전보다 감소한다. 반면에 환율 하락만큼 국내소득의 구매력상승 효과가 있다.

우리나라와 같은 자유변동환율제 국가에서는 성장 정책으로 수출 확대 정책은 맞지 않는다.

3) 공급 확대 경제 정책의 부작용에 대한 보완 정책

기업 투자 확대 정책의 부정적인 효과는 개인 소비가 감소하는 것이고, 노동소득이 감소하여 소득 분배가 악화하고, 빈민들의 생활이 어려워져 최저생활조차도 보장하지 못하게 되고, 경제가 디플레이션에 빠지는 것이다.

(1) 가계부채 확대 정책(기준이자율 인하)

경제가 침체에 빠지면 소비를 진작시키기 위하여 이자율을 낮춘다. 이를 거시 정책이라고도 한다.

기준이자율을 낮추면 대출, 특히 가계대출이 증가한다. 가계대출 증가는 자산 가격을 상승시키거나 하락을 방지한다. 이유는 대출의 담보 형식으로 자산(주택)이 제공되기 때문에 자산(주택)의 수요가 증가한다.

부동산(주택)의 경우 이자율이 낮아지면 자산(주택)의 임대료와 자산(주택)구입자금의 대출이자의 부담 중에서 대출이자의 부담이 적어지므로 임대사업자는 자산구입을 확대하고, 임차인은 임차하기보다는 대출을 해서라도 직접 주택을 구입하려고 하므로 주택의 가격이 상승한다. 주식 등 유가증권 역시 수요가 증가하기 때문에 가격이 상승한다.

자산 가격의 상승은 건설업이나 금융산업에 초과이윤이 발생하게 하여 투자를 확대하게 한다. 일시적으로 생산을 증가시키고 고용을 증가시키지만, 가계의 가처분 소득을 감소시키고 소득 분배를 더 악화하여 소비를 더 감소시키고 경제를 더 침체에 빠지게 한다.

이자율 인하 정책은 가계부채를 증가시켜 가계의 가처분 소득을 감소시키며 장기적으로 디플레이션으로, 자산시장의 붕괴로, 공황으로 이어지게 한다.

(2) 정부부채(재정 적자) 확대 정책

기업 투자 확대 정책에 따라 가계소득이 감소하고 소득 분배가 악화하여 개인 소비가 감소하면 생산이 감소하고 고용이 감소하고 경제가 침체에 빠지고 국민소득이 감소한다.

생산을 확대하고 고용을 확대하고 경제를 살리고 국민소득을 증가시키기 위해서는 정부 소비를 증가시켜야 한다.

정부 소비의 증가란 재정 적자를 전년도보다 더 증가시키는 것을 의미한다. 재정 적자가 증가하면 정부 소비가 증가하는 것이므로 당연히 국민소득이 증가하되 소비승수만큼 더 많이 국민소득이 증가한다. 당연히 생산(소득)도, 고용도 증가한다.

재정 적자에 의한 통화량의 증가는 정부의 지출을 통하여 개인이나 기업을 거쳐 은행 등 금융기관으로 흡수되고, 금융기관은 자산을 저장하고 이윤을 발생시켜야 하므로 직접 자산을 구입하거나 대출의 담보 형식으로 간접적으로 자산을 구입한다. 자산의 구입 확대가 자산 가격을 상승시킨다.

재정 적자가 확대되면 확대될수록 부동산이나 증권과 같은 자산의 가격이 상승하여 자본소득은 증가하지만, 상대적으로 노동소득은 감소한다. 정확하게 표현하면 자산사용료의 증가로 인해서 노동소득(가계소득)의 가처분 소득을 감소시킨다.

재정 적자는 국민소득에서 자본소득을 증가시키고 노동소득을 감소시켜서 소득 분배를 악화시키고 장기적으로 개인 소비를 더 많이 감소시킨다.

재정 적자 증가를 통하여 정부의 지출이 증가하면 그 증가분이 비록 소득 분배 확대를 위한 복지지출일지라도 개인 소비(복지지출)를 통하여 기업의 매출로 전환되어 자본소득과 노동소득으로 배분되므로 결국 재정 적자는 자산 가격을 상승시켜 소득 분배를 악화시키는 역할을 한다.

재정 적자가 지속적으로 증가한다는 의미는 국민경제가 구조적으로 생산(소득)보다 소비가 많은 과소비 단계에 진입했다는 것을 뜻한다.

국민경제의 생산능력에 비하여 개인 소비가 적으면 생산도 적어진다. 즉 경제가 침체에 빠진다.

경제가 침체에 빠지면 당연히 조세 수입도 전년도보다 감소한다. 조세 수입은 전년도보다 감소한 데 비하여 소득 분배가 악화하여 개인 소비가 감소하기 때문에 정부의 지출은 더 증가해야 하는 상황에 빠진다. 현재 우리나라는 연 30조 원 이상씩 재정 적자가 발생하고 매년 그 적자액도 몇조 원씩 증가하고 있다.

재정 적자의 끝은 국가 부도이고 디플레이션이자 공황이다. 아니면 하이퍼 인플레이션(Hyper inflation)을 거쳐 경제 시스템 붕괴로 이어진다.

재정 적자 증가를 해소하기 위해서는 소득 분배를 확대하는 정책으로, 자본소득은 감소시키고 노동소득을 증가시키는 방향으로 정책 기조를 바꿔야 한다.

(3) 복지 정책 확대와 복지망국론

기업 투자 확대 정책으로 소득 분배가 악화하면 복지 정책을 확대함으로써 저소득층의 빈곤 문제를 해결하면서 일정 기간 동안 개인 소비를 증가시킬 수 있다. 하지만 복지의 확대는 재정수요를 증가시킨다. 경제가 침체에 빠지면 기업의 투자 확대를 유도하기 위해서 기업에 대한 조세 감면과 재정지원, SOC에 대한 투자를 더 확대해야 하는 상황에 빠진다. 이는 재정 적자의 확대로 이어진다.

고용 감소, 청년 실업 확대, 경기의 침체, 조세 수입의 감소와 재정 적자의 확대가 겹쳐지면 정부는 복지 확대를 위해서 증세를 할 것인지, 아니면 기업지원을 위해서 복지지출을 줄여야 할 것인지를 선택해야 한다.

기업에 대한 증세나 고소득자에 대한 증세는 저축이나 기업의 투자를 위축시켜서 정부의 기업 투자 확대라는 정책 기조와도 맞지 않고, 부가세의 증세는 국민의 가처분 소득을 감소시켜 개인 소비를 더 감소시킨다. 기업에 대한 지원축소나 SOC에 대한 투자의 축소 역시 정책 기조와 맞지 않는다.

　결국 정부의 일반경비나 복지지출을 줄일 수밖에 없고, 이는 효율성이라는 평계로 작은 정부(정부의 역할 축소)론이 등장하고, 보편적 복지가 선별적 복지로, 선별적 복지도 복지대상에 대한 기준 강화를 통해서 정부 지출을 축소하고자 한다.

　정부의 역할축소는 국민의 가처분 소득 감소와 사회의 건전성 악화로 이어져서 경기침체와 동시에 민심을 흉흉하게 하고, 복지의 축소는 서민들의 생활을 더 어렵게 하여 극단적인 선택을 증가시키고 민심을 더 흉흉하게 한다.

　정부의 역할을 축소해도, 복지에 대한 기준을 강화해서 복지지출을 줄이거나 복지지출의 증가를 억제해도 경기침체가 계속되고 디플레이션(공황)의 조짐이 보이면, 온갖 홍보수단을 다 동원해서 복지망국론을 홍보하고, 국민의 표현의 자유를 억제하는 파시즘 국가로 가고, 결국은 전쟁으로 디플레이션 문제를 해결하려고 한다.

제3장

격차사회의 원인과 해결 방향

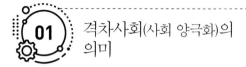

01 격차사회(사회 양극화)의 의미

격차사회란 소득의 양극화로 인하여 중간계층이 붕괴하는 과정에서 나타나는 일본형 경제·사회 붕괴 현상을 일컫는 말에서 나왔다.

일본형 격차사회의 원인으로는 경기침체, 급속한 고령화, 세대 간 소득 분배 악화, 교육격차와 부의 대물림 등이 지목되고 있다.

> 사회의 양극화 또는 격차사회는 서로 점점 더 달라지고 멀어진다는 사전적 의미를 담고 있으며, 사회 불평등의 심화를 가리키며 특히 중간계층이 줄어들고 사회계층이 양극단으로 쏠리는 현상을 의미한다.[1]

격차사회 문제를 해결하기 위해서는 첫째로 왜 격차사회의 문제를 해결해야 하는지 이유를 명확히 할 필요가 있다. 격차가 확대됨으로 인해 일어날 부정적인 영향을 확인함으로써 격차를 해소하는 문제의 중요성, 심각성을 확인해야 한다. 격차 해소 정책의 중요성, 심각성을 확인함으로써 격차 해소 정책의 정책적 우선순위를 정할 수 있기 때문이다.

둘째로 격차가 확대되는 원인을 명확히 해야 한다. 격차가 확대되는 원인을 명확히 함으로써 격차가 확대되는 원인을 확인하고, 원인의 발생을 방지하고, 원인을 제거하는 등 격차의 확대를 방지하고 축소할 정책을 만들 수 있기 때문이다.

셋째로 격차를 축소할 정책대안이 실제 효과가 있는지 시뮬레이션 등을 통해서 충분히 검토해야 한다. 이유는 격차가 확대되는 원인을 제

---

1 김종진 외 공저, 『양극화 시대의 일하는 사람들』, 창비, 2008.

거하는 정책을 사용하더라도 그 정책의 효과가 반대로 나타날 수도 있기 때문이다.

02 격차사회의 부정적인 효과

　격차가 확대되면 희망을 상실하는 포기세대를 만들어 사회의 역동성을 약화하므로 사회발전을 더디게 하거나 후퇴시킨다.

　격차사회는 사회의 동질성, 즉 공동체를 해체한다. 대한민국이란 공동체, 즉 국가를 유지해야 할 이유를 없애므로 대한민국에 충성할 이유가 없어진다.

　격차의 확대는 현재 형식적이나마 민주주의적인 평등사회를 계급사회로의 회귀하게 한다. 계급제의 부활은 인간의 존엄성을 훼손한다.

　격차가 확대되는 것은 소득 분배가 악화한다는 것이다. 소득 분배가 악화하면 소비가 감소한다. 격차가 확대된다는 의미는 소비가 지속적으로 감소한다는 의미가 있다. 소비가 지속적으로 감소하면 생산도 지속적으로 감소한다. 생산이 감소하면 고용이 감소하고, 고용이 감소하면 노동소득이 감소하여 다시 소득 분배가 악화하는 악순환을 되풀이한다. 격차의 확대는 지속적으로 소비를 감소시켜서 경제를 붕괴시킨다.

　경제 시스템이 붕괴하는 과정에 사회 시스템도 붕괴하고, 사회 시스템의 붕괴는 문명(산업과 문화)의 붕괴를 가져온다. 경제·사회 시스템이 붕괴하는 나라가 존속할 수 없다는 것은 자명하다.

격차의 확대가 전 지구적으로 발생한다면 문명의 파괴와 인류의 멸망으로 이어진다.

격차를 해소해야 하는 문제야말로 국가안보 그 이상의 문제임을 알 수 있다.

03　격차가 확대되는 3가지 경로

1) 격차와 시장경제

⑴ 격차는 경쟁으로부터 발생한다

생산물의 판매가격과 생산요소의 가격 결정(소득 분배)은 시장에 의해서 이루어지고 있고, 시장은 '경쟁'과 '수요와 공급의 법칙'에 의해서 작동된다. 하지만 시장의 법칙인 완전한 경쟁이 이루어지는 것은 아니다.

불완전 경쟁은 자원의 낭비를 초래할 뿐만 아니라 격차를 고착화하거나 격차를 더 확대하기도 한다. 그런데도 가격 결정(소득 분배)을 시장에 맡기는 이유는 현재까지 시장보다 더 나은 가격 결정(소득 분배)방식을 찾아내지 못했기 때문이다.

격차의 축소는 시장경제의 모순이나 부작용을 해결하는 방향으로 소득 분배를 확대하는 것이 가장 부작용이 적다.

경제에서 생산(물)의 가액은 판매를 통해 결정된다. 경제에서 소비는 생산된 재화와 용역을 사용·소모하는 것을 의미하지 않고, 구매하는 것을 의미한다.

경제에서의 생산과 소비는 판매와 구매라는 매매행위의 한쪽 면을 서로 다르게 표현한 것이다. 국민경제에서는 생산의 총액과 소비의 총액은 같을 수밖에 없고, 소비의 증가 없이는 생산의 증가도 불가능하다.

소비를 확대하는 방법으로는 노동소득을 증가시키고 소득 분배를 확대하는 방법 외에는 사실상 없다. 국민경제에서는 생산(공급)을 증가시키는 것 이상으로 소득 분배를 확대하는 것이 중요하다.

국민경제를 성장(소득 증가)시키기 위해서는 생산을 증가시키기 위한 생산기술을 개발하는 것 이상으로 소득 분배를 확대하는 기술(시스템)을 개발하는 것이 중요하다.

생산기술을 개발하는 몫은 주로 기업(개인 포함)의 몫이지만, 소득 분배를 확대하는 기술(시스템)을 개발하는 것은 전적으로 국가(정부)의 몫이다.

지금까지 정부는 소득 분배를 확대하는 기술(시스템)을 개발하기보다는 생산기술을 개발하는 데에만 집중하고 있다. 정부의 역할에 대한 인식이 근본적으로 잘못되어 있다.

2) 격차가 확대되는 3가지 원인

격차가 확대된다는 의미는 소득 분배가 계속 악화한다는 뜻이다. 소득 분배는 그 원인이 무엇이든 3가지 원인에 의한 경로·과정을 거쳐서 악화한다.

첫째는 자본으로의 소득 배분이 증가하고 노동으로의 소득 배분(노동소득 분배율)이 감소하면, 소득 분배가 악화하여 격차가 확대된다.

생산은 자본과 노동의 결합으로 이루어지고, 생산(소득)은 자본(영업이익)과 노동(인건비: 임금)으로 배분된다.

국민경제에서 자본으로의 소득 배분이 증가하면 그만큼 노동으로의 소득 배분이 감소한다. 노동으로의 소득 배분이 감소하면 노동소득이 감소하고, 노동소득이 감소하면 가계소득이 감소하고 소득 분배가 악화한다.

가계소득이 감소하고 소득 분배가 악화하면 소비가 감소하고, 소비가 감소하면 생산이 감소하고, 생산이 감소하면 고용이 감소하고 노동소득이 감소하여 다시 소득 분배가 악화하여 격차가 확대되는 악순환에 빠진다.

둘째는 기업 간의 격차가 확대되면 소득 분배가 악화하여 격차가 확대된다.

기업은 생산의 주체다. 기업 간의 격차는 경쟁력의 격차를 의미하고, 생산성의 격차를 의미한다. 기업 간의 격차가 확대되면 경쟁력이 강한 기업은 생산과 고용이 증가하고, 경쟁력이 약한 기업은 생산과 고용이 감소한다.

대체로 경쟁력이 강한 기업의 생산성이 경쟁력이 약한 기업의 생산성보다 높다. 이를 달리 표현하면 경쟁력이 높은 기업은 노동계수가 낮고, 경쟁력이 낮은 기업은 노동계수가 높다.

국민경제에서는 소비 총금액의 변동이 없다면 생산 총금액도 변동이 없다. 기업 간의 격차가 확대되면 경쟁력이 높은 기업의 생산은 증가하는 반면에 경쟁력이 약한 기업의 생산은 그만큼 감소한다. 경쟁력이 높은 기업의 생산 증가에 의한 고용 증가보다 경쟁력이 약한 기업의 생산 감소에 따른 고용 감소가 훨씬 더 크게 발생한다.

기업 간의 격차가 확대되면 국민경제의 생산(GDP)의 차이는 없지만, 고용이 감소한다. 고용이 감소하면 노동소득이 감소하여 가계소득이 감소하고 소득 분배가 악화한다. 가계소득 감소와 소득 분배의 악화는 소비의 감소로, 소비의 감소는 생산의 감소로, 생산의 감소는 고용과 노동소득을 감소시켜 다시 소득 분배를 악화(격차를 확대)시키는 악순환에 빠지게 하여 국민소득을 감소시킨다.

셋째는 개인 간의 소득의 격차가 확대되면 소득 분배가 악화(격차가 확대)된다.

국민경제에서 개인(가계)은 소비의 주체다. 임금 등 개인의 소득 격차가 확대되면 소득 분배가 악화(격차 확대)하는 것은 당연하다. 소득 분배의 악화는 소비 감소, 생산 감소, 고용 감소라는 과정을 거쳐 다시 소득 분배를 악화시키는 악순환에 빠지게 하여 국민소득을 감소시킨다.

3) 자본으로의 소득 배분이 확대되는 일반적인 이유

(1) 시간의 경과에 의한 자본소득의 확대

생산은 자본과 노동의 결합에 의해서 이루어지고, 생산(소득)은 자본소득(영업이익)과 노동소득(임금: 인건비)으로 배분된다. 소득의 성격상 자본소득은 대부분 소비되지 않고 저축되거나 재투자되지만, 노동소득은 그 대부분이 소비된다.

그 결과 시간이 지나면 지날수록 자본 투자가 확대되므로 자본으로의 소득 배분은 증가한다.

자본으로의 소득 배분이 증가하면 노동으로의 소득 배분은 감소한다. 노동으로의 소득 배분이 감소하면 가계소득이 감소하고 소득 분배가 악화하고, 격차가 확대된다.

소득 분배를 악화시키지 않기 위해서는 자본 투자율이 증가하는 만큼 자본의 단위당 이익률이 낮아지도록 해야 한다.

(2) 과학기술의 발달과 자본 투자 확대

과학기술이 발달하면 과학기술을 생산에 적용하기 위해서 자본 투자가 확대되고, 자본 투자가 확대되면 생산성이 향상된다. 과학기술이 발전하면 의식주 산업의 생산성이 향상되어 종전보다 의식주 산업에서 고용하는 사람이 적어진다. 의식주 산업에서 고용하는 사람이 적어지면, 의식주 산업에서 자본으로의 소득 배분은 확대되고, 노동으로의 소득 배분은 축소한다.

과학기술의 발달과 자본 투자의 확대는 지속적으로 의식주 산업에서 자본으로의 소득 배분을 확대하고 노동으로의 소득 배분을 축소한다. 의식주 산업에서의 노동소득 분배율의 하락은 의식주 산업을 포함하는 산업 전체에서의 소비를 감소시킨다. 소비의 감소가 생산의 감소다.

과학기술의 발달하면 별도의 소득 분배 확대 정책을 사용하지 않는 한 소득 분배를 악화시켜서 경제를 축소시키는 악순환에 빠진다.

(3) 자본의 이동성 확대와 노동의 이동규제

자본은 한 국가에서는 무한대의 이동성을 가지고, 국제간의 이동에서도 지속적으로 장벽이 낮아지면서 이동성이 확대되고 있다. 정보·통신기술의 발달은 자본의 이동에 관하여 물리적인 제약 자체를 없애주어 자본의 이동성을 극대화하고 있다.

반면에 노동력은 국내에서도 물리적, 사회적 제약으로 인해서 이동성이 상당히 제약을 받지만, 국제간의 이동은 법률, 조약 등에 의해서 사실상 불가능하고, 예외적으로만 허용된다.

국내외의 이동이 자유로운 자본은 지구촌 전체의 소득(생산량)을 증가시키면서 자본이윤의 극대화를 실현하므로 자본으로의 소득 배분 역시 극대화한다. 반면에 이동이 자유롭지 않은 노동은 선진국에서는 노동소득의 상대적 감소뿐만 아니라 절대금액 자체가 감소함에 따라 소득 분배 악화가 가파르게 일어나고, 후진국에서도 노동소득의 절대 금액은 증가하지만 국민경제 전체적으로는 노동소득의 비중을 감소시켜 소득 분배를 악화시킨다.

소득 분배가 악화하면 소비가 감소하고, 소비가 감소하면 생산이 감소하고, 생산이 감소하면 노동소득이 감소하여 다시 소득 분배가 악화하는 악순환에 빠진다.

(4) 노동시장과 그레셤의 법칙

노동시장(근로조건)에 대한 규제를 완화하거나, 규제를 하더라도 실효성이 확보되지 않으면, 나쁜 근로조건으로 고용한 기업, 즉 인건비가 낮은 기업이 가격경쟁력을 가지게 되고, 납품 경쟁, 판매 경쟁에서 승리하게 된다.

근로조건이 좋은 기업은 경쟁에서 퇴출당하거나, 아니면 근로조건을 낮추어서 인건비를 감소시켜야 경쟁에서 살아남을 수 있다.

모든 기업이 근로조건을 낮추는 인건비 낮추기 경쟁에 돌입하면 기업의 인건비는 최저임금에 수렴하게 되고, 산업에서 나쁜 기업만 살아남게 되는 '악화(나쁜 기업)가 양화(좋은 기업)를 구축하는 그레셤의 법칙'이 만연하게 된다.

비정규직 제도의 확대, 해고의 자유 확대와 같이 노동시장을 유연화하면 노동시장에서 '그레셤의 법칙'이 만연해지고, 정규직과 비정규직의 임금 격차가 확대되고, 비정규직이 확대되어 노동소득 자체가 감소하게 된다.

임금이 최저임금에 수렴하는 것은 노동소득의 감소고 노동소득의 감소는 가계소득 감소와 소득 분배의 악화로 직결된다. 정규직과 비정규직의 임금 격차 확대도 소득 분배를 악화시킨다.

노동소득의 감소, 소득 분배의 악화는 경제를 가계소득 감소와 소득 분배 악화, 소비 감소, 생산 감소, 고용 감소와 노동소득 감소, 다시 소득 분배 악화라는 악순환에 빠지게 한다.

외국인 저임노동자의 유입에 의해서도 '그레셤의 법칙'이 작동되어 산업의 임금을 최저임금에 수렴하게 한다.

(5) 최저임금과 격차 확대

국민소득 수준이나 평균임금 수준에 비하여 최저임금이 낮으면, 최저임금으로 수렴하는 저임금근로자가 많아지면서 소득 분배가 악화한다.

4) 기업과 기업 사이의 격차가 확대되는 일반적인 이유

한 국가 또는 지구촌 전체의 소비는 소득 분배가 확대되지 않는 한 단기적으로 증가하지 않는다. 기업들은 한정된 소비총액을 가지고 판매 경쟁을 한다.

생산성이 높은 기업은 경쟁에서 승리하여 생산이 많아지고, 이윤도 많아진다. 반면에 생산성이 낮아서 경쟁에서 패한 기업은 생산이 줄어들고 이윤도 줄어들거나 아니면 한계기업으로 전락하여 파산 등 생산에서 퇴출당하기도 한다. 기업 간의 경쟁이 기업 간의 격차를 확대한다.

(1) 경쟁의 확대와 치킨게임

기업은 경쟁에서 살아남지 않으면 파산할 수밖에 없다. 경쟁에서 살아남기 위해서는 기업은 모든 수단과 방법을 다 동원하게 되고, 경쟁은 갈수록 치열해질 수밖에 없다.

많은 개발비가 필요한 제품, 막대한 시설 투자가 필요한 제품의 시장은 한 번 경쟁에서 탈락하면 시장참여가 사실상 불가능해진다. 이러한 제품시장에서는 경쟁에서 이기기만 하면 시장을 지배함으로써 독점적 이익을 누릴 수 있다.

자본이 많은 기업은 제품의 판매가격을 낮춤으로써 경쟁상대와 출혈 경쟁을 하여 경쟁상대에게 경쟁참여를 포기하게 하거나 아니면 파산시킴으로써 경쟁에서 승리할 수 있다.

경쟁 상대방의 입장에서는 경쟁을 포기하면 파산은 면하지만 막대한 손실이 발생하고, 경쟁을 계속하면 어느 한쪽은 파산으로 이어지게 된다. 이러한 경쟁을 치킨게임이라고 한다.

(2) 경쟁과 수확체증의 법칙

생산에 시설 투자비가 많이 들어가는 제품, 개발에 큰 비용이 들어가는 제품은 많이 생산하면 시설 투자·개발 원가를 분산시킬 수 있으므로 많이 생산(판매)하면 많이 생산할수록 생산원가가 낮아지고, 매출 대비 이윤율은 높아진다.

인터넷으로 제품을 주문받고 판매하는 경우도 많이 주문받으면 많이 주문받을수록 광고비·관리비 등을 더 많은 제품에 분산시킬 수 있으므로 많이 판매할수록 판매 원가는 낮아지므로 매출 대비 이윤율은 증가한다.

이를 '수확체증의 법칙(Increasing Returns of Scale)'이라고 한다.

수확체증의 법칙이 적용되는 제품시장에서는 빈익빈 부익부 현상이 크게 나타나므로 기업 간의 격차는 계속 확대된다.

(3) 경제력의 집중과 집중된 힘에 의한 경쟁력의 우위 확보

경제력이 집중되면 집중된 힘에 의해서 경쟁력에서 우위에 서게 된다. 힘이 강하면 주변에 있는 힘을 자연스럽게 빨아들이는 것은 이 세상의 변하지 않는 진리다.

경제력의 집중은 자본의 집중, 기술의 집중, 정보의 집중이라고 말할 수 있다. 경제력이 집중되면 자금력을 바탕으로 경쟁을 치킨게임으로 유도하여 상대 기업에게 막대한 손실을 입힐 수도 있고, 파산으로 유도할 수도 있다. 시설 투자비가 많이 들어가는 사업, 기술 개발비가 많이 들어가는 사업, 기술 개발 기간이 많이 들어가는 사업 등의 경쟁에서 우위에 설 수 있다. 기술이나 정보의 집중도 같은 효과가 있다.

⑷ 독과점기업의 하청기업 또는 소비자에게 비용 전가

독과점적 지위에 있는 기업은 기업이 부담해야 할 비용의 일부를 하청기업에 전가할 수 있고, 시장을 지배함으로써 소비자에게 전가할 수도 있다. 독과점기업과 하청기업의 격차는 계속해서 확대될 수밖에 없다.

⑸ 경제민주화 입법 불비 및 법규의 실효성 확보 실패

대기업과 하청중소기업 또는 대리점은 전형적인 강자(갑)와 약자(을)의 관계다. 대기업은 하청중소기업의 생사여탈권을 가지고 있다. 이 생사여탈권을 가지고 대기업과 대기업 직원들이 중소기업을 대상으로 기술탈취, 말 안 듣는 기업 파산시키기, 비용 전가, 밀어내기, 비자금 조성, 뇌물요구 등 사실상 약탈행위를 하고 있다.

강자(갑)와 약자(을)의 관계를 규율하여 강자에게 부담을 더 지우는 법령이 없거나, 법령이 있어도 실효성이 없으면 대기업(갑)의 이윤은 증가하지만, 중소기업(을)의 이윤은 감소하게 되므로 기업 간의 격차는 확대된다.

⑹ 재벌 또는 독과점 대기업의 일감 몰아주기와 동종기업의 노예기업화

우리나라와 같이 재벌과 대기업으로 경제력이 집중된 나라에서 재벌 또는 대기업이 방계기업에 일감을 몰아주면 재벌과 대기업의 방계기업이 동종 산업의 생산을 독차지하게 된다. 기존에 동종업종을 운영하는 기업은 산업에서 퇴출당하거나 아니면 재벌 방계회사의 하청기업으로 들어가야 하는 선택의 기로에 놓인다.

결국 동종기업은 재벌 방계회사의 노예기업으로 전락하고, 기업 간의 격차는 더욱 확대된다.

(7) 정부의 기업에 대한 직접 지원 정책

특정 분야의 산업을 빨리 발전시키기 위하여 특정 분야의 산업에 투자하는 기업을 정부가 직접 지원하게 되면 지원을 받는 기업은 비용이 줄어듦으로 인해서 더 많은 투자를 하게 되어 생산성이 증가하여 경쟁력이 상승하고, 이윤이 증가한다.

정부의 투자지원자금은 유한하므로 투자하는 모든 기업을 지원할 수는 없고, 정책의 효율성을 위해서 일정한 요건, 즉 투자의 성공을 담보할 수 있는 기업에 우선적으로 지원할 수밖에 없다. 정부의 투자지원을 받을 수 있는 기업은 대체로 대기업이거나 대기업의 관계기업일 수밖에 없다.

정부의 기업에 대한 직접 지원이 기업 간의 격차를 확대한다.

(8) 그레셤의 법칙(부정부패와 기업 간의 경쟁)

기업은 경쟁에 살아남기 위해서 합법·탈법·불법의 모든 수단을 다 한다. 국가는 기업의 불법·탈법 행위를 막기 위하여 법령으로 규제한다.

기업의 행동을 규제할 법령이 만들어져 있다고 하더라도 부정부패 등의 이유로 규제의 실효성을 확보하지 못하면 악덕 기업은 위법한 행위를 하여서라도 이익을 취할 것이고 경쟁에서 우위에 설 것이다. 반면에 좋은 기업은 위법한 행위를 하지 않음에 따라 경쟁에서 밀리게 될 것이다.

국가가 기업의 행동을 규제할 법령을 만들어 놓고, 규제의 실효성을 확보하지 못하면 그 나라의 산업에서 좋은 기업은 사라지고 악덕기업만 살아남는 '그레셤의 법칙'이 만연할 것이다.

5) 개인 간의 격차가 확대되는 이유

개인은 소비의 주체다. 개인 간의 격차 확대는 소득 분배의 악화를 의미하고 소비를 감소시킨다. 소비가 감소하면 생산이 감소하고, 생산이 감소하면 고용과 노동소득이 감소한다. 노동소득의 감소는 다시 소득 분배의 악화로 이어져 격차가 지속적으로 확대되는 악순환에 빠지게 한다.

(1) 임금과 소득의 격차 확대

개인 간의 격차는 소득의 격차를 의미한다. 개인 간 소득 격차의 대부분은 임금의 격차에서 발생한다.

비정규직 제도의 확대와 같이 노동시장을 유연화하면 정규직과 비정규직의 임금 격차가 확대될 뿐만 아니라 자본으로의 소득 배분이 확대됨으로 인해서 노동소득이 감소하여 가계소득이 감소하고 소득 분배가 악화하여 소비가 감소하고, 소비가 감소하면 생산과 고용이 감소하여 일을 하지 못하는 사람이 증가한다.

자본가와 노동자들의 소득 격차가 확대되고, 정규직과 비정규직과의 임금 격차가 확대되고, 실업자가 증가함에 따라 취업자와 실업자의 소득 격차가 확대됨으로 인해서 개인 간의 격차가 확대된다.

(2) 국가의 행위규제(금지)와 행위허가

국가는 사회의 혼란을 방지하고 건전한 발전을 위해서 여러 가지 행위에 대하여 규제(금지)하면서, 일정한 자격을 가진 사람에게는 금지행위를 허가하고, 어떤 행위에 대해서는 특허를 부여하여 독점적 이익을 누리게 한다.

특허에 의한 독점적 이익이든, 허가에 의한 반사적 이익이든 금지된 행위는 행위자에게 독점적 이익을 부여한다. 이러한 독점적 이익은 기득권으로 작용하고, 사회를 격차사회로 만드는 데 일조한다.

선거를 제외한 국가권력을 구성하면서 '수요와 공급의 법칙'이 적용되지 않음으로 인해서 국가의 권력자(변호사, 고위공무원, 판·검사, 교수, 회계사 등 전문자격자)가 되기 위해서 경쟁이 치열해지고, 이러한 경쟁은 대부분 소모적인 경쟁으로 발전한다.

국가의 권력자는 그 권력을 이용할 수 있으므로 대부분 임금 이상의 소득의 배분을 받는다. 이러한 소득 배분이나 경쟁이 개인 간의 격차를 확대한다.

(3) 소모적인 경쟁과 격차 확대

개인 간 격차의 발생은 더욱 나은 소득을 배분받기 위한 경쟁으로부터 비롯된다.

개인 간의 경쟁에서도 승리하면 많은 이익이 따르고, 패배하면 큰 손실이 따른다. 특히 소모적인 경쟁이 발생하면 국가의 자원이 국가의 발전에 기여하는 데에 사용되지 않음으로써 국가의 경쟁력이 약화한다.

대학입시나 사법고시와 같이 소모적인 경쟁은 경쟁승리자에게 기득권을 발생케 하여 많은 이익을 가져다주지만, 경쟁패배자에게는 소득의 손실뿐만 아니라 패배의식에 젖어 들게 한다. 패배의식은 기득권의 정당성을 인정하게 하고, 사회의 변화, 역동성을 저해하여 격차사회를 당연한 현상으로 받아들이게 한다.

소모적인 경쟁은 격차를 확대할 뿐만 아니라 격차사회를 당연한 현상을 만들어 공동체를 고대의 계급사회로 후퇴하게 한다.

04 격차가 확대되는 정책들

1) 정부의 일반 정책

(1) 불균형 정책

정부가 국가의 자원을 사용함에 있어서 눈에 보이는 효율성만 중시
하면 경제·사회적 인프라가 잘 구축된 지역에 대한 투자를 더 많이 하
게 되어 지역 간의 격차가 확대되고, 정부가 성장과 수출 확대를 위해
서 성장전망이 높거나 현재 국제경쟁력이 있는 산업 부문에 대한 투자
와 지원을 확대하면 산업 부문 간의 격차가 확대되고, 정부가 투자의
효율성을 위해서 일정 수준의 능력이 있는 기업을 지원하는 정책을 사
용하면 기업 간의 격차가 확대된다.

(2) 줄세우기 정책

정부는 정책목적을 달성하기 위하여 또는 기업이나 국민 개개인의
활동을 정부가 원하는 방향으로 유도하기 위해서 일정한 조건을 이행
하는 기업이나 개인 또는 그중 일부 기업과 개인을 선발하여 지원하거
나 금지된 행위를 허가하거나 한다. 일종의 '줄세우기 정책'이다.

정부가 '줄세우기 정책'을 사용하면, 정부의 지원을 받거나 금지된 행
위의 허가를 받은 기업이나 개인과 정부의 지원을 받지 않거나 행위허
가를 받지 못한 기업이나 개인 간에 격차가 확대된다.

(3) 경쟁을 유도하는 사회경제 정책

경쟁은 개인이나 기업의 잠재능력을 더욱더 많이 발휘하도록 하여 국

가나 사회의 발전에 기여하는 긍정적인 측면이 있다. 하지만 경쟁의 격화는 인간을 몰인간화하고, 사회를 각박하게 만들고, 개인, 기업 간의 격차를 확대한다.

경쟁의 긍정적인 측면만을 고려하여 국가와 사회가 경제·사회 시스템을 경쟁을 유도하는 시스템으로 변화시키면 경쟁승리자가 더 많은 이익이 차지하는 것이 정당화되고, 사회는 점점 경쟁이 격화된다.

경쟁이 격화되고, 경쟁승리자가 더 많은 이익을 차지하는 것이 정당화되면 경쟁은 소모적인 경쟁으로 진화하고, 경쟁참여자는 더 확대되고, 경쟁에서의 위법·탈법도 얼마든지 동원되는 막장 사회로 간다.

경쟁승리자의 이익 확대는 곧 개인 간의 격차 확대, 기업 간의 격차 확대로 이어진다.

(4) 규제의 해제와 자율규제 위주의 규제 정책

'기업이 일자리를 만든다.', '일자리를 많이 만들기 위해서는 기업이 잘되어야 한다.'는 말이 사회를 지배하고 있다. 그 결과 '기업의 행동을 제약하는 규제는 철폐되어야 한다.', '규제가 기업의 발목을 잡아서 국제경쟁력이 약해진다.', '기업에 대한 규제는 자율적으로 해야 한다.'는 명제들이 현재 우리나라를 지배하고 있다.

기업도 하나의 유기체. 유기체는 이성이 있는 집단이 아니고 생존과 발전이라는 본능에 의해서 행동을 하는 존재. 기업은 살아남기 위하여, 발전하기 위하여 '선'과 '오'를 따지지 않고 무슨 행동이든지 다 한다.

규제를 해제하거나 기업의 규제를 기업의 자율에 맡기면 우리나라의 산업은 강자만 살아남을 수 있는 정글의 법칙만이 적용되어 결국 모든 기업이 다 망하고 말 것이다.

강자 독식의 사회가 바로 격차사회다.

2) 정부의 주요 정책

공급을 확대하는 정부의 주요경제 정책들은 거의 전부 다 소득 분배를 악화시켜 소득 양극화를 확대하여 격차를 확대한다. 공급 확대 경제 정책으로는 (1) 감세 정책, (2) 인건비 감소 정책, (3) 기준금리 인하 정책, (4) 외국자본유치 확대 정책, (5) 인프라 구축 정책, (6) 정부의 보조금 지급 정책, (7) 규제 해제 정책, (8) 해외시장 확대 정책(FTA 체결), (9) 자본의 진입 허용 정책(공기업 민영화, 의료 민영화, 서비스 선진화), (10) 고환율 정책 등이 있다. 이 중에서 몇 가지만 설명해 보고자 한다.

(1) 통화 확대 정책

통화가 확대되는 경우는 재정 적자를 발생시키는 것과 기준이자율을 인하하는 것이 있다.

국채를 발행하여 시중의 유동성을 흡수하고 재정을 그만큼 적자로 운영하면 시중의 본원통화는 종전과 같지만, 국채 발행만큼 국채가 증가한다. 은행에서 국채의 역할은 본원통화나 비슷한 역할을 한다. 국채가 증가하면 그만큼 본원통화가 증가한 것과 비슷한 정도로 대출능력이 증가한다. 대출능력이 증가하면 이자율도 하락하고 대출도 증가한다. 대출이 증가한 것만큼 통화속도가 증가하여 통화량이 증가한다.

이자율을 인하하면 대출수요가 증가하고 대출수요가 증가한 만큼 대출이 확대되면서 통화의 속도가 빨라져서 통화량이 증가한다.

우리나라와 같이 기축통화국이 아닌 국가는 통화가 확대되면 국내의 유동성이 증가하므로 유효수요가 확대되고, 유효수요가 확대되면 재화와 자산구입이 증가하므로 국내의 주식·부동산·상품 등 자산 가격이 상승한다.

통화량의 증가에 따른 유효수요의 증가가 금융산업부터 제조업으로, 대기업부터 중소기업으로, 자본가·고소득층부터 서민으로 확산된다.

금융산업의 생산(소득)이 다른 부문보다 더 많이 증가하고, 자산가·고소득층은 소비보다는 투자를 많이 하므로 일반 소비재상품보다 주식·부동산과 같은 자산의 가격이 더 많이 상승한다. 신용화폐 시대는 통화의 가치저장 기능이 없기 때문에 통화 확대는 자산의 가격상승으로 직결된다.

자산 가격의 상승에 따른 상대적인 노동소득의 감소는 가계소득(가처분 소득)의 감소와 소득 분배를 악화시켜 경제를 소비 감소, 생산 감소, 고용 감소, 노동소득 감소, 다시 소득 분배 악화라는 악순환에 빠지게 한다.

금융산업은 대표적인 장치산업이다. 장치산업의 생산 증가는 고용을 감소시키는 효과가 크므로 노동소득 감소도 크고, 소득 분배 악화도 크게 발생한다.

금융산업의 생산이 증가한다는 의미는 실물의 증가가 거의 없는 상태에서 자본으로의 소득 배분만 많아진다는 의미다. 자본으로의 소득 배분 증가는 단연히 가계소득을 감소시키고 소득 분배를 악화시킨다.

통화 확대 정책을 사용하면 소득 분배를 악화시켜 격차를 지속적으로 확대한다.

(2) 상생(동반성장) 정책과 그레셤의 법칙

상생 정책은 대기업에 대한 규제를 통해서 동반성장을 유도하는 정책이 아니고, 상생 대상과 상생의 내용을 대기업의 임의적인 선택에 맡기는 정책이다.

기업은 이성적인 조직이 아니고, 생존과 발전이라는 본능에 의해서 움직이는 비이성적인 조직이다. 인간을 지성체라고 하는 이유는 이성적인 생각과 행동을 할 수 있기 때문이다. 인간이 아닌 인간으로 구성되는 집단이나 조직은 이성적인 조직이 아니고, 본능에 의해서 움직이는 유기체에 불과하다.

비이성적인 집단, 본능에 의해서 움직이는 집단의 행동을 규율함에 있어서는 강제적인 방법이 아니면 실효성이 없다.

대기업과 하청중소기업의 관계를 보면, 상생의 경우는 아주 적고, 대부분의 경우에서 이해가 충돌하는 대립 관계, 제로섬(Zero-sum)의 관계다. 이해가 충돌하는 대립적인 관계는 강제적인 방법이 아니면 상생 협력 관계가 될 수 없다.

강제력이 없는 상생 협력 관계는 지속성이 없다. 경제 환경은 항상 변한다. 이익이 많이 나는 시기에는 여유가 있기 때문에 상생 협력하더라도 큰 문제가 없지만, 경제 환경이 변하여 이익이 줄어들면, 기업은 자체적으로 해결하려고 하지 않고, 하청중소기업을 통해서 해결하려고 한다. 이것은 기업이라는 유기체의 본능적인 행동이다.

상생 정책은 중소기업 부문에서 악화가 양화를 구축하는 '그레셤의 법칙'이 작동하도록 해서 나쁜 기업만 살아남게 하여 중소기업 전체를 황폐화한다.

대기업이나 대기업 임직원의 입장에서 좋은 하청중소기업과 국민경제의 입장에서 좋은 하청중소기업은 서로 같지 않다. 대체적으로 대기업 입장이나 대기업 임직원의 입장에서 우선 상생해야 할 기업은 국민경제의 입장에서 보면 가장 먼저 도태되어야 할 기업이고, 국민경제의 입장에서 상생해야 할 하청중소기업은 대기업의 입장이나 대기업 임직원의 입장에서는 가장 먼저 도태시켜야 할 하청중소기업일 가능성이 아주 높다.

대기업의 자유로운 선택에 맡기는 상생 정책을 사용하면, 대기업이나 대기업의 직원에게 좋은 하청중소기업은 동반성장을 하더라도, 국민경제에 좋은 하청중소기업은 도태되고 말 가능성이 아주 높다.

대기업의 임의에 맡기는 상생 정책을 사용하면 하청중소기업에서 악화가 양화를 구축하는 '그레셤의 법칙'이 만연할 것이다. 하청중소기업에서 '그레셤의 법칙'이 만연하면 제일 먼저 노동소득이 감소한다. 노동소득이 감소하면 가계소득이 감소하고 소득 분배가 악화하여 격차가 확대된다.

(3) 선진화 정책

선진화의 경제적인 의미는 과학과 기술의 발달, 시스템의 발달을 이용해서 생산성을 향상시키는 것을 말한다.

과학기술의 발달을 이용하기 위해서는 자본 투자의 확대가 필요하다. 그러므로 선진화의 또 다른 의미는 자본참여의 확대를 말하고, 자본참여를 확대하기 위해서는 자본참여를 규제하는 규제의 해제가 필요하므로 규제의 해제를 의미하기도 한다.

그 결과 자본의 참여 확대는 자본으로의 소득 배분 확대를 가져와서 소득 분배를 악화시켜서 격차를 확대한다.

규제의 해제는 이익의 사유화와 비용의 사회화를 가져온다. 이익의 사유화 역시 자본으로의 소득 배분 확대를 의미하기도 한다.

또 자본의 참여 확대를 선진화로 잘못 이해하면, 모든 부문으로 자본이 침투하여 사회의 모든 부문을 자본가가 지배하는 세상이 만들어지게 된다.

그 결과 정부만이 가질 수 있는 독점의 이익까지 자본이 차지하려고 공기업 민영화를 공기업 선진화라는 말로 포장하고, 사회의 자원 배분의 길목을 장악하고 있는 전문 서비스 부문에 대한 자본참여를 배경으로 해서 그동안 비공식적으로 지배했던 전문가집단을 공식적으로까지 지배하여 자원 배분을 왜곡하고, 지식의 헤게모니를 장악하여 세상을 지배하게 된다.

현대는 국제경쟁 시대고, 국제경쟁력은 생산성에서 나온다. 과학과 기술의 발달, 시스템의 발달을 이용하여 생산성을 높이는 것은 냉엄한 국제경쟁에서 살아남기 위한 당연한 행동이다.

하지만 선진화(자본참여 확대) 정책이 자본으로의 소득 배분을 확대하여 소득 분배를 악화시키므로 선진화 정책을 사용하기 위해서는 자본으로의 소득 배분을 감소시키는 정책을 동시에 시행해야 소득 분배의 악화를 최소화할 수 있다.

⑷ FTA와 격차 확대

FTA의 목적은 무역의 확대와 자본의 이익보장·확대에 있다. 무역의 확대도 사실상 자본이익의 확대로 연결된다.

FTA로 관세 등 무역장벽을 낮추면 경쟁력이 있는 산업은 수출이 확대되므로 생산이 증가한다. 반면에 경쟁력이 낮은 산업은 수입이 증가하므로 생산이 감소한다. 경쟁력과 고용계수를 비교하면 고용계수가 낮을수록 생산성이 높고 경쟁력이 높다.

FTA 체결로 무역이 확대되면 고용계수가 낮고 생산성이 높은 산업은 생산이 증가하는 반면에 고용계수가 높고 생산성이 낮은 산업은 생산이 감소한다. 국민경제 전체적으로 보면 생산은 종전수준을 유지하지만, 고용이 감소하므로 자본소득은 증가하고 노동소득은 감소한다.

노동소득이 감소하면 소득 분배가 악화하여 소비 감소, 생산 감소, 다시 고용 감소로 연결되는 악순환에 빠지므로 점점 격차는 확대된다.

자본의 이익보장과 확대는 당연히 노동으로의 소득 배분을 감소시켜 소득 분배를 악화시킨다. FTA가 체결되고 효력이 발생하면 소득 분배는 악화되고 격차는 확대될 수밖에 없다. 격차를 축소하기 위해서는 자본으로의 소득 배분을 축소해야 한다. 하지만 자본으로의 소득 배분 축소는 자본의 이익을 침해하게 되므로 FTA 목적에 위배된다.

특히 한·미 FTA는 자본의 이익보장에 관한 규정이 많이 있다. 한·미 FTA가 효력이 발생하고 수년이 지나면 격차를 축소할 소득 분배 확대 정책과 같은 정책까지 우리나라 마음대로 선택할 수 없게 된다. 한·미 FTA는 격차사회 문제를 해결할 수 있는 여지 자체를 없앤다.

⑸ 창조경제혁신센터

창조경제혁신센터홈페이지에 의하면 지역별 혁신센터는 전담 대기업의 혁신역량을 이용하여 창업을 장려하고 중소기업을 지원하여 지역의 창조혁신생태계를 조성한다고 되어 있다.

전국 17개 지역에 18개 특화된 사업 부문 18개 혁신센터가 있다.

하나의 전담 대기업이 창조혁신센터를 중심으로 특화된 사업 부문의 창의력을 가진 중소기업이나 창업예비군을 지원하고, 정부의 지원과 연결해주어 창업이 성공하도록 하면, 창조혁신센터 범위 내에 있는 중소기업과 창업기업은 전담 대기업의 수직계열하청기업과 같이 전담 대기업에 예속될 수밖에 없다. 전담 대기업이 창조혁신센터 중소기업의 피를 빨아먹고, 중소기업은 국민의 피를 빨아먹는 구조가 만들어진다.

국민의 피를 빨아먹은 중소기업과 창업기업의 생산성이 높아지면 창업센터의 지원을 받지 못한 기업과의 격차가 확대된다.

창조경제 정책이 기업 간의 격차를 확대하고, 대기업이 중소기업의 피를 빨아먹는 구조를 고착화할 것이라 본다.

05 격차를 줄이는 방법에 대한 검토

격차사회 문제를 해결하기 위해서는 격차를 줄여야 한다. 즉, 소득분배를 확대해야 한다.

격차를 줄이는 문제를 간단히 생각하면 격차를 발생하게 하는 원인을 제거하거나 격차를 확대하는 3가지 원인 경로를 차단하면 된다고 말할 수 있다. 하지만 격차 발생의 원인인 '경쟁'과 '수요공급의 법칙'을 가격 결정(소득 분배) 시스템에서 배제하는 문제는 경쟁과 수요공급의 법칙에 의해서 작동되는 시장경제보다 더 나은 가격 결정 시스템을 만들어내지 않는 한 사실상 불가능하다. 격차의 발생은 원천적으로 막을 수 없다.

격차를 확대하는 3개의 원인과정을 제거하는 것도 사실상 만만치 않다. 격차가 확대되는 3가지 원인과정을 완전히 제거하지 못한다면 3가지 원인이 발생하는 정책을 최소화하면서 소득 분배를 확대할 수 있는 특단의 정책이 필요하다고 해야겠다. 이 문제는 경제 전략을 변경하는 문제이므로 '가계소득주도 성장론의 개인 소비 확대 정책'에서 자세히 설명하고자 한다.

격차를 줄이는 방안으로 격차를 확대하는 세 개의 원인 문제를 해결하는 것부터 검토해 보자.

1) 자본과 노동의 소득 배분 문제

⑴ 자본으로의 소득 배분 확대

자본으로의 소득 분배가 확대되는 일반적인 원인으로는 ⑴ 시간의 경과, ⑵ 과학기술의 발달과 자본 투자의 확대, ⑶ 자본의 이동성에 의한 자본이익 극대화, ⑷ 노동시장에서 나타나는 그레셤의 법칙, ⑸ 최저임금의 인상억제와 임금 격차 확대를 들 수 있다.

자본으로의 소득 배분이 확대되는 원인 중 '시간의 경과'는 어떤 방법으로도 막을 수 없는 문제고, '과학기술의 발달과 과학기술적용을 위한 자본 투자의 확대'는 장려했으면 장려해야지 막을 문제가 아니다.

'자본의 이동성'은 자본이 국경을 넘어 국가 간에 이동할 때 부담(규제)을 주면 낮아진다. 하지만 국가 간의 자본이동에 대한 규제는 국제적인 문제이므로 한 나라만의 선택으로는 분쟁을 일으킬 가능성이 있고, 자본의 이동에 관한 규제가 국제자본의 보복 등으로 인해서 경제 위기 발생, 국제경쟁력을 지나치게 약화시킬 수 있기 때문에 자본이동에 관한 규제는 실익에 대한 판단이 상당히 어렵다.

국제간 노동의 이동을 확대하는 문제는 지구촌 전체적으로는 경제적 효율성을 높이지만, 노동이 유입되는 국가의 국민입장에서는 소득 분배를 악화시켜서 경제·사회적 문제를 만드므로 노동의 이동 확대는 사실상 불가능하다.

노동시장에서 나타나는 나쁜 기업이 좋은 기업을 구축하는 '그레셤의 법칙'은 정부가 노동에 관한 규제를 확대하고, 규제의 실효성을 확보하면 최소화할 수 있고, 최저임금을 인상하여 평균임금과의 격차를 줄이면 임금소득의 하락에 의한 소득 분배의 악화를 최소화할 수 있다.

정부의 의지로 또는 국민의 합의로 해결할 수 있는 문제는 '노동시장에서의 그레셤의 법칙 만연 방지'와 '최저임금 인상과 임금의 격차축소' 문제 외에는 사실상 없다.

정부가 노동시장에서의 '그레셤의 법칙'이 만연되는 것을 방지하고, 최저임금을 인상하고 임금의 격차를 줄이더라도 자본으로의 소득 배분이 확대되어 소득 분배가 악화하는 다른 원인들이 존재하므로 소득 분배는 계속해서 악화할 것이다.

(2) 노동으로의 소득 배분 확대 문제에 대한 검토

자본으로의 소득 배분 확대 문제를 해결하기 위해서 노동으로의 소득 배분을 확대하는 방법을 생각해볼 수 있다. 노동으로의 소득 배분을 확대하는 방법은 임금을 인상하는 방법과 고용을 확대하는 방법이 있다.

임금을 인상하는 방법으로 직접 임금을 인상하는 방법이 있으나, 직접 임금을 인상하는 방법은 최저임금을 인상하는 것을 제외하고는 진보·보수 어느 진영에서도 제시하지 않고 있다. 시장경제의 원리와 맞지 않아 부작용이 많기 때문이다.

노동시간을 단축하는 방법은 일자리 나누기를 통하여 고용을 확대하는 방법이지만 사실상 시간당 임금을 인상하는 효과가 있고, 일자리가 나누어지고 시간당 임금이 인상되어야 노동으로의 소득 배분도 확대된다.

임금을 인상하거나 노동시간을 단축하면 기업의 인건비가 상승하고, 인건비가 상승하면 원가가 상승하여 국제경쟁력(산업의 평균경쟁력)이 하락한다. 국제경쟁력이 하락하면 수출이 감소하고 수입이 증가하며 무역 적자가 발생한다.

이 경우에도 노동계수가 높은 기업의 국제경쟁력은 평균보다 더 많이 하락하고, 노동계수가 낮은 장치산업의 국제경쟁력은 평균보다 적게 하락한다.

무역 적자가 발생하면 환율이 상승하여 산업의 평균 국제경쟁력이 종전수준으로 회복한다. 하지만 모든 산업이나 기업이 종전수준으로 경쟁력을 회복하는 것은 아니다.

생산에 비하여 고용을 적게 하는 고용계수가 낮은 장치산업의 경우에는 경쟁력이 종전수준보다 더 높아지고, 생산도 그만큼 더 증가한다. 반면에 생산에 비하여 고용을 많이 하는 고용계수가 높은 노동집약산업의 경우에는 환율이 상승하여 경쟁력을 회복한다고 해도 경쟁력은 종전수준에 미치지 못하게 되고 생산도 그만큼 감소한다.

장치산업의 생산 증가와 노동집약산업의 생산 감소는 비슷하지만, 장치산업의 고용 증가보다 노동집약산업의 고용 감소가 훨씬 많으므로 우리나라 전체의 고용은 많이 감소한다.

노동으로의 소득 배분을 확대하기 위해서 임금을 인상하거나 노동시간을 단축한 결과 오히려 노동으로의 소득 배분을 더 축소하고, 자본으로의 소득 배분을 더 확대하는 결과를 만든다.

(3) 자본비용의 확대를 통한 노동소득 확대 정책

자본비용을 상승시키는 방법으로는 이자율을 인상하는 방법, 법인세율을 인상하는 방법, 배당세율을 높이는 방법, 자본의 이동·투자에 증세 등으로 부담을 추가하는 방법들을 생각해볼 수 있다.

배당세율을 인상하더라도 기업이 이윤을 유보하면 자본비용을 상승시키는 효과는 한정적이고, 소득세체계만 복잡하게 한다. 자본의 이동, 투자에 부담을 추가하는 방법 역시 효과와 비용을 고려하며 별로 효율적이지 않다고 보며, 시행을 위해서는 국제간의 협력도 필요하다고 본다.

법인세는 배당 전의 자본이윤에 부과하는 것이므로 자본비용을 상승시키는 데에 가장 효율적이다. 단지 법인세율이 정률에 가까우므로 법인세율을 인상하면 기업 간의 격차를 더 확대할 가능성이 커져서 소득 분배 확대 효과를 감소시킨다.

법인세율을 누진구조로 바꾸면 기업의 격차를 줄이면서 효율적으로 자본으로의 소득 배분을 감소시킬 수 있지만, 이윤이 많은 기업에게 더 높은 세율이 적용되므로 기업은 이익 나누기, 기업 분할 등의 방법으로 대응할 것이라고 본다.

법인세율의 누진구조를 고용, 특히 정규직의 고용에 연동케 하면, 기업의 이익 나누기, 법인 분할 등 조세회피 방법의 효과가 거의 없어지므로 기업의 입장에서 이익 나누기, 기업 분할의 실익이 없어진다.

법인세율을 정규직의 고용에 연동을 하면, 이윤이 많은 기업은 정규직 고용을 확대하여 더욱 낮은 법인세율을 적용받을 것인지, 아니면 정규직 고용을 확대하지 않고 높은 법인세율을 적용받을 것인지를 선택하게 될 것이다.

기업이 정규직의 고용을 확대하면 양질의 일자리가 증가하고, 노동소득이 증가하여 소득 분배가 확대될 것이고, 기업이 정규직 고용을 확대하지 않는 경우에는 법인세가 증가할 것이므로 세수가 증가하고, 세 수 증가에 따른 세출 증가를 통하여 소득 분배를 확대하고 일자리를 더 만들 수 있다.

법인세율을 정규직 1인당 평균 부가가치(생산)를 기준으로 누진화하면 좋은 일자리도 많이 생기고, 기업 간 격차도 감소하고, 고용 확대로 노동으로의 소득 배분도 증가하고, 세수도 증가하여 소득 분배는 획기적으로 확대될 것이다.

2) 기업과 기업 사이의 격차가 확대되는 문제

기업 간의 격차가 확대되는 원인을 보면 (1) 경쟁의 확대와 경쟁의 치킨게임(Game of chicken)화에 의한 격차 확대 (2) 수확체증의 법칙에 의한 격차 확대, (3) 경제력의 집중과 집중된 힘에 의한 경쟁력의 우위 확보에 의한 격차 확대, (4) 독과점기업의 비용 전가에 의한 생산성 상승, (5) 경제민주화 입법 불비 및 실효성 확보 실패로 인한 대기업과 중소기업의 격차 확대, (6) 재벌 또는 독과점 대기업의 일감 몰아주기와 동종기업의 노예기업화에 의한 격차 확대, (7) 기업에 대한 직접 지원 정책으로 인한 기업 간 격차 확대, (8) 부정부패, 규제의 미비는 산업에 그레셤의 법칙을 만연시켜 기업 간의 격차를 확대하고 있고, 중립적인 법인세 제도가 격차 확대를 보조한다.

'기업 간의 경쟁이 확대되고, 경쟁이 치킨게임화되는 문제'는 정부가 개입할 문제가 아니다. 개입함으로써 얻을 이익과 손해를 비교하면 손해가 더 크다.

'수확체증의 법칙에 의한 격차 확대 문제'는 과학기술의 발전에 따른 현상이므로 막을 수 없다.

'경제력의 집중과 집중된 힘에 의한 경쟁력의 우위 확보에 의한 격차 확대 문제'는 경제민주화의 문제이기도 하다. 재벌 해체, 금산분리, 순환출자금지 등을 통하여 경제력의 집중을 일부는 방지할 수 있지만, 경제력 집중 자체를 막을 수는 없다.

삼성전자와 현대·기아차가 우리나라의 전체기업 순이익의 30%를 차지하는 작금의 문제는 재벌 해체·금산분리와 같은 경제민주화법령만으로는 해결할 수 없다.

'독과점기업의 비용 전가로 인한 생산성 상승에 따른 격차 확대 문제'와 '경제민주화 입법 불비 및 실효성 확보 실패로 인한 대기업과 중소기업의 격차 확대 문제', '재벌 또는 독과점 대기업의 일감 몰아주기와 동종기업의 노예기업화에 의한 격차 확대 문제', '부정부패, 규제의 미비에 의한 산업에 그레셤의 법칙을 만연시켜 기업 간의 격차를 확대하는 문제'는 독과점에 대한 규제 확대, 경제민주화법령의 입법과 규제 효과의 실효성이 확보되면 상당 부분 문제를 해결할 수 있을 것이다. 하지만 대기업의 회피 노력이 정부의 규제 노력을 앞서므로 문제 해결 전망은 그리 밝지 않다.

우리나라 기업의 먹이사슬을 보면 재벌 대기업, 대기업, 중소기업(하청기업과 재하청기업), 한계기업의 구조로 되어 있다고 볼 수 있다.

기업 간의 격차를 확대하기 위해서 중소기업을 지원하면 재벌기업·대기업이 지원액 이상으로 빨아먹게 된다. 중소기업을 지원하는 정책이 재벌·대기업의 이익을 보장에 주는 역할을 하므로 중소기업 지원 정책으로는 대기업과 중소기업의 격차를 축소할 수 없다.

기업 간의 격차를 축소하기 위해서는 지원 정책이 아닌 규제 정책으로 격차의 확대를 최소화하고, 확대된 격차는 법인세율의 누진화를 통하여 조정하는 것이 바람직하다.

경제민주화를 협의로 해석하면 재벌 개혁과 재벌들의 일감 몰아주기와 같은 이익의 사유화 행위 방지, 강자(갑)의 횡포로부터 약자(을)를 보호하는 문제로 한정할 수 있다.

재벌을 개혁해야 하는지, 아니면 해체해야 하는지에 관한 문제는 많은 논란이 있을 수 있지만, 경제력 집중이 소득 분배를 악화시키는 주범 중 하나임을 감안한다면 재벌은 해체하는 것이 마땅하다.

재벌을 개혁하거나 해체하는 과정에서 가장 중요한 것은 재벌들의 고의 또는 생존을 위한 대응으로 경제가 어려워질 가능성이 아주 높다는 점이다. 경제가 어려워지면 재벌 개혁이나 해체는 사실상 불가능하게 된다.

재벌을 개혁·해체하기 위해서는 제일 먼저 해야 할 일은 재벌들의 방패 역할을 하는 전경련(전국경제인연합회)부터 해체시켜야 하고, 재벌이 투자하지 않더라도 경제가 어려워지지 않을 조치를 해놓아야 하는 것이고, 재벌들이 회사 이전 등의 방법으로 재산을 해외로 이전하는 것에 대한 대책을 세우는 것이다.

전경련이 해체되고, 재벌들의 투자 중지에 대한 대책이 수립되면 재벌들의 이익 사유화 행위를 막는 규제도 얼마든지 가능하다.

강자와 약자의 관계는 강자를 규제하는 법만으로는 사실상 막을 수 없다. 왜냐하면 약자가 강자의 횡포를 고발하면 약자는 현재의 경제 시스템에서 퇴출당하기 때문이다. 현재의 경제 시스템에서 퇴출당한다는 의미는 경제적·사회적 모든 기반이 사라진다는 것이다.

강자의 횡포로부터 약자를 보호하기 위해서는 약자에게 표현(고발)의 자유를 주어야 한다. 약자가 강자의 횡포를 고발하여 강자가 처벌을 받는 경우 고발한 약자에게 경제·사회 시스템에서 퇴출당함으로써 입을 손해 이상을 배상 또는 보상하도록 하면 약자는 강자에 대하여 표현의 자유를 가지게 되고, 강자는 법규를 지키는 불편을 감수하지 않을 수 없게 되어, 강자의 횡포를 규제하는 법령이 실효를 확보할 수 있게 된다.

특히 내부고발자에 대하여도 약자의 고발에 준하는 것 이상으로 보상이 주어지면 세상의 불법행위는 많이 적어질 것이고, 행정력의 소모도 크게 줄어들 것이다.

3) 개인과 개인 사이의 격차 확대 문제

개인과 개인 간의 격차는 대부분 임금의 격차로부터 비롯된다.

개인 간 격차의 발생 및 확대의 원인으로는 (1) 경쟁과 소모적인 경쟁 (2) 국가의 금지행위와 행위허가에 의해서 독점적 이익의 발생, (3) 국가의 권력 구성에 있어서 수요공급의 법칙 배제, (4) 노동시장 유연화 정책에 의해서 비정규직을 양산하고, 비정규직이 정규직과 기업자본 간의 대결에서 희생양이 되고 있기 때문이며, (5) 국가로부터 행위허가를 받아 독점적 이익을 누리는 집단이 기득권을 유지·확대하려고 하기 때문이다.

개인 간 격차의 발생은 보다 나은 소득을 배분받기 위한 경쟁으로부터 비롯된다. 격차 발생의 원인인 경쟁은 발전의 원천이기도 하다. 그러므로 경쟁 자체를 없앨 수는 없다. 하지만 경쟁이 국가의 발전에 역기능으로 작용하는 소모적인 경쟁으로 발전하는 것은 막아야 한다. 소모적인 경쟁의 방지는 국민 전체의 사회 시스템에 대한 상당한 합의가 있어야 가능하다.

행위허가나 특허에 의해서 발생하는 독점적 이익을 최소화함으로써 경쟁과 격차의 확대를 줄일 수 있다. 하지만 집단의 이해관계가 달려있으므로 국민적인 압력이 있어야 가능할 것이다.

국가의 권력 구성에 수요공급의 법칙을 적용하는 문제는 국민 전체의 획기적인 사고의 변화가 있어야 가능하다. 현 단계에서는 사실상 불가능하고, 단기적으로 민중 통제 강화를 통해서 구성원의 불법·탈법적인 이탈행위를 방지하면서 임금을 평균임금에 수렴하게 조정해야 한다.

비정규직, 실업 등의 문제는 자본과 노동의 문제, 기업 간의 격차 문제와 겹쳐서 앞에서 설명한 바가 있다.

임금 격차를 축소하는 방법으로 기업 내부의 임금 격차 한계(배율)를 정하는 것도 생각해볼 수 있다.

제4장

가계소득주도 성장론

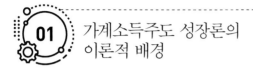

01 가계소득주도 성장론의 이론적 배경

1) 가계소득주도 성장론의 이론적 배경

국민경제의 주체는 가계와 기업과 정부다. 가계는 소비의 주체이고, 기업은 생산의 주체이고, 정부는 생산과 소비의 주체이지만, 대체로 생산보다 소비를 더 많이 한다.

국민소득은 기업 소비와 개인 소비와 정부 소비와 무역 흑자의 합이다.

국민소득은 생산과 소비가 일치하는 점에서 결정된다. 경제가 성장하기 위해서는 생산과 소비가 동시에 증가해야 한다.

생산을 더 많이 하기 위해서는 기업으로 소득이 더 많이 배분되도록 해야 하고, 소비가 더 필요할 때는 가계로 소득이 더 많이 배분되도록 해야 한다.

기업으로 소득을 더 많이 배분되도록 하여 생산을 확대함으로써 소비까지 증가시켜 경제를 성장시키겠다는 경제 전략이 공급 확대경제 전략 또는 기업 투자 확대를 통한 성장 전략이고, 가계로 소득을 더 많이 배분되도록 하여 생산까지 증가시켜 경제를 성장시키겠다는 경제 전략이 가계소득주도 성장론 또는 소득주도 성장 정책이라고 한다.

우리나라는 1960년대부터 지금까지 기업 투자 확대를 통한 성장 정책으로 기업 소비와 무역 흑자를 증가시키는 방식으로 성장을 추구함에 따라 생산(공급)은 증가했지만, 개인 소비가 감소하여 생산과 소비의 격차가 크게 확대되었고, 이 차이를 메우기 위하여 정부 소비(재정 적자)를 증가시켜서 국가부채를 확대하고 기준이자율을 인하하여 가계부채를 지속적으로 확대해 왔다.

개인 소비 감소와 정부 소비(재정 적자)와 가계부채의 지속적인 증가는 자본소득을 증가시키고 노동소득을 감소시켜 가계소득을 감소시키고 소득 분배를 악화시켜 개인 소비를 더 감소시켜서 경제를 디플레이션에 빠지게 할 뿐만 아니라, 가계부채와 국가부채를 기하급수적으로 증가시켜 국가의 경제 시스템 자체를 붕괴상황으로 몰아가고 있다.

디플레이션과 경제 시스템 붕괴(국가 부도 또는 공황)를 막기 위해서는 경제 전략을 기업 투자 확대를 통한 성장 전략에서 가계소득 확대를 통하여 개인 소비를 확대하여 경제를 성장시키는 전략으로 바꿔야 한다.

개인 소비를 확대하기 위해서는 소비의 주체인 가계소득을 증가시키고 소득 분배를 확대해야 한다. 가계소득을 증가시키고 소득 분배를 확대하기 위해서는 첫째로 자본소득은 줄이고 노동소득을 증가시키고, 둘째로 가계의 가처분 소득을 증가시키고, 셋째로 소득재분배를 확대하여 저소득 가계의 소득을 증가시키고, 넷째로 복지 정책을 확대해야 한다.

이유는 자본소득(영업이익)은 소비성향이 극히 낮은 데 비하여 노동소득은 소비성향이 대단히 높기 때문이며 가계소득의 대부분이 노동소득이기 때문이고, 가처분 소득을 증가시킴으로써 소비를 증가시킬 수 있기 때문이고, 고소득층의 소비성향보다 저소득층의 소비성향이 더 높기 때문이고, 복지 정책을 확대함으로써 미래에 대한 불안을 줄여 현재의 소비를 확대할 수 있기 때문이다.

2) 경제의 선순환

국민경제는 자본과 노동의 결합에 의해서 만들어진 제화와 용역이 판매됨으로써 생산이 이루어지고, 생산에 의해서 창출된 소득(부가가치)

은 자본(영업이익)과 노동(임금)으로 배분된다.

배분된 소득은 저축(사내유보+배당소득 저축+노동소득 저축)과 소비(정부 소비+배당소득 소비+노동소득 소비)로 처분되고, 저축을 자본으로 하여 투자되고 노동이 공급됨으로써 결합하여 다시 생산이 시작되며, 생산이 소비로 이어져서 판매되고·구매됨으로써 생산(소득)이 완성되고 다시 자본과 노동으로 배분되면서 순환한다.

경제 정책은 자본과 노동으로의 소득 배분을 조정하고, 기업과 가계로 소득 배분을 조정하고, 개인과 개인 간의 소득 배분을 조정하고, 수도권과 비수도권으로 국가의 자원 배분을 조정하고, 산업 부문 간의 자원 배분을 조정하고, 대기업과 중소기업 간의 소득 배분을 조정하는 것에 불과하다.

국가의 자원 배분이 잘못되면 많은 경제 문제가 발생하고, 발생하는 경제 문제를 해결하기 위해서 미봉적인 경제 정책을 사용하면 또 다른 경제 문제가 발생하고, 경제 문제가 심화되고, 더 나아가서 경제 문제가 사회 문제로 확대·재생산된다.

경제가 선순환하지 않음으로써 발생하는 경제 문제로 개인 소비 감소(내수 감소, 경기침체), 고용 감소(실업자 증가), 청년 실업 증가, 소득 분배 악화, 빈부 격차 확대, 정부부채 확대, 지방자치단체부채 확대, 가계부채 확대, 부동산(주택) 등 자산 가격의 폭등(버블 발생)과 폭락(붕괴), 전셋값 폭등, 경제 체질(위기대응능력) 약화, 경기의 변동성 확대, 외환 위기 발생, 국민소득 감소, 성장률 하락, 중소기업의 파산, 자영업의 몰락, 기업부채의 확대와 부실기업의 증가, 중산층 붕괴와 양극화, 신용불량자 양산 등이 있다.

우리나라의 경제 문제를 해결하기 위해서는 경제가 선순환해야 하고, 경제가 선순환하기 위해서는 여러 가지 조건이 있지만, 가장 기본이 되는 것은 생산(공급)과 소비(수요)의 격차가 적어야 하고, 공급과 소비의 격차를 감소시키기 위해서는 공급을 감소시키고 소비를 증가시켜야 한다.

공급을 감소시키기 위해서는 기업 투자를 확대하는 정책을 폐지하여 기업으로의 자원 배분을 감소시켜야 한다. 소비를 증가시키기 위해서는 개인 소비를 확대해야 하고, 개인 소비를 확대하기 위해서는 가계소득을 증가시키고 소득 분배를 확대해야 한다. 가계소득을 증가시키기 위해서는 노동으로의 소득 배분을 확대하고 자본으로의 소득 배분을 축소시켜야 한다.

3) 단기성장 정책에 대한 평가

국민경제의 단기성장 정책에서 문제가 되는 것은 기업 투자 확대 정책과 개인 소비 확대(가계소득 확대) 정책에 대한 선택의 문제다.

기업 투자 확대 정책은 국민경제의 생산(공급)능력을 확대하는 정책이고, 가계소득 확대 정책은 국민경제의 소비능력을 확대하는 정책이다.

국민경제의 생산은 국민경제의 소비와 같다. 아무리 생산능력이 높아져도 국민경제의 소비능력이 같이 높아지지 않으면 실제의 생산은 증가하지 않는다. 소비능력 이상의 생산능력은 한계기업의 퇴출을 통해서 국민경제의 생산능력을 조절한다.

국민경제에서 기업의 투자는 국제경쟁력과 직결된다. 기업 투자가 지속되지 않으면 국제경쟁력이 약화되어 성장 자체가 불가능하게 된다.

개인 소비를 확대한다고 해서 기업이 투자를 하지 않는 것은 아니다. 기업은 수요(소비)가 있으면 생산을 하게 되고, 생산을 하기 위해서는 투자를 해야 한다. 또한 기업은 생존과 발전이라는 본능에 따라 경쟁에서 살아남기 위해서, 미래의 더 많은 수익 창출을 위해서 투자를 하게 되어 있다.

국민경제에서 적정 투자율을 결정하는 것이 매우 중요하다. 국민경제의 소비능력을 확대하는 것과 국민경제의 투자를 확대하는 것이 다 같이 중요하기 때문이다.

기업의 투자가 많아 국민경제의 생산이 국민경제의 소비능력보다 많아지면 국민경제는 한계기업을 퇴출시키면서 생산을 소비능력에 맞추어 조절한다. 국가의 자원을 현재보다 기업 투자 확대를 위하여 더 많이 배분하면 개인 소비가 줄어들어 국민경제의 생산을 감소시킨다.

국민경제의 단기성장 정책은 기업 투자 확대 정책보다는 개인 소비 확대 정책이어야 한다.

소비능력을 확대하는 방법이 효율적이면 효율적일수록 보다 적은 자원의 배분으로 개인 소비를 확대할 수 있으므로 기업 투자에도 보다 더 많이 자원을 배분할 수 있고, 적정 투자율도 상향될 수 있다.

4) 수요와 공급의 법칙과 무역의 관계

가격은 수요와 공급이 균형을 이룰 때 정해지며, 수요가 공급보다 많으면 가격이 오르고 공급이 수요보다 많으면 가격이 내려가게 된다.

국민경제에서 생산(공급)이 소비(수요)보다 많으면 가격이 하락하고, 가격이 하락하면 가격경쟁력이 상승하여 수출이 증가하고 무역 흑자가 발생한다. 단, 이 과정에서 생산(공급)의 감소도 동시에 발생한다.

무역 흑자가 발생하면 환율이 하락하여 수입이 증가하고 수출이 감소하면서 무역이 균형을 이룬다.

무역 흑자가 한 번 발생한 것만큼 국민소득 증가가 있고, 환율이 하락한 것만큼 국내소득의 구매력이 증가한 것이므로 환율 하락만큼 국민소득 증가 효과가 있다.

반면에 국내 소비가 감소한 것만큼 생산이 감소했으므로 국민소득 감소 효과가 있고, 소비승수에 의한 소득 감소 효과가 있다.

02　소비를 확대하는 방법

　소비를 확대하는 방법은 여러 가지가 있다.

　첫 번째는 노동소득을 증가시키는 것을 생각할 수 있다. 노동소득을 증가시킨다는 뜻은 국민소득에서 노동으로 배분되는 비율(노동소득 분배율)을 높인다는 뜻이다. 노동소득 분배율이 높아지면 자본소득 분배율은 낮아진다. 자본소득은 소비성향이 아주 낮고 노동소득은 소비성향이 아주 높다. 노동소득 분배율이 높아지면 가계소득도 증가하고 소득 분배도 확대된다. 노동소득 분배율이 높아지고 자본소득 분배율이 낮아지면 생산(공급)은 축소되고 소비는 증가한다.

　두 번째 생각할 수 있는 것은 소득 분배를 확대하여 국민경제의 소비성향을 상승시키는 것이다. 소득 분배를 확대하면 고소득층의 소득은 감소하고, 저소득층의 소득은 증가한다. 저소득층의 한계소비성향이 고소득층의 한계소비성향보다 상당히 높다. 소득 분배가 확대되면 고소득층에서는 주로 저축이 감소하고, 저소득층에서는 주로 소비가 증가한다. 그 결과 국민경제에서 가계저축이 감소하고 개인 소비가 증가한다.

　세 번째는 재정 적자를 통해서 정부 지출을 확대하는 것을 생각할 수 있다. 하지만 재정 적자는 국가부채를 확대하여 국민경제의 체질을 약화시키고, 통화를 확대해서 자산 가격을 상승시켜서 빈부 격차와 소득 분배 악화라는 경제 문제를 발생시키고 경제를 악순환시키는 부작용이 있다. 재정 적자 정책은 선순환을 위한 개인 소비 확대 정책으로는 선택할 수 없다.

　네 번째는 기준금리 인하를 생각해볼 수 있다. 기준금리를 인하하면 대출이 증가한다. 대출 증가는 통화 확대로, 통화 확대는 기업부채와 가계부채의 확대로, 자산 가격상승으로, 자산 가격상승은 빈부 격차 확대와 소득 분배 악화라는 경제 문제로 이어져서 경제를 악순환시킨다. 당연히 개인 소비 확대 정책으로는 부적합하다.

거시 정책을 선호하는 사람들은 통화를 확대했다 다시 축소하면 된다고 할지 모르지만, 일단 자산가 상승이라는 버블이 형성되는 과정에 산업의 구조와 소득의 분배 정도가 변동되었기 때문에 다시 통화를 축소하면 원상태로 되돌아가지 않고, 취약한 부분에서 생산이 감소함으로써 노동소득이 감소하고 소득 분배가 악화하는 악순환(소비 축소→생산 축소→고용축소와 노동소득 감소→다시 소비 감소)이 발생한다.

경제를 선순환시키기 위해서는 개인 소비를 증가시켜야 하지만, 개인 소비를 증가시킴으로써 발생하는 여러 긍정적, 부정적 영향을 검토해 볼 필요가 있다.

개인 소비를 확대하기 위해서는 첫째로 개인 소비를 감소시키는 경제 정책을 폐지하고, 둘째로 가계소득을 확대하기 위하여 노동소득을 증가시켜야 하고, 셋째로 가계의 가처분 소득을 증가시켜야 하고, 넷째로 소득재분배를 확대해야 하고, 다섯째로 복지 정책을 확대해야 한다.

1) 개인 소비가 감소하는 정책의 중지

생산의 감소를 최소화하면서 소득 분배를 확대하기 위해서는 가장 먼저 소득 분배를 악화시키는 정책을 중지하여야 한다. 개인 간의 소득 격차를 확대하는 정책, 자본소득 분배율을 증가시키고 노동소득 분배율을 감소시키는 정책, 기업 간의 격차를 확대하는 정책을 폐기하여야 한다.

기업 투자 확대를 통한 성장 정책, 즉 현재 박근혜 정부가 사용하는 모든 경제 정책이 자본소득 분배율을 증가시키고 노동소득 분배율을 감소시킨다. 박근혜 정부의 모든 경제 정책을 중지시켜야 한다.

(1) 정부의 기업지원을 통한 투자 확대 정책 전면중지 또는 최소화

자본으로의 소득 분배를 확대해서 노동으로의 소득 분배를 감소시키는 정부의 기업지원경제 정책인 기업 감세 정책, 기업 직접 지원 정책, 이자율 인하 정책(통화 확대 정책), 외국자본도입 확대 정책, 수출기업 지원 정책, 노동시장 유연화 정책, 공기업 민영화 정책, 의료 민영화 정책, 서비스 산업 선진화 정책을 전면적으로 중지하고, SOC 투자는 적정수준으로 축소하고, FTA 확대 정책은 당분간 중지하며 기존에 체결한 FTA의 부작용을 해소하기 위해서 노력해야 한다.

2) 노동소득 증가 정책

개인 소비를 확대하기 위해서는 기업소득을 줄이고 가계소득을 증가시켜야 하고, 소득 분배를 확대해야 한다. 가계소득을 증가시키기 위해서는 노동소득을 증가시켜야 한다.

생산의 감소를 최소화하면서 개인 소비를 가장 효율적으로 확대할 수 있는 방식이 노동소득을 확대하는 것이다. 이유는 노동은 생산과 소비에 둘 다 기여하기 때문이다.

하지만 노동소득을 증가시키기는 대단히 어렵다. 노동소득을 증가시키고자 하는 정책들이 대부분 노동소득을 감소시키고 있기 때문이다.

(1) 노동소득 분배율 증가와 자본소득 분배율 감소

노동소득을 증가시키기 위해서는 노동소득 분배율을 높이고 자본소득 분배율을 낮추어야 한다.

노동소득이 임금(인건비)이고 자본소득이 영업이익이다. 기업의 영업이익에 대한 조세(법인세) 부담을 높임으로써 자본비용을 증가시킬 수 있다.

자본비용을 증가시킴으로써 자본으로의 소득 분배율을 감소시키고 노동으로의 소득 분배를 증가시킬 수 있다.

기준이자율을 높임으로써 자본비용을 증가시킬 수 있다.

기업의 경쟁력 격차가 크면 임금은 약간의 차이가 있지만 그렇게 크지는 않은 반면에 영업이익은 대단히 큰 차이를 보인다.

기업의 경쟁력 차이가 크지 않도록, 최소화되도록 하면 영업이익의 차이는 크게 발생하지 않지만, 노동소득은 최대화된다. 기업의 경쟁력 차이를 최소화하면 노동소득 분배율은 증가하고 자본소득 분배율은 감소한다.

기업의 정규직 1인당 평균 생산액을 기준으로 법인세율을 누진구조로 만들면 기업의 격차를 축소하면서 노동소득도 증가시키고 생산 감소도 최소화할 수 있다.

※ 정규직 1인당 평균 생산액을 기준으로 하는 법인세율 누진 정책은 제2부 제5장 '정규직 1인당 평균 생산액 기준 법인세율 누진 정책'을 참조하기 바란다.

기업의 법인세를 정규 직원 1인당 평균 생산액(인건비+영업이익)을 기준으로 누진세율을 정하고, 법인의 이익(과세표준)에 누진세율을 적용하여 법인세를 부과하면, 정규직 고용을 적게 하면서 영업이익이 많은 기업(생산성이 높은 기업)은 법인세가 대폭 증가하고, 정규직 고용을 많이 하는 기업은 종전보다 법인세가 감소한다.

기업 간의 격차가 대폭 축소되면서 정규직이 대폭 증가하므로 노동소득이 증가하는 반면에 기업의 법인세공제후의 영업이익(자본소득)은 대폭 감소하고, 국가의 조세 수입은 대폭 증가한다.

　자본으로의 소득 배분을 축소하고, 노동으로의 소득 배분을 확대하는 방법으로 기업소득의 배분 문제는 앞에서 검토한 바와 같이 기업에 대한 법인세율을 소득세와 같이 누진화하되 누진율을 정규 직원 1인당 평균 생산액(부가가치)을 기준으로 정하면 된다.

　누진율이 높으면 높을수록 자본으로의 소득 배분은 적어지고 노동으로의 소득 배분은 많아진다. 반면에 자본으로의 소득 배분이 낮아지면 자본(기업)이 국외로 탈출하는 현상이 높아질 것이다. 이에 적절한 누진율을 선택할 필요가 있다.

(2) 최저임금 인상

　최저임금은 저소득층의 소득수준과 생활 수준을 결정한다. 최저임금은 저임 서비스 산업의 자본소득 분배율과 노동소득 분배율을 결정하는 데에 결정적인 역할을 하면서 국민경제 전체의 노동소득 분배율과 자본소득 분배율을 결정하는 데에도 막대한 영향을 준다.

　최저임금 적용대상 노동자의 대부분은 소득 하위계층에 속한다. 소득 하위 1분위의 경우 소비성향이 1.2라고 한다. 소비성향이 1.2라면 한계소비성향 역시 매우 높을 수밖에 없다. 최저임금을 인상하면 인상금액 대부분이 소비 증가에 사용될 것이라고 추론할 수 있다.

　개인 소비를 확대하기 위해서는 최저임금을 인상함으로써 임금을 상승시켜 노동자들에게는 최소한의 삶을 보장하고, 내수를 확대하여 서비스 산업의 생산(소득)을 증가시킬 수 있다.

　최저임금 적용대상은 시장상인이나 음식점 같은 자영업자의 노동자, 자영업자와 경쟁하는 중·대규모의 마트 노동자, 대형유통업의 비정규직 노동자들이다.

　최저임금을 인상하면 비용이 대폭 증가하는 업종은 중·대형 마트이고, 자영업의 경우에는 비용이 크게 상승하지 않는다. 노동자에게만 전적으로 점포관리를 맡기는 자영업자인 경우에는 자본가라고 봐야 하며 그 소득 역시 자본소득이라고 해야 한다고 본다.

최저임금을 대폭 인상하면 중·대형 마트의 가격경쟁력이 크게 하락하고, 재래시장 상인과 같은 자영업자의 가격경쟁력은 아주 조금 하락한다.

중·대형 마트의 가격경쟁력이 크게 하락하는 반면에 재래시장 상인과 같은 자영업자들의 가격경쟁력은 별 영향을 받지 않으므로 자영업자 문제가 상당 부분 해소된다.

최저임금의 인상은 저임 서비스 산업의 노동비용을 증가시켜 고용과 영업이익을 감소시켜서 저임 서비스 산업의 소득(생산)을 감소시키는 효과가 있다. 반면에 최저임금 인상은 저임 서비스 산업의 소비를 확대해서 생산을 증가시키는 효과가 있다.

긍정적인 효과와 부정적인 효과가 서로 상쇄되어 국민소득의 변화는 별로 없으면서 저소득층의 소득을 증가시켜 소득 분배를 확대하고 개인 소비를 증가시키는 효과가 상당할 것이라고 추론된다.

최저임금은 국민에게 최소한의 생활을 보장하는 것이므로 최저생계비(2인~3인 가족 기준) 이상이어야 하고, 현재의 최저생계비 계산이 너무 낮다는 것을 생각하면 최저임금은 대폭 상향조정되어야 한다.

우리나라의 기술 수준이나 국민소득 수준에서 가장 적정한 최저임금은 시간당 10,000원에서 12,000원으로 추정할 수 있다. 최저임금을 3년~5년 동안 시간당 10,000원으로 인상하여, 주 40시간 기준으로 40만 원, 4주 160만 원까지 인상하면 된다. 이 수준이 2년~3년 전 우리나라 평균임금의 50%다.

근로시간이 단축되거나 평균임금이 상승하면 최저임금도 시간당 12,000원으로 높아져야 할 것이다.

최저임금 인상은 산업의 전반에 영향을 미친다.

근무환경이 열악하고 임금수준이 낮은 제조업의 고용과 최저임금 저임 서비스 산업의 고용은 경쟁 관계에 있다. 최저임금이 인상되면 근무 환경이 열악하고 임금이 낮은 제조업, 건설업일용직의 임금도 인상될 것이다. 이유는 인상하지 않으면 저임 서비스 산업으로 노동자들이 이동할 것이기 때문이다.

이는 제조업, 건설업의 원가상승으로 작용하고, 대기업에의 납품단가 인상, 건설하도급 단가 인상, 물가상승으로 작용하여 산업의 구조를 개편할 것이라고 본다.

한 국가가 가진 기술 수준, 국민소득수준에 맞게 산업구조가 형성되어야 하지, 기술 수준이나 국민소득 수준과 맞지 않게 산업구조가 형성되면 산업구조가 불균형하게 되어 경제 위기에 취약한 경제구조가 되며, 낭비, 초과이윤이 발생하여 국민경제의 발전을 막게 된다.

최저임금을 대폭 인상하여 산업구조와 가격구조를 개편하는 것이 우리나라의 발전에 꼭 필요하다.

저임 외국인 노동자가 계속 유입되면 저임 서비스 산업과 차상위 산업인 건설현장이나 조선산업과 같은 고위험 산업의 노동시장에서 노동공급이 많아진다.

노동공급이 많은 상태에서는 최저임금을 인상한다고 하더라도 노동소득 증가와 노동자들의 생활수준 향상이라는 정책 효과를 확보할 수 없다. 노동공급은 많은데 수요가 적다면 최저임금 이하로 일하고자 하는 사람들이 생길 수밖에 없다.

외국인 노동자들의 유입은 노동공급을 증가시켜 노동소득을 증가시키고자 하는 정책의 효과발생을 근원적으로 차단한다.

외국 저임노동자의 유입을 허용하려면 그만큼 자본소득 분배율을 더 낮추어야 생산과 소비의 균형을 확보하면서 성장이 가능하다. 하지만 자본소득 분배율을 낮추는 것이 바로 공급능력을 낮추는 것이므로 외국 저임노동자의 유입은 국민소득 증가율을 낮춘다.

최저임금을 인상하기 위해서는 외국 저임노동자의 유입을 최소화하고, 불법체류자를 외국으로 돌려보내야 한다.

(3) 노동소득의 최대화 정책

노동소득이 최내화하기 위해서는 모든 노동자의 임금이 평균임금으로 수렴해야 한다. 기업 내의 임금 격차가 최소화되고, 산업 부문 사이에도, 직종 사이에도 임금 격차가 최소화되어야 한다.

기업 내의 임금 격차를 최소화하기 위해서는 동일노동에 대한 동일임금 지급과 최저임금과 최고임금의 격차에 대한 규제가 필요하다.

최고임금과 최저임금의 배율을 규제하면 기업 내에서의 임금 격차를 합리적으로 규제할 수 있다.

이 경우 상여금으로 임금규제에 대한 불합리나 불경제를 조정하게 된다. 상여금 차등 지급에는 그만한 이유가 제시되어야 한다고 보면 상여금으로 규제의 불합리를 다시 해소하는 것도 생각할 필요가 있다.

산업 부문 사이에 임금 격차가 최소화되기 위해서는 사적 부문에는 초과이윤 해소 정책으로, 공적 부문은 강제적으로, 금융 부문에 대해서는 금융규제의 확대와 최고이자율 인하 정책을 사용하면 부문 사이의 격차를 상당히 해소할 수 있다고 본다.

임금이 평균임금에 수렴할수록 노동소득은 최대화한다. 단 정부의 강제력이 아닌 방법으로 임금이 평균임금에 수렴하게 해야 한다.

① 정규직과 비정규직의 임금 격차 문제

비정규직에 대한 총량규제와 차별철폐, 동일노동 동일임금 적용, 간접고용에 대한 규제 확대 등이 필요하다.

② 대기업 및 재벌기업과 중소기업의 임금 격차 문제

대기업의 임금과 중소기업의 임금 격차는 갑을 관계에 대한 규제, 경제민주화규제 확대, 규제의 실효성 확보를 통해서 대기업의 초과이윤을 해소함으로써 상당 부분 해소할 수 있고, 더하여 소득세의 누진율을 높임으로써 가처분 소득을 조정할 수 있다.

③ 금융산업(은행 및 증권·보험회사 등)의 임금 문제

최고이자율 인하 및 기준이자율 인상과 강제적으로 임금삭감 및 불량금융상품에 대한 징벌적 배상제도 도입이 필요하다.

④ 공기업의 임금 문제

공기업의 생산성은 법규에 의해서 나온다. 공기업의 임금은 실질 생산과는 전혀 관련성이 없다. 관리비나 경비를 줄이는 것 역시 국민경제에 별 영향이 없다. 단, 부정부패는 별도의 문제다.

공기업의 임금은 공무원 보수를 기준으로 강제로 조정할 수 있다.

노동소득이 최대화하기 위해서는 임금이 평균임금에 수렴해야 한다. 즉 국민경제 내의 모든 임금이 평균임금으로 수렴할 때에 노동소득이 최대화한다. 노동자들의 임금을 평균임금에 수렴시킴에 있어서 생산성과 관련이 없는 공적 분야와 생산성과 직접 관련이 있는 사적 분야는 서로 다른 원칙을 적용하여야 한다.

공적 분야는 정부 기관, 공기업이고, 사적 분야는 일반기업이고, 공적 분야와 사적 분야가 겹치는 분야는 금융기관이 있다.

생산성과 관련이 없는 공적 분야의 임금조정은 평균임금과 비슷하게 강제적으로 임금을 조정하면 된다. 사적 분야는 고용 정책, 조세, 경제 민주화, 재벌 해체, 최저임금조정 등을 통하여 생산성을 조정함으로써 임금이 평균임금에 가까이 가도록 조정할 수 있다고 본다. 특히 다른 부문보다 임금수준이 높은 분야는 대체로 초과이윤이 발생하고 있다고 보아야 한다. 초과이윤을 없애버리면 임금은 여타분야와 비슷한 수준으로 차츰 조정될 것이라고 본다.

은행이나 보험회사와 같은 금융 분야는 통화량의 확대를 억제하고,

금융규제를 확대하고, 국가보험을 확대하고, 불량금융상품의 판매에 대한 손해배상책임을 강화하고, 최고이자율을 대폭 낮추고, 최고이자율보다 높은 불법 대출계약에 대해서는 계약 전체를 무효로 하고 채무자에게 변제의무를 면제하며, 불법행위로 인한 벌금 등의 일정률을 신고자에게 포상금으로 지급하게 하면 금융 분야의 부가가치가 획기적으로 감소할 것이라고 본다.

금융 분야의 부가가치가 감소하면 금융 분야의 임금도 평균임금으로 차츰 이동할 것이라고 본다. 당연히 국책금융기관의 임금도 하향 조정되어야 한다.

⑤ 임금의 평준화(동일 부문 내에서의 격차 해소)

임금의 격차에는 부문 간의 격차도 있지만, 동일 부문 내에서도 정규직과 비정규직 간에도 격차가 크게 발생하고 있다. 비정규직 제도를 없애고, 노동조합을 활성화시키면 동일 직장 내의 임금 격차를 상당히 해소할 수 있지만, 비정규직 제도의 원래 도입 취지가 인건비 하락이 아닌 경영의 유연성이므로 비정규직 제도 자체를 없애는 것은 좀 더 생각해볼 필요가 있다.

기업별 20% 이하, 사업장별 30% 이하로 비정규직의 총량을 규제하면 비정규직의 증가를 막고, 비정규직의 정규직으로의 전환을 크게 확대할 수 있다.

동일노동에 대한 동일임금 제도를 정착시키면 정규직과 비정규직의 임금 격차를 상당폭 해소할 수 있다.

사내하청에 대한 규제를 엄격히 하고, 사내하청 노동자도 동일사업장 내의 비정규직 비율에 포함되도록 하면 사내하청 자체가 큰 제약을 받을 것이므로 사내하청 근로자의 비중이 대폭 감소할 것이다.

특수고용직 노동자에 대하여 노조를 인정하고, 노조 인정이 불가능한 특수고용직은 정부가 매년 임금과 근로시간, 근로조건 등을 고시함으로써 영업경쟁이 노동자들의 부담으로 전가하지 못하도록 하여야한다.

파견근로에 대한 규제를 확대하고, 직종을 줄이고, 수수료의 요율을인하하면 파견근로가 현재와 같이 번성하여 노동자들의 피를 빨아먹지는 못할 것이라고 본다.

(4) 고용의 최대화 정책

고용을 최대화하기 위해서는 법정 노동시간을 단축해야 한다. 노동시장을 단축하면 노동비용이 상승하므로 단기적으로는 고용이 증가하더라도 장기적으로 기업이 자본투입을 확대하고 노동투입을 축소하게된다.

결국 노동시간을 단축하면 고용(고용×노동시간)이 종전보다 감소하므로 전체 노동소득도 감소하는 결과가 된다. 노동시간을 단축하면서 고용(고용×노동시간)의 감소를 막기 위해서는 자본비용을 동시에 상승시켜야 한다.

법인세를 정규직 1인당 평균 생산액을 기준으로 누진세율로 하여 노동시간을 단축함과 동시에 자본비용을 상승시키면 고용을 확대하고 생산의 감소를 최소화할 수 있다.

법정 노동시간 단축이 고용 증가로 이어지기 위해서는 잔업에 대한보수할증률을 높이고, 변형 근로시간을 단축하여야 한다.

잔업에 대한 보수할증률을 높이면 기업은 생산이 많아지면 고용을확대하여 생산을 증가시킬지, 아니면 임금을 더 많이 지급하더라도 고용을 확대하지 않을지를 선택하게 된다. 기업의 입장에서 생산 증가가장기간 계속된다면 고용을 확대할 것이고, 생산 증가가 단기간에 끝난다고 예상되면 잔업으로 생산 증가에 대응할 것이다.

⑸ 노동 정책과 그레섬의 법칙

근로환경에 대한 규제를 완화하거나 규제의 실효성 확보에 실패하면 임금을 포함한 근로환경이 나쁜 기업이 근로환경이 좋은 기업보다 경쟁력을 갖게 되며, 그 결과 산업은 근로환경이 나쁜 기업만 살아남게 된다.

근로환경에 대한 규제를 엄혹해지지 않는 범위 안에서 확대하되, 규제의 실효성도 확보되어야 좋은 근로환경을 확보할 수 있다. 단 최저임금과 최고임금을 제외한 임금에 대한 직접규제는 없어야 한다. 임금은 노사자율의 문제다.

⑹ 외국 저임노동자 유입 최소화

외국 저임노동자의 유입은 직접적으로 저임금의 일자리를 빼앗을 뿐 아니라 산업 전체의 임금을 하향 평준화시켜 노동소득의 축소를 통해 소득 분배를 악화시킨다. 소득 분배의 악화는 소비 축소로, 소비 축소는 생산 축소로, 생산 축소는 고용축소, 다시 소득 분배를 악화시키는 악순환에 빠지게 한다.

3) 가계의 가처분 소득 증가 정책

가계의 가처분 소득을 증가시킴으로써 소비를 확대할 수 있다.

우리나라 국민들의 가처분 소득을 잠식하는 것은 첫째로 높은 주거비 부담이고, 둘째는 사교육비 부담이고, 세 번째가 현재 크게 쟁점이 되고 있는 대학등록금이다.

국민경제에서는 손해를 보는 쪽이 있으면 항상 이익을 보는 쪽이 있다.

높은 주거비 부담(임대료 포함)은 주택 가격이 소득에 비해서 매우 높기 때문이고, 손해는 국민들이 가처분 소득의 상실로 부담하는 반면에 이익은 금융과 부동산 관련 산업의 초과이윤으로 나타난다.

주택 가격이 소득에 비해서 높은 근본 원인은 통화 확대와 정부의 부채 확대 정책 때문이고, 그다음은 낮은 부동산보유세율 때문이다.

사교육비의 손해는 일반 국민이 보는 반면에 사교육비의 이익은 입시학원의 초과이윤으로 돌아간다.

대학등록금 역시 손해는 일반 국민(학생과 학부모)이, 이익은 대학과 재단, 대학교수와 교직원들이 얻고 있다.

국민의 가처분 소득을 잠식하는 주택 가격, 사교육비, 대학등록금을 낮추어도 국민소득은 늘어나지 않는다. 단 그동안 초과이익을 차지한 분야의 부가가치가 축소되고, 일반 산업이나 후생분야의 소비가 확대되므로 국민경제 전체적으로는 효율성이 증가해서 국제경쟁력이 상승하는 효과가 있다.

국민의 가처분 소득이 증가함으로써 국민의 후생은 크게 높아진다.

(1) 주거비 경감 정책(주택 가격 하락 정책)

현재 우리나라는 임금이나 국민소득보다 주택 가격이 너무 높다. 주택 가격을 하락시키든지 아니면 주택 가격은 그대로 둔 채 명목상 노동소득(임금)을 높이든지 해야 한다. 주택 가격은 오르지 못하도록 하면서 명목상의 임금을 올리는 것도 사실상 주택 가격을 하락시키는 것이다.

주택 가격을 하락시키기 위해서는 통화를 수축시켜야 한다. 통화를 수축시키면 주택 가격이 하락하기 이전에 취약한 부문(서민경제와 중소기업, 자영업)이 무너진다. 주택 가격을 하락시키기 위해서는 통화를 수축시킬 수 있는 환경부터 조성해야 하고, 자산시장이 붕괴하는 상황에서 피해를 최소화할 수 있는 정책을 준비해야 하고, 개개의 정책을 우선순위에 맞추어서 적절하게 시행해야 한다.

① 부동산 가격을 하락시키기 위한 정책의 집행순서

• 경제 전략의 변경, 가계소득주도 성장 정책으로 빈민, 서민 생활의 최소한이 보장되도록 한다.

• 금융기관의 부동산 대출비율[DTI(Debt To Income, 총부채상환비율), LTV(Loan To Value ratio, 주택담보인정비율)]을 낮추도록 지시하며, 신용평가 등 대출기준을 부동산담보가액이 아닌 다른 방법을 개발하도록 하여 부동산가격의 하락에 대비하게 한다.

• 총수요를 관리하여 유동성(통화)을 줄인다.

• 부동산가격의 하락이 시작되면, 또는 그 이전이라도 자본이득소득에 대한 증세(양도세의 강화: 가계소득주도 성장 정책이 사용되면 양도소득세의 세율이 높아진다)와 보유세의 세율을 높여야 한다. 보유세의 세율을 높이지 않으면 유동성을 줄이더라도 외국자본이 들어와 유동성을 줄인 효과가 사라진다.

• 서민주택은 임대주택건설공급으로, 고급주택은 시장에 의한 공급을 원칙으로 한다.

장기적인 주택 가격의 안정을 위하여 일정한 투자는 계속되어야 하므로 주택 가격의 안정 하락 정책과 동시에 또는 그다음에 현재의 여러 직접규제는 폐지하여 주택시장이 정상화되도록 한다.

• 수도권으로의 인구집중을 막을 수 있는 법인세율 차등 정책을 시행하고, 지역별로 임대주택을 일정 수준 이상으로 건설하면 서민주택 가격을 하락시킬 수 있다. 이 과정에서 전세가격이 하락하게 되면, 서민주택 가격이 하락하여 서민주택을 보유한 사람들의 생활을 위협하게 되는 상황이 올 수도 있고, 주택 가격이 폭락하여 공황에 가까운 상황이 올 수도 있다. 개개인의 사정을 파악하여 특별한 기준에 해당되는 경우에 한하여 적정가격으로 매수하는 것도 검토할 필요가 있다.

서민주택 가격의 하락 정도가 심한 지역은 임대주택건설을 일정 기간 유보할 필요가 있다.

(2) 사교육비 최소화 정책

사교육비 문제의 해결은 사교육 자체를 완전히 없앨 수는 없고, 단지 국민들이 부담할 수 있을 정도로 사교육비를 축소시키고, 미래에 늘어날 수 있는 여지를 없애는 데에 있다고 본다.

사교육비의 주요 원인은 대학입시 때문이다. 대학입시가 치열한 이유는 대학의 서열화, 입시제도의 다양화, 입시학원의 상술 때문이고, 대학이 서열화한 이유는 입시제도와 사회경제 시스템의 경직성, 노예 시스템, 임금 격차 때문이다.

사교육비를 최소화하기 위해서는 장기적으로 사회 시스템을 스펙보다 실력에 의해서 평가받을 수 있도록 바꾸고, 부문 간, 계층 간 임금 격차를 최소화해야 한다.

단기적으로는 대학의 서열화를 타파하고, 입시경쟁을 최소화하도록 해야 한다.

대학 주요학과의 입시평가를 수능과 학생부에 의해서만 평가하도록 하되, 수능을 5등급으로 나누고, 등급 외에 점수에 의한 서열평가를 할 수 없도록 하고, 1등급의 비율을 최소 15% 이상 유지하도록 하면 서울대학교의 학생선발권을 없앨 수 있을 것이다.

내신을 평가함에 있어서도 상대평가를 하도록 하고, 내신 성적이 실질적으로 수능과 동등한 비율로 반영될 수 있도록 하면, 고등학교(특목고)의 입시경쟁이 크게 약해질 것이다.

임금 격차를 최소화하는 문제는 경제 정책과 노동 정책의 문제이고, 사회의 경직화 해소, 서열주의의 타파는 정보공유를 확대하여 민중 통제를 확대함으로써 상당 부분 달성할 수 있다.

정부의 입시제도 변경에 순응하지 않는 대학에 대해서는 대학에 대한 정부의 모든 지원 정책을 회수하면 된다.

대학 서열화는 사교육비 문제 외에 학문의 동종교배, 사회상층부 또는 특정 부문의 경쟁원리 배제로 우물 안의 개구리만 양성되어 국가의 경쟁력을 약화시킨다.

(3) 대학등록금 경감 정책

우리나라 대학의 등록금이 국민소득에 비하여 높은 이유는 대학구성원들이 초과이윤을 얻고 있기 때문이다. 초과이윤을 얻고 있는 대학구성원으로는 대학재단, 교수, 교직원들이다.

대학재단이 초과이윤을 얻게 된 이유는 재단에 대한 규제가 약하고 규제의 실효성도 약하기 때문이다. 대학회계에 대한 기준을 새로 정하고, 재단에 관한 규제를 확대한 후에 회계기준이나 재단에 관한 규제를 위반하는 재단에 대해서는 엄격하게 벌하면서 벌금을 아울러 매기고, 벌금의 50% 이상을 내부자들의 고발에 대한 보상으로 지급하면 재단의 자금 횡령 등 불법행위를 막을 수 있을 것이다.

교수들의 보수가 우리나라 국민소득에 비해서 상당히 높은 수준이다. 독재국가에서는 교수들의 보수가 국민소득에 비해서 상당히 높다. 이는 독재자들이 대학교수들을 회유하려고 보수수준을 높였기 때문이다.

대학교수들의 보수와 대학등록금을 연동되도록 하여 학생들에 의해서 대학교수의 보수가 통제되도록 해야 한다고 본다. 대학교 직원의 보수가 높은 이유는 교수들의 보수가 높기 때문에 덩달아서 올라간 것이다. 교수들의 보수 수준이 하향 조정되면 교직원들의 보수도 덩달아서 하향 조정될 것이라 본다.

등록금을 경감하기 위한 초단기대책으로는 사실상 장학금을 확대하는 방법밖에는 없다. 저소득층 위주로 장학금을 확대하되 성적 제한 기준을 낮추어야 한다. 재원은 대학이나 교수에 대한 정부 지원의 절반 정도를 삭감하면 된다.

단기대책으로는 등록금에 대해 사용제한을 해야 한다. 대학의 회계기준을 새로 마련하여 등록금의 사용기준을 명확히 하고, 회계기준적용과 정부의 예산지원을 연계하여 대학의 회계 투명성을 확보해야 한다.

외국 유학생을 정원 외로 모집하고, 등록금을 감면해주고 있다. 적정 수준으로 규제할 필요가 있다.

장기대책으로 사회의 임금 격차를 최소화함으로써 대학진학률을 축소할 것인지, 아니면 평균수명연장이나 정년연장 등과 관련하여 대학교육을 의무교육화가 필요한지 사회적 합의를 도출할 필요가 있다.

재단의 사유화를 막아 대학재산이 재단의 재산으로 개인의 재산으로 유입되는 것을 막아야 한다. 재단 승계에 대한 상속제한을 두면 재단 재산의 사유화를 상당히 방지할 수 있다고 본다.

4) 소득재분배 확대

소득재분배를 확대하면 저소득층의 소득이 증가하고 고소득층의 소득이 감소한다. 저소득층의 소비성향이 고소득층의 소비성향보다 높기 때문에 개인 소비가 증가한다.

(1) 소득 분배와 재분배

소득(생산)은 자본과 노동이라는 생산요소의 결합을 통하여 창출된다. 우리나라는 시장에서 생산요소가 교환되며, 수요공급의 법칙에 의해서 생산요소의 가격이 결정된다.

소득 분배는 시장에서 경쟁과 수요공급의 법칙에 의하여 생산품과 생산요소의 가격이 결정되는 것을 의미한다. 생산품은 소비자가 구매함으로써 가격이 결정되고, 생산요소는 생산자가 생산을 위하여 구매함으로써 결정된다. 생산요소의 가격 결정과 생산품의 판매와 구매를 통하여 소득이 분배된다.

정부는 조세의 부과, 행위에 대한 규제와 허가, 지원, 이자율 조정, 인프라 구축 등을 통하여 생산요소나 상품의 가격 결정에 영향을 주어서 소득 분배를 조정한다. 이것을 소득의 1차 분배(소득 분배)라고 말할 수 있다.

정부는 1차로 분배된 소득에 소득세와 법인세를 부과함으로써 가처분 소득을 결정하고, 조세를 통하여 징수된 세입을 바탕으로 저소득층이나 국민 전체를 지원함으로써 2차로 소득을 분배한다. 이것을 소득의 재분배라고 말한다.

(2) 소득재분배의 필요성

수요공급의 법칙에 의한 생산요소의 가격 결정은 힘의 원리가 작용한다. 힘의 원리가 작용하는 시장은 대단히 몰인간적이고, 불평등하게 소득을 분배한다. 더하여 정부에 의한 독점적 지위 부여, 재정적 지원 등이 가격 결정을 왜곡하여 소득 분배를 더 불평등하게 하기도 한다.

정부는 경제민주화를 위해서 조세, 규제 및 재정지원이 소득 분배에 부정적인 영향을 미치는 것을 최소화해야 한다. 하지만 아무리 부정적인 영향을 최소화한다고 해도 소득 분배를 평등하게 할 수 없으므로 이차적으로는 소득의 재분배가 필요하다.

자유변동환율제 국가의 국민소득은 생산과 소비가 일치하는 점에서 결정된다. 국민경제의 소비능력은 소득분배 정도에 의해서 결정된다. 소득 분배가 확대될수록 소비능력도 확대된다.

현대는 공급(생산)의 가격탄력성은 대단히 높다. 반면에 수요(소비)의 가격탄력성은 상당히 낮다. 현대는 생산능력에 의해서 국민소득이 결정되는 것이 아니고, 소비능력에 의해서 국민소득이 결정된다.

경제를 성장시키기 위해서는 국민경제의 소비능력을 증가시켜야 하고, 소비능력을 증가시키는 데 가장 효율적인 방법 중 하나가 소득을 재분배하는 것이다.

현대는 생산의 과잉(재고 발생)으로 항상 저고용 상태에 있다. 국민에게 인간다운 삶을 제공하는 것은 국가의 의무다. 항상 실업자는 생기고, 실업급여도 받지 못하는 실업자도 발생한다. 노약자, 장애인과 같이 소득이 없는 복지대상 국민도 있다. 항상 복지 정책의 사각지대는 발생한다.

복지 사각지대를 없애기 위해서는 사회안전망을 구성해야 하고, 그 방법으로 소득이 없거나 최저생계비 이하의 소득자에게 일정한 급여를 지급하는 것이 가장 효율적이다.

(3) 소득재분배 목적

① 노동의 재생산과 복지 정책

노동은 사용하지 않으면 재생산하는 데에 문제가 생긴다. 노동이 생산에 지속적으로 기여하기 위해서는 계속해서 재생산되어야 한다. 노동이 재생산되기 위해서는 노동자에게 최소한의 삶을 보장하면서 미래에 대한 희망을 잃지 않도록 해야 한다.

미래에 대한 희망을 잃지 않도록 하기 위해서는 열심히 일하고 근검절약하고 저축하면 보다 여유로운 생활을 할 수 있다는 것, 부자가 될 수 있다는 것, 신분 상승이 가능하다는 것을 기대하게 해야 한다.

노동이 재생산되기 위해서는 노동자에게 최소한의 삶을 보장해줘야 한다. 최소한의 삶이 유지되지 못한다면 노동은 재생산되지 못한다.

복지 정책으로 국민에게 최소한의 삶을 보장함으로써 노동이 재생산되도록 한다.

② 사회안전망 구축

경제적 약자나 경제 시스템에서 탈락하는 사람들에게 최소한의 삶을 보장할 사회안전망을 구축해야 한다.

③ 경제의 선순환

소득 분배를 확대하여 소비를 확대함으로써 생산과 소비의 격차를 해소하여 경제를 선순환으로 이끌어야 한다. 경제가 선순환되지 못하면 결국 경제 시스템이 붕괴한다. 경제 시스템의 붕괴는 정치·사회 시스템의 붕괴를 동반한다. 정치·사회 시스템의 붕괴를 막기 위해서 소득재분배가 필요하다.

⑷ 소득재분배 방법

① 복지 정책

사회적 약자에게 인간으로서의 삶을 유지하도록 함을 목적으로 하고 있다.

복지 정책의 주체가 가족복지, 사회복지, 기업복지, 자치단체복지, 국가복지로 아주 혼란스럽다. 주체가 혼란스럽기 때문에 정책의 간섭과 정책소외자의 발생으로 인해서 자원의 낭비는 심하면서 복지 목적(인간다운 삶의 보장)의 달성 효과는 아주 낮다. 대단히 비효율적이다.

복지 방식에 있어서도 복지대상에 대한 직접 지원보다 시설이나 사업자에 대한 지원을 통한 복지 목표를 달성하고자 함으로써 국가의 자원이 낭비되면서도 복지 사각지대는 많아지고, 복지대상의 인권은 무시되고, 부정부패는 심해진다.

국가복지를 중심으로 하되 자치단체나 사회복지를 보충적으로 하고, 복지의 빈익빈 부익부에 기여하는 기업복지는 그 지원을 폐지하고, 가족복지는 국가가 지원하지 않는 상태로 하며, 사회복지는 단기적으로는 유지하되 장기적으로는 재단법인에 대하여 국가의 조세 지원(감면)을 폐지하고 법인세부과를 통하여 탈법적인 상속이나 경제적 영향력 유지를 억제해야 한다.

② 사회안전망과 특별프로그램

경제적 약자에게 최소한의 삶을 유지하게 할 수 있는 기본소득 지급을 생각할 수 있다.

기본소득으로도 최소한의 생활이 보장되지 않는 대상에게는 별도의 프로그램을 마련하여 지원할 필요가 있다.

월 소득 50만 원 이하 모든 국민(어린이, 성인, 노인 불문)에게 기본소득 지급, 월 소득 100만 원 이하 모든 국민에게 기본소득을 차등해서 지급, 18세(고교생) 이하 모든 미성년자에게 급식비 지급(무상급식), 고등학교 이하 무상교육, 장애인, 미성년 가장, 노인에게 별도 복지프로그램 적용. 실업자 또는 모든 국민에게 공공근로 권리보장(국가부담: 60%, 자치단체부담: 40%) 등을 생각해볼 수 있다.

의무복무자와 공익근무자에게 최저임금상당액을 지급하게 함으로써 국가의 의무를 빙자한 노동착취를 막고, 국방비에서 노동자원이 최적으로 배분되도록 하며, 의무복무자 인권개선을 위한 바탕을 마련할 수 있다.

③ 사회안전망 구성 효과

- 빈민을 구제할 뿐만 아니라 사회안전망의 마지막 부분을 완성하게 된다(노인, 어린이 가장, 장애인, 여성 가장 등 가장 취약한 부문의 문제가 해결된다).
- 내수가 획기적으로 높아진다.
- 고소득에 대한 높은 소득세율은 임금상승에 대한 욕구를 저하시킨다.
- 사실상의 최저생계비 일부를 정부가 새롭게 부담하므로 국민연금의 재정 문제를 상당 부분 해결할 수 있다.
- 가족의 해체를 방지하는 효과가 있으므로 노숙자를 줄이고 범죄예방효과도 있다.

- 양육비에 대한 부담이 적어지므로 출생률이 높아질 수도 있다
- 빈부 격차가 축소되면 범죄 감소, 향락퇴폐산업 쇠퇴, 건전한 문화가 발달한다.
- 농촌의 경제 문제를 상당 부분 해결할 수 있다. 농촌 지역군 단위 인구를 6만 명이라고 보면, 4인 가족 기준 15,000가구 정도이고, 평균 2/3 이상의 가구가 월 90만 원(30만 원/1인) 정도를 지원받을 수 있다고 본다면, 1개 군당 월 90억 원, 연 1,080억 원 이상의 가처분 소득이 늘어나는 효과가 있다.

④ 기본소득 정책

전 국민에게 일정한 소득을 지급하는 복지 정책이다. 월 30만 원을 지급하면 연간 180조 원이 소요된다.

장점은 모든 국민이 수혜자가 되므로 복지 정책에 대한 국민적 저항이 적다는 것이다.

문제점은 연 180조 원 정도의 재원을 조달할 방법이 없고, 기본소득을 지급하더라도 빈곤층이나 경제적 약자들에게 인간다운 생활을 보장해주지 못하므로, 경제적 약자에 대한 별도의 복지프로그램이 필요하다는 것이다.

국가는 국민의 소득이 발생하는 것을 추적하여야 한다. 소득이 새로이 발생한 곳이나 증가한 곳에는 조세를 더 많이 징수하여야 한다. 기본소득제도는 소득의 유무와 관계없이 기본소득을 지급하므로 국세청의 소득추적능력향상에는 도움을 주지 못한다.

(5) 소득재분배 재원(소요 예산 연 120조 원) 확보

소득재분배 정책이나 복지 정책은 소득재분배 정책이나 복지 정책의 내용보다 그 재원을 어떻게 확보할 것이냐가 더 중요하다.

소득재분배 재원의 확보는 증세를 통해서 확보해야 한다. 증세가 국

민경제에 주는 부정적인 영향을 최소화해야 한다. 증세 목적이 소득재분배이고 개인 소비 확대이므로 증세는 국민경제의 소비능력을 가장 적게 낮추는 방법이어야 한다.

증세의 대상은 소득이고, 소득이 증가하는 곳이어야 하고, 소득의 국민경제에 대한 기여도가 감소하고 있는 곳이어야 한다.

소득의 국민경제에 대한 기여는 소비나 투자를 의미한다.

소득이 증가하는 정도보다 소비나 투자의 증가율이 낮으면 소득의 국민경제에 대한 기여도가 감소하고 있다고 할 수 있다. 소득의 국민경제기여도가 감소하면 국민경제의 효율이 낮아져서 생산(소득)이 감소한다.

국민경제의 생산(소득) 감소를 막기 위해서는 국민경제기여도가 낮아지는 부문의 소득에 대하여 증세를 하여 소득의 국민경제에 대한 기여도를 높이고, 증세를 통하여 조성한 재원을 바탕으로 정부 소비를 증가시키거나 소득재분배(복지) 정책으로 소비를 증가시켜 국민경제의 생산(소득)을 증가시켜야 한다.

기업소득은 증가하고 가계소득은 감소하고 있다. 기업소득이 증가하고 있는데도 불구하고 기업의 투자는 감소하고 있다. 기업소득의 국민경제에 대한 기여도가 지속적으로 감소하고 있다. 기업소득에 부과하는 조세가 법인세다. 법인세의 증세가 필요하다.

초과이윤이 발생하는 곳 또는 소득이 증가하는 곳이어야 한다.

재벌 대기업의 사내유보는 기하급수적으로 증가하고 있다. 재벌 대기업이 초과이윤을 획득하고 있다.

기업소득에 증세함으로써 기업소득 대비 투자율을 높일 수 있고, 초과이윤을 얻고 있는 재벌 대기업에 추가증세를 하여 초과이윤을 흡수함으로써 재벌 대기업의 사내유보 증가를 감소시키고 재벌 대기업의 소득 대비 투자비율을 높일 수 있다.

법인세의 누진비율을 높일 필요가 있다.

법인세율은 사실상 단일세율이다. 법인세율만 높이면 경쟁력이 약한 기업의 투자능력을 더 많이 감소시켜서 기업 간의 격차를 더 확대한다. 기업 간의 격차가 확대되면 고용이 감소하고 노동소득이 감소하여 오히려 기업소득이 증가한다.

법인세율에 누진제를 적용하면 소득이 많은 대기업의 법인세가 누진적으로 증가한다. 기업이 조세를 회피하기 위해서 기업을 분할하면 기업의 소득 규모가 적어지므로 법인세율이 낮아진다. 기업의 조세회피 행위가 국민경제의 비용으로 작용하여 경쟁력을 약화시키고 국민소득을 감소시킨다.

법인세율을 정규직 1인당 평균 생산액을 기준으로 누진구조로 바꾸면 경쟁력이 강하면서 고용비율이 낮은 기업의 법인세 부담이 높아지는 반면에 고용비율이 높은 기업의 법인세 부담이 낮아진다.

기업의 입장에서 정규직 고용을 많이 하여 법인세 부담을 줄이거나, 아니면 정규직 고용을 증가시키지 않고 법인세를 더 많이 납부하는 것을 선택할 수 있다.

국민경제의 공급능력은 증가하지만, 가계소득이 감소하고 소비능력이 감소하여 무역 흑자는 증가하지만, 국민경제의 소비가 감소하여 재고가 증가하고 서민경제가 파탄 나고 있다.

가계소득에 대한 증세보다 기업소득에 대한 증세를 하되 고용과 연동시킴으로써 법인세 증세와 노동소득의 증가를 동시에 추구해야 한다.

법인세를 정규직 1인당 평균 생산을 기준으로 누진세율을 적용하면 개인사업 소득자와 세율부담이 불공평해진다. 소득세의 최고세율을 대폭 인상하고, 누진율을 높여서 불공평을 해소해야 한다. 고소득자에 대한 조세의 증가는 고소득자들의 저축을 감소시키고 소득에 대한 소비비율을 증가시켜 국민경제에 대한 기여도를 높인다.

법인세 실효세율을 14.2%에서 32%로 높이면 약 57.7조 원을 증세할 수 있다. 소득세 최고세율을 38%에서 80%까지 높이고 누진율을 높이면 연 25조 원 정도 증세가 가능하다. 조세 감면 대상 범위를 대폭 축소하면 5조 원(2016년 조세 감면액: 9조 6,219억 원) 정도 증세할 수 있다.

상속세의 소득공제를 낮추고 세율을 올리고 편법상속을 방지하고, 기업 투자지원을 위한 예산을 축소하고, SOC 투자를 축소하고, 기존 복지지출 중 소득재분배 정책과 중복되는 지출을 삭감하면 120조 원의 소득재분배 재원을 확보할 수 있다.

03 경제의 선순환과 무역 적자 만성화 방지

경제가 선순환하려면 생산과 소비의 격차를 없애기 위해 개인 소비를 증가시켜야 한다. 생산(공급)보다 소비(유효수요)가 많으면 가격이 상승한다. 가격이 상승하면 국제경쟁력이 약해진다.

개인 소비의 증가는 가격상승으로, 가격상승은 무역 적자로, 무역 적자는 환율상승을 가져와서 무역이 균형을 이룬다.

하지만 환율이 오르기 전에 생산 확대를 위한 국내 투자수요의 확대로 인해서 이자율이 상승하고, 이자율이 상승하면 투자가 억제되는 반면에 외국자본이 유입한다.

외국자본이 유입되면 무역 적자로 인하여 발생해야 할 환율상승을 막는다. 무역 적자가 발생하는데도 환율이 상승하지 않아 가격경쟁력이 회복되지 않으면 무역 적자는 만성화한다.

무역 적자는 해외로부터의 차입을 필요로 하고, 해외로부터의 차입은 다시 환율상승을 막아 무역 적자가 지속적으로 증가하는 경제구조를 만든다.

무역 적자가 만성화하면 국내 소비보다 국내생산(소득)이 적으므로 조세 수입의 감소와 재정 적자가 만성화되고, 재정 적자가 지속적으로 증가하는 경제구조가 된다.

재정 적자는 국채 발행을 통해 다시 해외자금의 유입을 불러온다. 무역 적자 만성화의 최후는 국가 부도다.

개인 소비 확대, 소득 분배 확대를 통한 성장이 가능하기 위해서는 소득 분배는 확대하되 무역 적자의 만성화를 막아야 한다는 전제가 성립한다. 무역 적자의 만성화를 막기 위해서는 첫째로 생산의 감소를 최소화할 수 있는 효율적인 개인 소비 확대 정책이 필요하고, 두 번째로 국내의 자금 수요를 최소화하여야 하고, 세 번째로 외국으로부터 외환의 유입을 최소화해야 한다.

1) 개인 소비 확대와 생산 감소의 최소화

소득 분배를 확대하면서 국내 생산능력의 감소를 최소화하면 개인 소비가 증가하더라도 무역 적자를 최소화할 수 있다. 무역 적자가 최소화되면 그만큼 무역 적자를 방지하기도 쉬워진다.

노동소득을 증가시키는 방식이 생산능력을 최소화하면서 개인 소비를 가장 많이 증가시킬 수 있다. 이유는 노동은 생산과 소비 둘 다 기여하기 때문이다.

복지 정책의 낭비를 제거하여 효율성을 높이면 최소의 비용으로 소득재분배를 확대하므로 생산 감소를 최소화하면서 소비를 확대할 수 있다.

2) 국내 자본 수요의 최소화

(1) 재정 흑자(국채매입)를 통한 자금 공급

자본소득이 줄어들고 노동소득이 증가하면 소득 분배가 확대되고 개인 소비가 증가한다. 자본소득이 감소하면 저축이 감소한다. 개인 소비가 증가하여 기업의 투자자금 수요는 더 증가하는 데에 비하여 저축의 감소로 투자자금에 대한 공급이 감소하여 자금에 대한 수요공급의 차이가 확대되는 현상이 발생한다.

투자자금의 공급 부족은 이자율을 상승시키고 해외로부터의 자금 유입을 확대하게 한다.

국가의 재정을 흑자로 돌리면 정부 소비가 감소하면서 그 감소만큼 소비를 줄여 투자수요를 감소시킨다.

국가가 재정 흑자자금으로 국채를 매입하면, 원화국채인 경우에는 국내에 그만큼 자금을 더 공급하게 되므로 투자자금의 공급 부족을 감소시킬 수 있다.

외화(해외)국채인 경우에는 해외로 외화를 상환함으로써 해외자금의 유입으로 인한 환율 하락을 상당 부분 상쇄시킬 수 있다.

소득 분배 확대를 통한 성장 전략을 사용함에 있어서 재정 흑자는 무역 흑자의 만성화를 완화시키면서 국민경제의 구조를 건전하게 하는 데에 아주 중요한 역할을 한다.

(2) 최고이자율 인하(소비자금융억제)

최고이자율을 아무리 높여도 한계상황에 처한 사람은 최고이자율 대출을 이용하게 되어 있다. 최고이자율을 높여도 한계상황에 처한 사람이 계속 생긴다면, 최고이자율을 높이는 것은 국민의 편익은 확대하지 못하면서도 고리채로 국민들의 가처분 소득을 빼앗고, 고통만 확대한다.

최고이자율을 낮추면 금융산업(자본)의 소득이 대폭 줄어들게 된다.

최고이자율을 낮추는 정책이 실효성을 확보하기 위해서는 최고이자율 이상의 대출(대부)에 대해서는 계약 자체를 무효화하고 채무자에게 채무상환의무 자체를 면제할 수 있도록 입법화해야 하고, 불법행위에 의한 이익의 몰수, 징벌적 벌과금 부과 및 신고자에 대한 일정 비율의 보상 정책이 필요하다.

최고이자율을 낮추면 대부업, 캐피탈(Capital), 팩터링(Factoring)과 같은 소비자대출의 이자율이 낮아지므로 대출기준을 높일 수밖에 없다.

대출기준이 높아지면 대출은 감소하게 된다. 소비자대출이 감소하면 그만큼의 자금은 산업대출자금으로 이동할 수밖에 없다.

더하여 자금 수요가 감소하므로 은행의 해외자금차입도 감소한다.

3) 해외자본의 유입 최소화

(1) 해외자금 유입원인 제거(선물환 대책)

조선산업과 같이 연불수출의 경우에는 계약 시점의 환율과 선박인도 시점의 환율 차이로 인하여 상당한 위험부담이 있다.

선물환 해지는 수출회사가 수출계약과 동시에 미래에 수취할 외화를 미래의 선박인도 시점에 현재의 환율로 외화와 원화를 교환하기로 은행과 계약하고 일정한 수수료를 지불하는 것이다.

은행은 해지 계약과 동시에 외국은행으로부터 현재의 환율로 외화를 차입하고 그 외화(자금)를 환전하여 국내의 기업에 대출해주고, 미래의 선박인도 시점에 차입금은 조선회사로부터 인수하는 외화로 상환하고, 조선회사에 지급할 원화는 대출금을 회수하여 지급한다.

이 과정에서 조선회사는 환율변동에 따른 위험부담을 없앨 수 있고, 은행은 아무런 위험부담 없이 선물환 해지 수수료와 차입과 대출의 이자의 차이라는 이익을 실현할 수 있다.

반면에 국민경제는 수출이 실현되지 않은 상태에서 외환이 유입됨으로써 환율이 하락하여 가격경쟁력이 낮아지는 부정적인 효과가 발생한다.

현재 우리나라의 선물환 해지 잔액은 1,000억$를 상회하고 있다.

국가의 재정으로 환율변동에 따른 이익과 손해를 국가가 부담한다면 기업이 선물환의 위험을 은행에 해지하지 않을 것이고, 1,000억$ 이상의 외환 유입도 없을 것이다.

무역보험공사가 수출 선물환 해지 업무에 참여하고, 선물환 해지에 따른 이익과 손실을 국고에서 부담한다면 해지 수수료를 아주 낮게 유지하거나 수수료 없이 해지할 수 있을 것이므로 은행들의 선물환 해지에 따른 외환의 유입을 최소화할 수 있을 것이라고 본다.

환율이 하락할 경우에는 환차손이 발생하고, 환율이 상승할 경우에는 환차익이 발생한다. 국민경제가 장기적으로 국제경쟁력을 가지게 되면 환율이 하락할 것이고, 국민경제가 장기적으로 국제경쟁력이 약화되면 환율이 상승할 것이다.

현재와 같은 경제 시스템에서는 환차익이나 손실이 크게 발생하지 않을 것이다.

하지만 달러의 기축통화 기능이 약화되거나 상실되면 각국의 환율변동이 극심해질 것이므로 선물환의 환차손이나 이익 또한 변동성이 크게 확대될 것이라고 본다.

환율변동에 따른 무역의 환율변동 해지보험이 많이 증가할 것이고, 해지보험의 확대는 무역비용을 증가시킬 것이다.

무역보험공사의 업무 범위 확대와 환차손의 국가귀속을 통하여 수출비용을 감소시킬 필요가 있다.

(2) 해외자금 유입규제 확대(토빈세 등)

해외로부터 유입되는 자금에 대한 규제를 확대함으로써 해외자금의 유입을 최대한 억제할 수 있다.

(3) 경제자유구역의 폐지, 외국인의 부동산 구매 등 투자이민제도 폐지

경제자유구역이란 국내 다른 지역보다 자본이나 경제 활동에 대한 여러 규제를 없애고 조세를 감면해줌으로써 해외자금의 유입을 촉진하여 생산을 확대하고자 하는 지역이다.

경제자유구역의 인프라 구축과 국가의 조세 감면, 부담금 감면 등 지원, 규제의 해제는 경제자유구역의 가격경쟁력을 높여 생산과 수출을 증가시킨다.

경제자유구역의 수출이 증가하면 무역 흑자가 발생하여 환율이 하락하면서 무역이 균형을 이룬다. 약간의 무역 흑자와 환율이 종전보다 약간 하락한 상태에서 무역이 균형을 이룬다.

반면에 경제자유구역 외의 지역은 가격경쟁력의 변동이 없다. 정확하게 표현하면 경제자유구역에 대한 투자 확대에 따라 투자가 감소하므로 가격경쟁력이 약해진다.

가격경쟁력의 변동이 없는 상태에서 환율이 하락했으므로 경제자유구역 외의 지역은 전보다 가격경쟁력이 약화되어 생산(수출)이 감소하고 수입이 증가한다.

또한 경제자유구역으로 유입되는 해외자금으로 인한 환율의 하락은 경제자유구역의 생산이 개시되기도 전에 다른 지역의 가격경쟁력을 약화시켜 생산과 수출을 감소시키고 수입을 증대시킨다.

경제자유구역의 생산 증가가 국민경제 전체의 생산 증가로는 이어지지 않는다. 경제자유구역을 폐지함으로써 해외자본의 유입을 억제할 수 있다.

(4) 외환매입과 해외 투자 확대

외평기금으로 외환을 매입하여 단기적으로 환율 하락을 막을 수 있다.

소득 분배 확대 정책을 사용하면 자본의 이익이 감소하기 때문에 해외 투자 확대형식으로 단기적으로 자본이 해외로 많이 빠져나간다. 하지만 장기적으로는 기업 투자 확대 정책보다 더 많이 빠져나간다고는 볼 수는 없다.

이유는 기업 투자 확대 정책을 사용하면 국내 소비(수요)가 감소하여 해외 투자가 확대되고, 소득 분배 확대 정책을 사용하면 국내 소비가 증가하여 자본 투자요인이 되지만 기업(자본)이윤이 감소하여 해외 투자가 확대되기 때문이다.

 가계소득주도 성장 정책의
04 문제점과 대책

1) 투자의 부족과 추가 투자 문제

소비능력 확대를 통한 성장 전략은 소비능력을 확대함으로써 기업의 투자를 유도하여 소비능력만큼 생산과 생산능력을 끌어올리겠다는 전략이다. 기업의 입장에서는 가장 효율적인 투자인 것만은 확실하지만, 국민경제에서는 최적의 투자라고는 말할 수 없다.

이유는 기업의 생산에는 기업이 지불하는 비용(투자) 외에 사회적 비용도 많이 들어있기 때문이다. 국민경제적 입장에서는 기업의 투자 외에 별도의 투자가 더 필요하다.

기업 투자 확대를 통한 성장 전략을 사용하는 경우에도 같은 문제는 더 많이 발생한다.

생산의 사회적 비용에 대해 투자를 하기 위해서는 막대한 자금이 필요하다. 소비 확대를 위한 성장 전략의 완성도가 높고, 정책들이 효율적이면 효율적일수록 국가의 자원을 최소로 투입하면서 소비능력 확대라는 목표를 달성할 수 있을 것이고, 경제가 성장할 수 있고, 국민들의 삶도 한결 나아질 것이다.

추가 투자를 위한 재원확보는 소비능력 확대 정책들의 효율성에 달려있다고 할 수 있다. 소비능력 확대 정책이 효율적이면 효율적일수록 추가 투자가 필요한 규모는 더 커질 수 있고, 적은 자원 투자로 더 많은 소비를 확대할 수 있으면 추가로 투자할 자원도 더 많이 확보할 수 있다.

추가 투자를 통하여 생산능력을 확대하고, 소비를 확대하여 경제를 추가로 더 성장시킬 수 있다.

추가 투자의 대상이 사회적 비용임을 생각하면 추가 투자의 주체는 자치단체를 포함한 중앙정부라야 한다.

추가 투자대상은 과학기술, 미래선도 산업분야, 취약분야, SOC, 기타 공공행정이라고 할 수 있다.

추가 투자도 과잉 투자를 방지하고, 투자계획의 완성도를 높여 초과이익을 보는 집단이나 개인이 생기지 않도록 하여야 한다. 투자가 국민경제의 소비능력 확대에 최대한 기여할 수 있도록 하여야 한다.

2) 산업의 해외이전 문제

가계소득주도 성장 정책을 사용하면 기업의 생산대비이윤율(영업이익)

이 하락하므로 기업은 산업을 해외로 이전하고자 할 것이다.

현재 기업 투자 확대를 통한 성장 전략에서도 내수가 축소되어 재벌 대기업은 중소기업의 영역을 침해하거나 산업을 해외로 이전하고 있다. 재벌 대기업의 해외 투자 확대, 기업의 이전은 이제 대세가 되었다. 해외시장개척이라는 명분을 걸면 막을 수 없다.

국민의 희생을 바탕으로 형성된 재벌 대기업이 기업이윤율 하락이라는 이유로 해외로 이전하는 데 동의할 수 있느냐 하는 문제가 발생한다. 국민적인 동의가 필요한 부분이다. 현재와 같이 기업 투자 확대를 통한 성장 전략을 사용하면 국민의 희생은 계속되고, 재벌기업의 해외 이전도 계속될 것이다.

국민의 추가희생을 막기 위해서라도 소비 확대를 통한 성장 전략으로 경제 전략을 변경해야 한다.

가계소득주도 성장 정책을 사용하면 내수가 증가한다. 기업의 입장에서 보면 생산 대비 영업이익비율은 낮아지지만, 매출이 증가하여 전체영업이익은 별로 낮아지지 않는다. 우리나라 재벌 대기업이 본사를 해외로 이전하면 현재와 같은 기업문화로는 해외에서 성공할 가능성은 거의 없다. 이런 점을 생각하면 재벌 대기업의 해외이전이나 산업의 해외이전은 크게 염려할 필요가 없다고 본다.

하지만 가계소득주도 성장 정책으로 경제 전략을 변경할 때 일시적으로 기업의 해외이전을 제한할 필요는 있다고 본다.

3) 자본의 해외유출 문제

노동소득 분배율이 증가하면 자본의 이익률은 하락한다. 자본의 이익률이 하락하면 자본은 이익이 높은 해외로 탈출(해외 투자 확대와 해외 자본의 귀환)하게 된다.

경제 전략의 변경으로 국내 소비가 확대되고, 자본의 해외 탈출로 환율이 상승하면 국내 투자수요가 확대되어 적정한 지점에서 자본이윤율이 결정될 것으로 생각되므로 자본의 해외유출 문제는 장기적으로는 크게 걱정할 문제는 아니라고 본다. 단 일시적인 쏠림 현상은 발생할 것이고, 단기적인 대책은 필요하다고 본다.

4) 조세회피 문제

가계소득주도 성장 정책을 사용하면 자본이익에 대한 세율이 높아지고, 고소득에 대한 소득세의 누진율이 높아진다.

기업은 이익을 해외 지점이나 해외 본점으로 이전시켜 조세를 회피하고자 할 것이다. 자유업종사 고소득자의 경우 조세회피를 위한 외국 법인 소속으로의 변경 등을 통해서 소득세를 줄이려고 할 것이라고 본다.

세법을 정비하고, 조사능력을 확대하고, 탈세나 조세회피에 대한 가중처벌을 제도화하고, 조세회피처 기업에 대한 조세회피 상계제도를 도입하고, 국제공조를 확대하여야 한다.

외국 법인의 용역공급에 의한 소득일지라도 국내에서 발생한 소득의 경우 또는 최소한 내국인을 통한 국내용역공급일 경우에는 누진된 법인세를 부과하거나 내국 소득세를 부과할 수 있도록 법령을 정비하고, 국제적인 동의를 얻도록 해야 할 것이라고 본다.

무엇보다 중요한 것은 정보의 공유화를 확대하여 국세청 직원만이 아닌 전 국민이 탈세의 감시자가 되도록 해야 한다.

5) 산업의 공동화 문제

최저임금 인상을 인상하면 저임 서비스 산업과 경쟁 관계에 있는 중소기업의 임금이 상승하게 된다. 중소기업의 임금이 상승하면 가격경쟁력이 하락하게 되고, 납품가를 인상하게 된다.

대기업은 납품가를 인상해주거나 납품처를 해외로 변경하거나 해야 한다. 일부의 납품가는 인상될 것이고, 일부의 납품처는 해외로 이전될 것이라고 본다.

해외로 납품처가 변경되는 부문에 있어서는 산업의 공동화 현상이 생긴다고 보지만, 이것 역시 산업구조조정의 하나에 불과하다고 본다. 단지 그 과정에서 국민경제의 마찰비용을 어떤 방식으로 흡수하느냐의 문제고, 최소화하느냐의 문제가 있다.

중소기업 정책과도 상당히 관련이 있는 문제고, 대응책 또한 깊이 있게 연구할 필요가 있다. 가계소득주도 성장 정책으로 산업구조가 노동친화적인 구조로 재편되면 산업 공동화에 따른 문제도 상당히 완화될 것이라고 본다.

제5장

장기성장 전략

01 단기성장과 장기성장

1) 단기성장과 장기성장

장기란 5년 이상을 의미하고, 단기란 2년 이내를 의미한다.

단기성장은 국민경제의 단기적인 자원 배분 조정을 통하여 이루어지는 국민소득의 증가를 의미한다.

장기성장은 산업의 가격경쟁력이 높아짐으로써 수출이 증가하고, 수출이 증가하면 무역 흑자가 발생하고, 무역 흑자가 발생하면 환율이 하락하고, 환율이 하락한 상태가 지속됨으로써 국내소득의 구매력이 증가하여 실질적으로 소득이 증가하는 것을 의미한다.

국민경제에 있어서 단기성장이 없이는 장기성장이 불가능하고, 장기성장이 없는 단기성장만으로는 성장이 지속될 수 없다.

국민경제가 성장하기 위해서는 양적 성장인 단기성장이 필요함과 동시에 질적 성장인 장기성장도 필요로 한다.

진보는 소득 분배를 확대하여 개인 소비를 확대함으로써 경제를 성장시키는 것이므로 대체로 단기성장을 중시한다고 생각한다. 반면에 보수는 기업의 투자 확대를 통하여 생산(공급)능력을 증가시킴으로써 경제를 성장시키는 것이므로 장기성장을 중시한다고들 생각한다.

소득 분배를 확대하고자 하는 진보의 경제 정책으로는 단기성장은 가능하나 성장잠재력을 훼손하여 또는 다 소비하여 장기적으로는 성장할 수 없다고들 폄훼한다.

장기란 단기가 몇 개가 모인 것이다. 단기성장이 없으면 장기성장도 없다.

진보의 경제 정책인 소득 분배의 확대는 장기성장의 충분조건은 아닐 수 있지만, 장기성장의 필요조건은 된다.

2) 보수의 경제 정책과 진보의 경제 정책

보수의 경제 정책인 기업 투자 확대를 통한 성장 정책은 국민경제의 생산(공급) 능력은 증가시키지만 개인 소비의 감소로 인해서 실제의 생산(국민소득)은 더 감소한다.

개인 소비 감소의 대책으로 부채 확대(기업 재고 증가, 재정 적자 확대, 가계부채 확대) 정책을 사용해서 단기성장(국민소득 증가)을 상당 기간(10년~20년) 동안 가능하게 한다.

하지만 기업재고 증가의 최후는 파산과 대량실업으로 귀결되어 산업과 기술을 파괴하고, 국가부채 확대의 최후는 국가 부도이고, 가계부채 확대의 최후는 자산 가격의 폭락(버블 붕괴)이고, 공황이고, 금융 시스템의 붕괴이고, 산업 시스템의 붕괴이고, 파시즘의 부활이고, 전쟁이다.

보수의 경제 정책인 기업 투자 확대 정책으로는 장기성장 자체가 불가능하다.

진보의 경제 정책인 소득 분배를 확대하면서도 과학과 SOC에 대한 적절한 투자, 비용의 최소화와 합리적인 배분, 다양성을 보장하는 사회, 사회안전망을 완비하여 모험과 실패를 두려워하지 않는 사회를 만들어서 국제경쟁력을 유지할 수 있다면 장기성장을 가능하게 할 수 있다.

3) 장기성장과 가격경쟁력

장기성장이 가능하기 위해서는 단기뿐만 아니라 장기적으로도 가격경쟁력이 있어야 한다.

　장기적으로 가격경쟁력을 가지기 위해서는 다른 나라보다 더 낮은 가격에 상품을 만들어야 하고, 다른 나라가 만들지 못하는 상품을 만들 수 있어야 한다. 전자는 원가경쟁력으로서 비용을 줄이는 것이고, 후자는 창의력의 문제다.

　원가경쟁력을 가지기 위해서는 다음의 사항들이 필요하다.
　(1) 생산기술(과학·기술)을 발전시켜야 하고, (2) 유형의 인프라(SOC)에 대한 투자가 확대되어야 하고, (3) 무형의 인프라를 구축해야 하고, (4) 국민경제의 비용이 합리적으로 배분되어야 하고 (5) 생산의 간접비용이 최소화되어야 한다.

　창의력을 높이기 위해서는 다음의 사항들이 필요하다.
　(1) 다양성이 보장되는 사회가 되어야 하고, (2) 경제민주화가 확대되어 중·소기업이나 프리랜서 등의 창의적인 아이디어나 제품 등의 권리가 보장되어야 하고, (3) 사회안전망을 완비함으로써 모험과 실패를 두려워하지 않는 사회를 만들어야 한다.

02　장기성장 정책

　장기성장을 하기 위해서는 단기적으로 경제가 선순환해야 하고, 장기적으로 국내의 산업이 국제경쟁력을 유지해야 한다.

장기성장은 한 국가의 국제경쟁력이 높아짐으로써 수출이 증가하고, 수출이 증가하면 환율이 하락하고, 환율이 하락하면 국내통화의 구매력이 증가하며, 국내통화의 구매력이 증가하면 국내 전체소득의 구매력이 증가한다. 국내 전체소득의 구매력이 증가한 것만큼 성장했다고 말할 수 있다.

국제경쟁력은 상대적 개념이다. 국내산업의 효율성이 낮아도 경쟁국이나 다른 나라산업의 경제효율이 더 낮으면 국제경쟁력이 유지될 것이고, 국내의 경제효율이 상당히 높아도 다른 나라의 경제효율이 더 높으면 국제경쟁력이 유지되지 못할 것이다.

현재 세계 각국의 경제효율은 대단히 낮다. 유로의 경우는 근본적으로 경쟁력을 유지할 수 없는 시스템이고, 미국은 국내의 불균형이 심해서 스스로 중국과 세계에 대해서 경쟁력을 낮추고 있다.

국제경쟁력을 갖추기 위해서는 우선 경제를 선순환시키는 과정에서 경제의 효율이 낮아지지 않도록 최대한 효율적으로 소득 분배를 확대해야 한다.

그다음에는 국내산업의 효율을 위해서 직·간접비용을 최대한 낮출 수 있는 경제 시스템을 구축해야 한다.

산업의 직접비용을 낮추는 문제는 시스템의 문제도 있지만, 기업자체의 문제일 뿐만 아니라 과학기술의 발전을 통하여 원가를 절감하거나 새로운 제품을 개발함으로써 가능하다.

간접비용의 최소화는 금융비용 축소, 보험비용축소, 정부비용 및 정책이나 사회 시스템과 관련된 비용의 축소를 통해서 달성할 수 있다.

국내산업의 효율을 위해서는 사회적 비용과 사적비용을 일치시키고, 초과이윤이 발생하고 있는 부문의 초과이윤을 제거함으로써 국민경제 전체적으로 비용의 최소화를 이룰 수 있다.

그다음은 사회의 다양성을 보장해서 국민들이 창의적인 생각을 할 수 있도록 하고, 국민들의 창의적인 생각이 산업에 잘 반영되도록 시스템을 갖추어야 한다.

마지막으로는 과학기술에 대한 투자를 확대하되 경제의 선순환에 도움이 되도록 투자를 해야 한다.

 장기성장 정책의 방향

1) 국가의 자원 배분 문제

⑴ 국가의 자원 배분과 적정 투자율

한 국가의 장기성장은 산업의 국제경쟁력에 달려 있다.

산업의 국제경쟁력은 국민경제의 투자에 달려있다. 국민경제에서 투자의 주체는 제일 먼저 기업(개인의 생산을 위한 투자 포함)이라 말할 수 있고, 두 번째가 정부다.

국가가 자원을 기업(생산)에 우선적으로 배분하면, 기업의 투자가 확대되어 국민경제의 생산능력은 높아지는 반면에 그만큼 개인 소비로 배분되는 자원이 줄어들어 국민경제의 소비능력은 축소된다. 국민경제의 소비능력이 축소되는 부분에 더하여 생산능력이 확대된 만큼 재고가 발생하거나 생산이 축소된다.

국가의 자원을 기업에 우선적으로 배분하면, 한 기업의 투자 확대는 성공적인 투자라고 말할 수 있지만, 국민경제에서는 재고 발생 등으로 생산이 축소(한계 기업 설비 퇴출)된 만큼 실패한 투자라고 말할 수 있다.

국민경제의 입장에서 보면 투자를 확대하기 위하여 기업에 국가의 자원을 더 배분하는 것은 국민경제의 투자를 확대하기보다는 오히려 투자를 축소하는 결과를 만든다.

국가의 자원을 개인의 소비에 더 많이 배분하면, 국민경제의 소비능력이 확대된다. 국민경제의 소비능력이 확대되면 기업(개인사업자 포함)은 수익을 얻기 위하여 생산능력을 높이기 위한 투자를 확대하게 된다. 국민경제의 입장에서 보면 가장 효율적인 투자라고 할 수 있다. 단 소비의 확대가 무역 적자의 만성화로 이어지지 않아야 한다.

국민경제의 장·단기 성장은 가장 적은 자원의 배분으로 국민경제의 소비능력을 효율적으로 확대할 수 있는지에 달려있다고 볼 수 있다. 이유는 적은 자원의 배분으로 소비능력을 확대할 수 있다면 남는 자원으로 투자와 소비를 더 많이 확대할 수 있기 때문이다.

국민경제의 장·단기 성장은 생산능력의 축소를 최소화하면서 소비능력의 확대를 최대화할 수 있느냐에 달려있다고 하겠다.

(2) 투자의 최대화

장기성장은 과학기술의 발달에 달려있고, 과학기술의 발달은 국가의 자원(인력과 자본) 투자에 달려있다.

장기성장 전략은 과학기술의 발전을 위한 국가의 자원 투자를 기업 위주로 할 것인지, 정부 투자 위주로 할 것인지, 아니면 국민 개개인의 투자 위주로 할 것인지를 선택하는 것이다.

기업 위주나 정부 위주의 투자보다 국민 개개인 위주의 투자가 가장 효율적이다.

이유는 기업 위주의 투자는 기업에 초과이윤을 발생시켜서 효율성을 해치고, 국가 위주의 투자도 특정 부문이나 개인에게 초과이윤을 주어 효율성을 해치는 점이 많기 때문이다. 더하여 개개인의 창의적인 사고의 투자는 한계가 없기 때문이다.

장기성장 전략은 과학기술의 발전을 위한 국가의 자원 투자를 국민 개개인의 투자 확대를 촉진하는 방향으로 국가의 자원이 배분되도록 하되, 국가의 자원 투자, 기업의 자원 투자로 보완하도록 하는 것이 가장 좋은 전략의 선택이라고 본다.

국민 개개인 위주의 자원 투자를 유도하기 위해서는 공정한 경제·사회 시스템, 모험기업 창업이 확대되는 경제·사회 시스템, 재벌이 기업을 경영하기 좋은 경제 시스템보다, 중소기업이 기업을 경영하기 좋은 경제 시스템, 중소기업가가 기업을 경영하기 좋은 경제 시스템보다 새로운 기업을 창업하기가 좋은 경제 시스템을 구축하여야 한다.

⑶ 소모적인 경쟁의 방지

소모적인 경쟁이란 경쟁에 투입되는 국가의 자원이 아주 많은 데에 비하여 경쟁으로써 얻을 국가의 이익은 아주 적은 경쟁을 말한다. 국가의 막대한 자원을 국가 발전이나 국민의 후생과 상관없는 곳에 투입하면서 국가가 국제경쟁력을 갖춘다는 것은 사실상 불가능하다.

국가가 장기성장을 위해서는 국제경쟁력을 갖추어야 하고, 국제경쟁력을 갖추기 위해서는 소모적인 경쟁을 최소화하여 국가의 자원낭비를 막아야 한다.

국민 개개인이 소모적인 경쟁에 참여하게 되는 이유는 첫째로 경쟁에 참여하는 비용보다 경쟁에 승리함으로써 얻는 이익이 훨씬 많기 때문이다. 둘째는 경쟁에 참여하지 않음으로써 잃는 게 너무 많기 때문이다.

소모적인 경쟁의 유형으로는 첫째로 대학입시경쟁을 들 수 있고, 둘째로는 사법고시와 같은 고시, 요즈음은 공무원시험도 포함할 수 있다. 세 번째로는 삼성을 비롯한 재벌기업의 입사시험, 금융기관·공기업의 입사시험을 들 수 있다.

입시경쟁으로 비롯된 사교육비는 대부분 국가 발전에 기여하지 못하고 낭비되는 비용이다.

사교육비지출이 국민소득으로 잡히고 있다고 하더라도 입시를 위한 사교육이 국가의 경쟁력 향상에 기여한다고는 볼 수 없다. 입시성적이 높다고 해서 경쟁력 있는 학생이라고는 볼 수 없기 때문이고, 사교육으로 입시성적이 높아졌다고 해서 학생이 국가 발전에 더 기여할 수 있는 학생이 되었다고도 말할 수 없기 때문이다.

이것은 사법고시, 공무원시험 또한 마찬가지다. 특히 몇 년씩 고시를 준비하고, 공무원시험을 준비하는 개인의 노력은 국민경제적 입장에서 보면 국가자원의 대단한 낭비다.

소모적인 경쟁을 최소화하기 위해서는 경쟁으로써 얻을 수 있는 이익은 대폭 줄이고, 경쟁에 참여하지 않더라도 잃는 게 없도록, 최소화하도록 하면, 소모적인 경쟁은 최소화할 것이라고 본다.

대학입시경쟁을 최소화하기 위해서는 첫째로 소비능력 확대 전략(가계소득주도 성장)으로 사회의 임금(소득) 격차를 최소화하면 일류 대학에 들어가야 한다는 욕구가 많이 줄어들 것이므로 입시경쟁은 약해질 것이다.

대학을 나오지 않는다고 하더라도 대학출신자와 대학출신이 아닌 자 사이에 임금이나 진급에 차이를 없애면 대학진학 자체가 줄어들 것이므로 입시경쟁은 약해질 것이다.

대학의 학생선발권을 대폭 회수하면 대학이 입시경쟁을 부추기는 행위를 하지 못할 것이다. 그 방법은 대학 주요학과 입시를 수능과 내신으로만 선발하되, 수능과 내신등급을 5등급 이하로 줄이고, 1등급의 비율을 15% 이상 강제로 상대 배분하면, 서울대학교를 비롯한 일류대학의 학생선발권이 거의 무력화된다.

내신등급의 상대 배분, 수능 1등급의 15% 이상 확대는 특목고에 들어가야 할 이익 자체를 없애기 때문에 특목고 입시경쟁까지 최소화하고, 특목고를 입시학원에서 특목고 설립 본연의 목적으로 돌아가게 할 것이다.

특목고가 본연의 목적을 달성할 수 없다고 판단되면 특목고 자체가 사라질 것이라고 본다.

공무원 시험경쟁은 사회 일반의 일자리가 많아지고, 정규직 비정규직의 차별이 없어지면 경쟁이 약해질 것이고, 금융기관·공기업의 입사 역시 금융기관과 공기업의 임금을 일반 기업 수준으로 하향 조정하면 입사경쟁과 부정은 낮아질 것이다.

사법고시와 같은 고시, 회계사와 같은 전문자격시험은 꼭 필요한 지식의 범위로 한정해서 선발기준을 낮추어서 선발인원을 확대하고, 변호사와 같은 전문가들의 업무 범위(기득권)를 대폭 축소하고, 소득세율의 누진 정도를 대폭 높이고, 국가의 법률체계를 단순화하면 전문가들의 소득이 대폭 낮아질 수 있다.

전문가들의 선발인원이 많아지고, 소득이 낮아지면 전문자격시험의 경쟁은 최소화할 것이다. 판·검사의 선발 방식을 변경하는 것도 고려해 볼 필요가 있다.

2) 정책의 효율성

⑴ 경제 환경의 적합성

각 나라가 처한 경제 환경은 각기 다르다. 경제 환경이 다르면 경제 정책도 달라져야 한다. 한 나라에는 긍정적인 효과를 가져오는 경제 정책도 환경이 다른 나라에 적용하면 긍정적인 효과보다 부정적인 효과가 더 많이 발생할 수도 있다. 다른 나라에서 성공한 정책일지라도 우리나라에서 성공한다는 보장은 없다.

⑵ 정책의 방향성(정책의 간섭·충돌방지)

하나의 정책은 다른 정책에 영향을 미친다. 정책의 방향이 같으면 서로 긍정적인 영향을 미치고, 정책의 방향이 다르면 서로 부정적인 영향이 미친다. 이를 정책의 간섭충돌 효과라고 한다.

정책 방향을 먼저 결정한 후에 정책들의 방향을 일치시켜 정책을 결정함으로써 정책의 간섭 효과를 최소화할 수 있다.

단기성장이 없으면 장기성장 역시 불가능하다고 했다. 그러므로 장기성장 정책은 단기성장 정책의 효과를 감소시키는 정책은 최대한 피해야 한다. 어쩔 수 없이 단기성장 정책의 효과를 감소시키는 정책을 선택한다고 해도 그 피해는 최소한에 그치도록 해야 하고, 적어도 단기성장이 양해할 수 있는 한정된 범위를 넘지 않아야 한다.

(3) 국민경제의 안전성

국제경제 환경은 항상 변화하고, 언제든지 급격한 변화가 일어날 수 있다. 국제경제 환경의 급격한 변화에 대응할 수 있도록, 피해를 최소화할 수 있도록 국민경제를 운영해야 한다.

장기 성장 정책 또한 국민경제의 안전을 최상위에 두고 선택되어야 한다.

우리나라에 있어서 국민경제의 안전에 위협이 되는 큰 요소는 에너지, 식량, 제철이나 화학과 같은 기반이 되는 산업이 있다. 그러므로 에너지 정책, 식량 정책, 기반산업(대체가 불가능한 산업) 정책은 장·단기 경제 성장 정책 중에서 가장 먼저 고려할 최상위의 정책목표라고 할 수 있다.

(4) 정책의 효율과 낭비 요소 배제

조세 정책이든 규제 정책이든 지출 정책이든 정부의 모든 경제 정책은 한 부문에 있는 국가의 자원을 빼앗아서 다른 부문 또는 특정 부문으로 옮겨주거나 옮겨지도록 하는 행위다. 그러므로 항상 경제 정책에는 수혜자가 있는 반면에 피해자 또한 있게 마련이다.

경제 정책이 한 부문의 경제적 자원을 빼앗아서 특정 부문에 주는 것이므로 경제 정책으로 인해서 국민경제 전체의 이익이 증가해야 하고, 이익의 증가가 최대화되어야 한다.

만약 국민경제 전체의 이익이 증가하지 않거나 자원의 낭비가 있다면 피해를 본 부문이나 국민들이 피해를 주는 국가의 경제 정책을 수용할 수 없을 것이다.

자원의 낭비는 초과이윤이 발생하는 곳에서 발생한다. 한 부문의 생산성이 다른 부문의 생산성보다 크게 높으면 그 부문에서 초과이윤이 발생하고 있다고 보아야 한다.

생산성이 높은 원인이 사적비용의 사회적 비용으로의 전환 때문인지, 일감 몰아주기 때문인지, 약자에 대한 착취 때문인지, 수신금융을 사유화함으로써 발생하는 것인지, 조세나 예산지원과 같은 정부의 지원 정책 때문인지 등을 확인해볼 필요가 있다.

초과이윤이 발생하는 원인을 제거해줌으로서 국가의 자원낭비를 최소화할 수 있다.

부정부패도 초과이윤이 발생하는 형태 중에 하나다. 부정부패의 직접적인 효과는 국가자원의 누수이지만 그 영향은 누수되는 자원보다 훨씬 더 많이 국민경제에 나쁜 영향을 준다.

과잉중복 투자도 초과이윤을 발생하게 한다. 한 부문에 대하여 국가 자원을 과잉 투자하면 그 부문 또는 관련된 부문에서 초과이윤이 발생하여 자원을 낭비하게 된다. 중복 투자는 글자 그대로 중복된 투자액만큼 자원의 낭비가 있다.

장기 성장 정책 또한 수혜자에게 초과이익을 주는 정책은 피해야 하고, 부정부패가 발생하게 하는 정책도 피해야 하고, 중복 투자도 피해야 한다.

3) 사회적 비용의 축소와 사회간접자본 확대

어떤 재화를 생산하는 경우 생산자를 포함한 사회 전체가 부담하는 비용을 사회적 비용(=사회 전체의 부담-사회 전체의 이익)이라고 한다. 기업의 생산 활동에서 생산자가 부담하는 비용을 사적비용이라고 한다.

사적비용이 사회적 비용보다 크면 외부경제가 있다고 하고, 사회적 비용이 사적비용보다 크면 외부불경제가 있다고 표현한다.

국가의 자원이 합리적으로 배분될 때 국민소득이 최대화된다. 자원이 합리적으로 배분되기 위해서는 사회적 비용과 사적비용의 격차가 최소화되어야 한다.

이번 경주지진과 관련하여 사적비용과 사회적 비용을 검토해보자. 경주나 부산, 울산 부근의 사람들이 지진에 대해서 걱정을 하며 자신들의 행동(경제행위)을 변화시키고 있다. 행동의 변화는 결국 본인들의 부담을 증가시키게 된다. 이것은 사회적 비용의 증가다.

만약 원전건설비용과 재처리비용과 피해를 진도 8을 기준으로 규제한다면 사적비용이 지금보다 얼마나 증가할까? 만약 진도 9를 기준으로 규제한다면 아예 원전건설은 불가능할 것이다.

사적비용과 사회적 비용은 정부가 어떤 기준으로 규제를 해야 하느냐와 상관관계가 있다. 원전의 비용이 다른 발전소에 비해서 별로 경제적이지 않다는 것, 원전건설이 국민의 생명을 담보하여 건설되고 있다는 것을 반증한다.

국민의 후생이 최대화되면서 산업이 장기적으로 국제경쟁력을 가지기 위해서는 사회적 비용을 최소화해야 한다.

외부불경제를 최대한 생산자에게 부담시켜서 외부불경제를 억제하고, 외부경제에 대한 이익을 최대한 생산자에게 돌아가도록 하여 생산을 확대하며, 경제 시스템을 효율적으로 만들어 사회적 비용의 확대를 최소화하여야 한다.

규제의 해제는 기업인, 특히 경제력이 막강한 대기업의 사적비용을 감소시킨다. 반면에 여러 부작용으로 인해서 사회적 비용을 증가시킨다. 규제의 확대는 사회적 비용은 감소시키지만, 사적비용을 증가시킨다. 규제가 엄혹해지면 사적비용이 확대되어 사회 전체의 사회적 비용까지 확대하여 국제경쟁력을 하락시키기도 한다.

규제 개혁은 규제를 축소시키되 규제의 원 목적은 달성할 수 있도록 축소시켜야 한다.

국가가 조세나 공적 부담으로 조성된 자금으로 인프라에 대한 투자를 확대함으로써 사적비용과 사회적 비용을 낮출 수 있다.

생산 활동을 효율적으로 할 수 있게 하거나 현재보다 더 다양한 생산 활동을 할 수 있게 하기 위한 사회적 서비스를 산업의 인프라라고 하고, 많은 자본이 투입된 인프라를 사회간접자본이라고 한다. 특히 도로·항만·전기·통신과 같은 시설을 유형의 인프라라고 하고, 행정서비스나 협회와 같은 산업 시스템을 무형의 인프라라고 한다.

인프라에 대한 투자를 확대하면 사적비용을 절감시킨다. 산업의 생산비용이 절감되거나 새로운 제품을 생산할 수 있게 되므로 산업의 국제경쟁력이 상승한다.

무형의 인프라를 구축하는 것은 쉬우면서도 한편으로는 대단히 어렵다. 그 이유는 경제환경의 변화에 따라 산업의 규모, 기술 등 산업은 변화하고, 산업이 변화함에 따라 요구되는 무형의 인프라 역시 변화하고, 한 부문의 발전에 효과적인 인프라가 다른 부문의 발전을 저해하기도 하고, 과거의 발전에 크게 기여한 인프라가 현재의 발전에 저해가 되기도 하고, 현재의 발전에 크게 기여할 인프라가 미래의 발전에 큰 방해가 될 수도 있기 때문이다.

무형의 인프라는 경제의 균형 발전에 중심을 두고, 개인의 창의성을 존중하는 측면에서 단기성장을 저해하지 않도록 하며, 각 부문, 각 인프라 간의 조화를 이루도록 적절해야 한다. 특히 한 부문이 전체의 이익을 침해하는 일이 없도록 해야 한다.

유형의 인프라를 확대하기 위해서는 막대한 투자자금이 필요하다. 국가 예산이 한계가 있고, 현재는 생산보다 국민경제의 소비능력을 확대해야 한다는 것을 생각하면 유형의 인프라(사회간접자본)에 대한 투자는 적정수준을 유지하여야 하고, 그 투자도 효율적이어야 한다.

특히 사회간접자본에 대한 투자는 자본으로의 소득 배분을 확대하므로 소득 분배를 악화시켜서 국민경제의 소비를 축소시킨다. 그러므로 국민경제의 소비 확대능력이 효율적이면 효율적일수록 정부의 사회간접자본에 대한 투자를 확대할 여력이 많이 생긴다.

유형의 인프라 투자에서 고려할 첫 번째는 국민경제에서 토건 산업이 차지할 적정비율만큼 투자되도록 유도하여야 한다. 두 번째는 과학기술발전에 기여하는 방향으로 투자되어야 한다. 세 번째는 국토의 균형발전에 기여되도록 투자되어야 한다. 네 번째는 자원의 낭비가 적은 효율적인 투자이어야 한다.

4) 국제경쟁력과 산업의 비용

기업(산업)의 국제경쟁력은 단기적으로는 환율에 달렸고, 장기적으로는 과학기술에 달려있다. 장기적으로 산업의 국제경쟁력을 확보하기 위해서는 과학기술을 발전시켜야 하지만, 산업의 간접비용을 줄여주는 것도 산업의 국제경쟁력을 확보하는 데에 아주 중요하다.

산업의 국제경쟁력을 확보하기 위해서는 소득 분배를 확대하면서 또는 소득 분배를 악화시키지 않으면서 기업(전체산업)의 비용을 줄여주는 방법을 찾아야 한다.

국민경제는 생산이 분배를 거쳐 소비되는 과정을 거치면서 순환된다. 국민소득은 크게 나누면 자본소득과 노동소득으로 구분되지만, 노동소득 중에서도 생산에 직접적으로 기여하지 않고 간접적으로 기여하는 소득이 있고, 자본소득 중 생산의 결과물이 아닌 생산의 비용에 해당하는 소득이 있다. 둘 다 생산의 간접비용에 해당한다.

정부의 조세와 유형의 부담, 규제에 의한 무형의 부담은 생산의 간접비용이다.

조세를 부과하되 소득 분배를 악화하지 않는 방식으로, 소득 분배를 확대하는 방식으로, 생산 감소를 최소화하는 방식으로, 징수비용을 최소화하는 방식으로 부과해야 하고, 유형의 부담 역시 사적비용과 사회적 비용을 일치시키는 방식으로 부담시키고, 규제는 무형의 부담(스트레스)이 가장 적게 발생하도록 부담을 줘야 한다.

금융비용은 생산의 간접비용이면서 금융산업의 수익이고, 자본소득이다. 금융소득은 도박적인 성격과 약탈적인 성격을 가지고 있다.

기업은 유기체고 모든 유기체는 생존과 발전본능에 의해서 움직인다. 금융기업도 끊임없이 발전(소득 증가: 금융비용 증가)하고자 한다. 금융산업이 발전하면 일정한 시점까지는 국민경제의 자본조달비용을 감소시키면서 금융소득을 증가시키지만, 한계에 다다르면 다른 부문(산업계와 가계)의 소득을 도박과 비슷한 방식으로 약탈한다.

금융 부문에 대한 규제(불량금융상품에 대한 규제와 손해배상책임)를 확대하고, 최고이자율을 대폭 내리고, 최고이자율 이상의 대부계약에 대해서는 계약의 무효와 동시에 변제의무를 면제시키고, 국가보험을 확대하면 금융산업의 소득을 대폭 축소시킬 수 있고, 금융비용의 증가도 최소화할 수 있다. 최고이자율을 낮춤으로써 소비자금융이 축소되고 생산자금융이 확대된다.

국가의 자원 배분에 국가권력, 이익단체, 비영리단체, 전문가가 개입할 수 있는 부분을 축소함으로써 국가권력이나 이익단체나 전문가들이 가져가는 비용(소득)을 감소시킬 수 있다.

⑴ 정부 운영비용의 최소화

국가는 국민의 세금으로 운영되며, 세금도 산업의 비용 중 하나다. 산업의 비용을 줄이기 위해서는 국가운영비를 줄여야 한다. 단 국가운영비는 줄이되 행정서비스의 질은 떨어지지 않아야 한다.

공무원 조직이 일정 수준을 넘으면 아무리 공무원 조직을 확대하고, 공무원 수를 늘려도 행정서비스의 질은 높아지지 않는다. 오히려 일정한 범위를 넘어서면 관료제의 병폐에 의해서 행정서비스의 질은 더 나빠진다.

국가운영비를 줄이되 행정서비스의 질을 낮추지 않기 위해서 또는 행정서비스의 질을 높이기 위해서는 행정 시스템을 바꿔야 한다.

경찰을 아무리 투입해도 범인을 잡지 못하고 범인 검거는 대체로 주민들의 신고에 의해서 검거되는 것과 같이 행정의 여러 단계에 국민(주민)이 직접 참여할 수 있는 길을 만들어야 한다. 단 참여하는 길을 만들되 혼란스럽지는 않게 해서 행정의 안정성도 유지할 수 있어야 한다.

정책 결정에 국민이 참여할 수 있는 시스템을 만들고, 행정규제의 실효성을 확보하기 위해서는 공무원이 가진 규제 단속 권한의 상당 부분이 국민에게로 넘어와야 한다.

공무원들의 조사 단속만으로는 탈세나 규제위반행위를 막을 수도 없고, 다 찾아낼 수도 없다. 오직 국민들의 신고, 내부자의 고발, 피해자의 고발에 의해서만이 탈세나 규제위반을 막을 수 있고, 찾아낼 수 있다.

국민들, 내부자, 피해자들이 탈세나 규제위반행위를 적극적으로 신고할 수 있는 시스템을 만들면 공무원 수를 증가시키지도 않으면서 행정서비스의 질은 더 높일 수 있다.

정부가 발생한 문제를 해결하기 위한 정책을 만드는 데 있어서 대증요법적인 정책을 만들지 말고, 문제의 근본을 해결하는 장기 정책을 만들면 정책(법률)이 단순해지고, 정부의 규제도 최소화하여 행정서비스의 질은 높아지면서도 국가운영비는 최소화된다.

국가운영비용도 세금으로 징수되지만, 엄밀히 따지면 안전보장, 치안, 산업인프라, 후생복지 등 행정서비스를 제공하고 세금이라는 제도로 비용을 받는 것이다.

동일한 행정서비스를 제공하면서도 국가운영비를 줄일 수 있다면 국민경제의 경쟁력을 높일 수 있을 것이다.

국가운영비를 줄이는 방법은 올바른 정책결정과 효율적인 예산집행, 국가 시스템의 정비 및 효율화 등을 생각할 수 있다.

공무원의 보수도 국민경제의 비용이다. 공무원 수를 줄일 수 있다면 국민경제의 비용을 줄여 경쟁력을 높일 수 있을 것이다. 단 행정서비스의 질이 낮아져서는 안 될 것이다

행정의 질을 낮추지 않으면서 공무원 수를 줄일 방법으로는 정보의 공유 확대와 공무원이 가지고 있는 감시·단속권의 상당 부분을 국민 전체에게 돌려주면 공무원의 업무를 획기적으로 줄이면서도 행정의 질은 더 높일 수 있을 것이다.

⑵ 금융과 보험 산업의 부가가치 최소화

금융산업의 부가가치는 국민경제의 자본조달비용일 뿐만 아니라 다른 산업의 비용이기도 하다. 금융산업이 낙후되면 자본조달이 용이하지 않지만, 금융산업이 지나치게 발전(생산 증가)하면 산업의 비용이 증가하여 국제경쟁력이 오히려 약화된다.

금융산업은 고용계수가 아주 낮은 장치산업이다. 금융산업이 발달하여 국민경제에서 금융산업이 차지하는 생산비율이 높으면 우리나라의 고용이 감소하고, 소득 분배도 악화된다.

금융산업은 발달시키되 금융산업의 생산은 축소되도록 해야 한다.

보험 산업의 부가가치는 위험회피비용이다. 개인이 위험회피비용에 많은 소득을 사용하면 개인의 가처분 소득이 줄어들어 국민경제의 소

비가 줄어든다. 산업이 위험회피비용에 큰 비용을 사용하면 산업의 가격경쟁력이 약화된다.

국가는 최후의 보험자다. 복지·국민연금·건강보험 등 국가보험을 확대함으로써 보험 산업의 부가가치뿐만 아니라 국민경제 전체의 보험비용을 줄일 수 있다.

또한 보험과 금융이 결합하여 사기술에 가까운 불량금융상품에 대한 판매자의 책임을 확대함으로써 보험 산업의 부가가치를 낮출 수 있다.

국민경제에서 금융산업의 소득이 차지하는 비중이 높다는 것은 한 나라의 자본조달비용과 위험회피비용이 경제 규모에 비해서 과도하다는 것을 의미하며, 생산원가에서 자본조달비용과 위험회피비용이 차지하는 부분이 크다는 것을 의미한다.

국제경쟁력을 높이기 위해서는 생산원가를 줄여야 하고, 생산원가를 줄이기 위해서는 금융비용과 위험회피비용을 줄여야 한다.

(3) 전문가집단의 부가가치 최소화

전문 서비스 산업은 산업에 용역을 제공하고 그 대가를 받아 부가가치를 창출한다. 전문 서비스 산업의 부가가치는 전문가들의 소득임과 동시에 산업의 비용이다.

산업의 비용이 높으면 산업은 국제경쟁력이 약해진다. 산업의 국제경쟁력을 높이기 위해서는 전문 서비스 산업의 부가가치를 낮추어야 한다. 단 전문 서비스 산업의 용역의 질은 낮아지지 않아야 한다.

전문 서비스 산업의 용역의 질을 낮추지 않으면서 부가가치를 최소화하기 위해서는 국가의 자원 배분(소득 분배) 과정을 단순화해야 한다. 단 국가의 자원 배분 과정을 단순화시키되 소득 분배는 확대되어야 한다.

국가의 자원 배분 과정을 단순화하면서도 소득 분배를 확대하기 위해서는 불균형 정책을 폐지하고, 법률을 단순화하고, 정책의 우선순위를 정확하게 지켜야 한다.

국가의 자원 배분에 있어서 가장 우선순위가 높은 정책이 조세 정책이고, 그다음이 세출 정책이고, 가장 마지막이 규제 정책이고, 행정행위 (행정의 개입)이다.

조세 정책의 완성도가 높으면 높을수록 세출 정책과 규제 정책의 필요성이 적어지고, 국민의 경제 활동에 대한 행정의 개입도 적어진다.

정책의 필요성이 적어지는 만큼 법률은 단순화되고, 법률이 단순화되고 행정의 개입이 적어지면 적어질수록 전문가들의 국가자원 배분 과정에의 참여가 적어지고, 산업 역시 전문 서비스의 필요성이 적어져서 전문 서비스 산업의 부가가치도 산업의 비용도 적어진다.

산업의 비용이 적어지면 산업의 국제경쟁력이 상승하여 장기성장의 바탕이 만들어진다.

전문 서비스 산업의 1인당 평균소득은 평균 국민소득에 비하여 대단히 높다. 전문 서비스 산업의 부가가치가 축소되면 소득 분배가 확대되어 단기적으로도 국민소득을 증가시킨다.

국가의 자원 배분에 간여하면서 높은 보수를 받는 사람들을 전문가 집단이라고 한다. 변호사, 변리사와 같은 국가가 자격을 부여한 고소득 전문직, 대학교수 등도 이에 포함된다고 할 수 있다.

전문가집단의 소득도 국민경제의 비용의 하나다. 전문가집단의 소득을 감소시키는 것도 국민경제의 경쟁력을 높이는 하나의 방안이 된다.

전문가집단의 문제는 소득의 문제만 있는 것이 아니다. 전문가집단의 가장 큰 문제는 전문가 집단이 자신들의 이익을 위하여 국민을 배반하고, 자본과 권력에 봉사하여 국가의 자원 배분을 왜곡하고 있다는 점이다.

자원 배분의 수혜자와의 유착으로 자원 배분을 왜곡할 뿐만 아니라 부정부패까지 저지르고 있다는 점이다.

전문가집단의 소득을 축소하고, 국민을 배반하지 못하도록 하기 위해서는 다음과 같은 방법이 필요하다.

첫째로, 불균형 정책을 폐지해야 한다.

불균형 정책은 정부가 효율적이라는 미명하에 국가의 자원을 불균형하게 배분하는 것이다. 불균형 정책은 항상 이익을 얻는 지역과 부문, 사람이 있고, 피해를 보는 지역과 부문, 사람이 있다.

불균형 정책의 정당성을 부여하는 자들이 소위 전문가들이다. 정부가 국가의 자원을 배분함에 있어서 불균형적으로 배분하지 않고, 균형적으로 배분한다면 전문가들이 자원 배분에 개입할 여지가 적어진다.

전문가들이 국가의 자원 배분에 개입할 여지가 적어지면 전문가들이 국민을 배반하고 자본가나 권력에 봉사할 여지도 적어질 것이고, 전문가들의 소득도 적어지고, 부정부패도 적어질 것이다.

전문가들의 소득이 적어진다는 의미는 그만큼 국민경제의 비용이 줄어든다는 뜻이고, 그 결과 국제경쟁력도 높아질 것이다. 경제민주화가 균형이고, 공정성이고, 분배의 확대임을 생각한다면 불균형 정책의 폐지야말로 경제민주화를 실천하는 것이라고 봐야 한다.

둘째로, 경제 전략을 바꿔야 한다.

현재까지의 경제 전략은 기업에 국가의 자원을 우선 배분함으로써 기업의 투자를 유인하여 투자를 확대하고, 성장을 하겠다는 것이다. 기업에 우선 자원을 배분하는 것은 자본의 이익을 확대하는 것이고, 수혜를 받는 자본가, 기업집단은 정부의 자원 배분에 자신의 사활을 걸고 로비를 한다.

기업집단의 로비 대상이 권력자일 수도 있지만, 결정의 정당성을 부여하는 것은 국민의 신뢰임을 생각한다면 전문가집단이 자원 배분 결정을 좌우한다고 할 수 있다.

기업집단의 로비와 권력자의 회유와 전문가들의 이기심이 합쳐져서 국가의 자원 배분을 왜곡하고, 왜곡 배분되게 한다.

경제 전략을 국민경제의 소비능력을 확대함으로써 기업의 투자를 유인하고, 여유 자본으로 국가가 아무도 부담하려고 하지 않는 사회적 비용에 대한 투자를 확대하여 성장하고자 하는 전략으로 경제 전략을 변경하면, 전문가 집단이 국가의 자원 배분에 개입할 여지가 아주 적어진다.

당연히 전문가집단의 소득도 감소할 것이고, 국가자원 배분의 왜곡 현상도 적어질 것이므로 국민경제의 경쟁력은 향상될 것이다.

셋째로, 국가의 자원 배분 시스템을 단순화해야 한다.

국가의 자원 배분 시스템이 복잡하면 복잡할수록 국가의 자원 배분에 전문가들이 개입할 여지는 많아진다. 전문가들이 국가의 자원 배분에 개입하면 할수록 국가의 자원 배분은 왜곡되고, 전문가들의 소득은 높아지고, 국민경제의 경쟁력은 낮아진다.

국가의 자원 배분 시스템을 단순화하기 위해서는 법령을 단순화해야 한다.

법령을 단순화하기 위해서는 정책을 결정함에 있어서 장기적인 관점에서 문제의 근본을 해결하는 정책을 선택해야 한다.

장기적인 관점에서 문제의 근본을 해결하지 않고, 단기적인 관점에서 임시적인 해결을 하는 정책, 대중요법적인 정책은 법률을 복잡하게 할 뿐만 아니라 문제를 해결하기보다는 문제의 해결을 순연시키며 문제를 더 심화시킨다.

넷째로, 전문가들의 결정에 대한 책임소재를 분명히 해야 한다.

전문가들의 국가자원 배분에 관한 결정에 대하여 책임소재를 분명히 하고, 사후의 결과에 대하여 무거운 책임을 부여하면 전문가들이 자본이나 권력자, 수혜자들의 이익을 위하여 국민의 이익을 배반하는 정도가 낮아질 것이다.

다섯째로, 전문가집단의 소득 격차 확대에 의한 업무영역 확대요구는 전문가집단의 격차 해소로 문제를 해결해야 한다.

요즈음 변호사들의 생존권 시위가 발생하고 있다. 1년에 100억 원 이상을 수임하는 변호사가 있는 반면에 사무실을 운영할 수 없어서 파산선고를 요청하는 변호사들이 발생하고, 변호사들이 부동산중개 등 다른 영역으로 영역을 확내하기 위헤서 시위 등의 활동을 하고 있다.

변호사들의 소득 감소 문제는 변호사영역의 문제가 아니다. 1년에 100억 원 이상을 수임하는 현재의 법률 시스템의 문제이지, 영역의 문제가 아니다. 세계에서 우리나라만큼 변호사의 업무영역 범위가 넓은 국가가 없고, 독점적 지위가 부여된 국가도 없다. 오히려 우리나라는 변호사의 업무영역의 독점도를 낮추어야 한다.

변호사의 생존권 문제는 변호사 직군 시스템의 문제이므로 생존권을 주장하기 이전에 변호사들 스스로 법률 시스템의 개혁을 주장해야 할 것이다.

 04 과학기술 정책

1) 창의적인 사회 시스템

(1) 다양성이 보장되는 사회

다양성이 보장되는 사회를 만들기 위해서는 사회 시스템에 대한 공적 부문(권력기관)의 개입을 최소화해야 한다. 사회 시스템에 권력기관이 개입하면 국민의 표현의 자유가 제한되어 다양성을 저해하고 획일화된 사회를 만든다. 국가주의가 사회를 획일화한다. 국가주의는 배격되어야 한다.

경제 문제를 사회 문제로 인식하지 않아야 하고, 경제 문제는 우선적으로 경제 정책으로 문제를 해결하여야 한다. 경제 정책으로 소득 분배를 확대하고, 고용과 노동소득이 증가하고, 노동환경이 좋아지면 경제 문제가 사회 문제로 전환되는 것이 최소화된다. 경제 문제에서 발생한 사회 문제는 경제 정책으로 해결해야지 사회 정책으로는 너무 비용이 많이 들고 해결되지도 않는다.

정부의 사회 정책이 사회 시스템에 대한 정부의 개입이고, 정부의 개입이 국민들의 행동기준을 변화시켜 사회의 다양성을 저해한다.

⑵ 중·소기업이나 프리랜서 등의 창의적인 아이디어나 제품 등의 권리보장(경제민주화)

경제민주화의 일차적 목표는 강자에게는 법규를 지켜야 하는 불편을 주고, 약자에게는 표현의 자유를 주는 것이다.

강자에게 법규를 지켜야 하는 불편을 주기 위해서는 법규를 지키지 않으면 무조건 손해가 발생할 수밖에 없는 시스템을 만들어야 한다.

약자에게 표현의 자유를 주기 위해서는 위법·부당한 피해를 보거나 강요를 당할 경우 강자에게 항거하는 것이 항거하지 않는 것보다 더 이익이 되도록 사회 시스템을 만들어야 한다.

창의적인 아이디어나 제품 등의 권리를 (입증책임의 변경 등을 통해서) 잘 보호할 수 있다면 사회구성원들이 현재보다 더 창의적인 활동을 할 수 있을 것이라고 본다.

경제민주화의 이차적 목표는 지속적으로 초과이윤을 없앰으로써 국가의 자원 배분이 최적화되도록 하는 것이고, 소득 분배를 확대하는 것이고, 장기성장이 가능하게 하는 것이다.

(3) 모험과 실패를 두려워하지 않는 사회(사회안전망 구축)

경제민주화가 진행되고, 사회안전망이 완비되면 현재보다 사회구성원들이 실패를 두려워하지 않고 모험을 할 수 있다. 왜냐하면 모험으로 얻을 이익이 모험의 실패에 의한 손실이나 모험을 하지 않으면서 얻을 이익보다 많기 때문이다.

2) 과학기술 발전 정책

(1) 과학기술 투자의 방향과 정책

국가의 경쟁력은 비용을 줄이는 것만으로는 유지할 수 없다. 미래의 산업에 대한 투자를 다른 나라보다 한 발 더 빨리 함으로써 경쟁력을 유지하고 국가를 발전시킬 수 있다.

단, 어떤 산업이 미래의 선도산업인지, 선도산업을 어떻게 결정하는 것이 가장 오류가 적을 것인지, 어떤 투자가 가장 효율적인 투자인지는 사실상 아무도 모른다.

어쨌든 장기적인 국제경쟁력은 과학기술의 발달에 달려있다. 결국 과학기술 부문에 어떠한 방식으로 투자를 하는 것이 가장 좋은 방식인지를 찾아야 한다.

① 과학기술에 대한 투자 전략

현재는 기업 투자 확대를 통한 성장 전략을 사용함에 따라 과학기술에 대한 투자 역시 기업 위주에 정부가 보조하는 식으로 하고 있다. 그 결과 기업에 초과이윤을 발생시켜서 국가의 자원을 낭비하게 하고 있고, 소득 분배를 악화시켜 격차사회를 만들고, 경제를 침체의 악순환에 빠지게 하고 있다.

국가의 자원 중에 가장 많은 자원이 국민의 노동력이고, 국민 개개인의 창의성이다. 과학기술에 대한 투자에 국민 개개인의 창의성을 제대로 활용하지 않는다면 그 투자 전략은 올바른 투자 전략이라고 말할 수 없을 것이다. 과학기술에 대한 투자 역시 가장 중심이 되는 것은 국민 개개인이어야 하고, 국가의 투자, 기업의 투자는 보완적이어야 한다.

국민 개개인의 창의성을 과학기술 투자의 중심에 두기 위해서는 경제·사회 시스템을 개방되고 다양성이 보장되는 사회, 열린 사회로 만들어야 하고, 공정한 경제 시스템(경제가 민주화된 사회), 경쟁에 실패하더라도 최소한의 생활이 보장되는 사회이어야 하고, 국민 개개인의 창의성을 연구개발 및 상업화에 연결할 수 있는 시스템이 필요하다.

② 투자의 낭비 문제와 고용 확대의 문제

과학기술 정책에서 고려할 주요환경은 인구, 과학기술 수준 등이 있다.

과학기술을 발전시키기 위해서는 과학의 모든 분야를 고르게 발전시키는 것이 가장 좋다. 만약 우리나라의 인구가 2억 이상이라면 모든 과학 분야에 고르게 국가의 자원을 투자할 수 있다고 본다.

하지만 우리나라는 인구 5,000만 명 정도의 국가다. 우리나라의 인구 수준으로는 모든 과학 분야에 고르게 투자할 여력이 사실상 없다. 선택과 집중이 필요하고, 국가 간 협력이 요구된다고 하겠다.

우리나라는 기술 후발국에서 기술 선도국으로의 진입을 시도하고 있는 국가다.

기술 후발국은 국가의 역량을 모두 동원하여 선진기술을 도입하고, 선진국을 따라잡아야 하므로 정부가 국가의 자원 배분을 직접 하는 등 과학기술 정책과 집행에서 빠른 의사결정이 필요하다. 기술 후발국은 과학기술 정책에서 엘리트 위주, 정부 주도의 의사결정과 투자가 필요하기도 하다.

기술 선도국이란 새로운 기술을 최초로 발명, 개발, 상용화하는 것을 의미한다. 새로운 발명은 많은 시행착오를 필요로 하고, 새로운 발명이 존재하기 위해서는 많은 실패가 받침이 되어야 한다.

국가의 입장에서 국민 개개인, 개개의 기업은 실패하기도 하고 성공할 수도 있지만, 정부는 실패하지 않아야 한다. 정부의 관료들은 모험적인 선택을 할 수 없게 된다. 기술 선도국이 되기 위해서는 과학기술 발전을 위한 국가의 자원 배분에 정부(관료)가 직접 개입하는 것은 최소화되어야 한다.

기술 선도국에서 과학기술을 위한 정부의 역할은 개인과 기업들이 창의적인 활동을 할 수 있도록 경제사회 시스템을 만드는 데에 그 역할을 한정해야 한다.

과학기술 정책도 단기성장을 저해하지 않아야 한다. 즉 과학기술 정책으로 노동소득 배분율이 줄어들거나 소득 분배가 악화되는 것은 최대한 피해야 한다. 만약 노동소득 분배율이나 소득 분배를 악화시킬 수밖에 없다면 노동소득이나 소득 분배를 확대할 수 있는 별도의 정책도 같이 시행해야 할 것이다.

과학기술 정책에서도 국민경제의 안전이 최우선되어야 하므로 에너지 분야, 식량 분야, 제철과 화학 등 기반산업 분야에 대한 과학기술 투자가 가장 우선되어야 할 것이다.

벤처기업을 육성하기 위해서 벤처기업을 지원하는 정책은 지원 시점이 아주 중요하다. 개발이 완료되지 않은 상태에서 기업에 대한 지원 시스템이 가동되면 벤처기업가는 기술 개발보다 머니게임에 매달리게 될 것이다.

이유는 개발 성공률이 100%가 아닌 이상 개발에 실패할 가능성이 있다. 벤처사업가가 개발에 실패하면 사기꾼이 되거나 무능한 개발자가 된다. 하지만 적절한 시점에 벤처기업을 상장이나 증자에 성공하면 개발에 실패하더라도 개발자 개인은 많은 부를 가지게 되고, 실패한 개발자가 되기보다 유능한 기업가로 성공할 수 있기 때문이다.

벤처기업에 선정된 벤처기업가는 기술 개발보다는 머니게임에 매달릴 가능성이 아주 높다.

또한 벤처기업지원 시스템이 가동되는 의사결정(벤처기업으로의 선정)이 아주 중요하다. 벤처기업으로의 성공 또는 유능한 기업가로의 성공이 벤처기업으로의 선정에 달려있음으로 벤처기업선정 시스템은 부정부패로 얼룩질 수밖에 없다.

이유는 벤처기업가로 성공하고자 하는 사람, 유능한 머니게임사업가가 되고 싶어 하는 사람이 너무 많기 때문이다.

이러한 문제를 해결하기 위해서는 벤처 지원 시스템을 가동하면서도 기술 개발이 완료되기 전에는 벤처기업이 상장이나 증자를 할 수 없도록 하되, 개인의 창의성이 적극적으로 발휘될 수 있는 시스템이 도입되어야 할 것이다.

상장승인권한을 가진 사람에게 기술 개발 완성도에 대한 판정의무를 주고 잘못 판단했을 때는 그 피해에 대한 배상책임을 지우는 것도 생각해봐야 한다.

③ 투자의 효율성 문제와 고용 확대의 문제

국가의 과학기술 연구는 기초연구, 국책과제 등 정부선정과제 연구, 산업별·기업별 연구소로 나눌 수 있다.

국가가 연구소를 운영함에 있어서 과학자들의 연구 및 신분보장에 주안점을 두면 과학자들에게 초과이윤이 발생하게 되어 연구비에 낭비가 생길 수 있다.

연구소를 운영함에 있어서 인센티브 제도를 확대하면, 연구결과 측정이 어려운 기초과학연구에 장애가 발생할 가능성이 크고, 측정의 주관성으로 인해서 연구과제의 선정 및 성과측정에서 과학자들 간에 나눠먹기식 선정과 측정이 만연할 수 있다.

연구과제의 선정과 성과의 측정에 과학자들 간에 나눠먹기식 운영이 만연하면 연구비의 낭비가 발생하는 것은 당연하다.

현재의 연구방식을 일단 그대로 유지하되, 기초과학연구는 인센티브 제도를 최소화하고, 국책과제 등 나머지 연구는 정부의 투자를 대폭 줄여야 과학자들 간에 나눠먹기식의 운영을 최소화할 수 있고, 연구비의 낭비도 대폭 줄일 수 있다.

과학자들의 나눠먹기식의 연구(과제선발과 성과 측정)에서 줄인 예산과 기업 투자 확대 전략에 의한 정책을 중단함으로써 만들어진 자금의 일부를 사용하여 연구과제선정과 연구원구성에서 개발계획 제안자의 참여가 보장되고, 최소한의 생활보장과 모든 연구결과물의 인센티브 적용, 연구결과물의 상업화(판매 및 창업지원)가 가능한 '과학기술법인'을 몇 개 설립하고, 상업화 연결을 지원할 수 있는 시스템을 만들어야 한다.

과학기술법인은 과학전문가들의 과제선정과 성과측정 기능을 상당히 제한함으로써 일반과학도들의 창의성을 발휘할 기회를 대폭 확대하고, 과학도들의 취업기회를 확대함으로써 고용을 확대하여 노동소득을 증가시키며, 소득 분배를 확대하게 하여 소비를 확대한다.

농·어촌지원 정책도 지방자치단체와 농민을 중심으로 운영할 연구소의 기본시설과 연구원의 보수와 같은 기본경비를 국가가 지원해주는 방식으로 전환하면, 농·어업 과학기술을 발전시켜 농·어업의 소득을 증가시킬 뿐만 아니라 농·어촌지역의 고용을 확대할 수 있다.

제6장

국제경제 시스템

01　시스템의 원리와 무역 시스템

　하나의 시스템은 환경이라는 큰 시스템의 일부분이면서, 내부에는 수많은 작은 시스템을 가지고 있다. 시스템은 외부적으로 균형을 유지해야 하고, 내부적으로도 균형을 유지해야 생명을 유지할 수 있고, 균형을 유지하지 못하면 붕괴되고 만다.

　국제무역 시스템은 수많은 국가로 구성되어 있다. 국제무역 시스템은 동일한 교역환경을 가지는 국가 또는 국가들로 구성되는 작은 시스템(경제단위)들로 구성되어 있다.

　국제무역 시스템을 환율의 결정, 적용을 기준으로 보면, 작은 시스템들은 기축통화국인 미국과 미국달러를 통화로 사용하는 국가, 달러에 대한 고정환율제를 채택한 국가군을 하나의 작은 시스템이라고 할 수 있고, 유로화 국가 전체를 하나의 작은 시스템으로 하고, 자유변동환율제를 사용하는 개개의 국가들을 하나의 작은 시스템이라고 할 수 있다.

　국제무역 시스템과 작은 시스템, 작은 시스템과 그 속의 국가들 사이에는 균형이 유지되어야 한다. 만약 균형을 유지하지 못하면 작은 시스템이나 국제무역 시스템은 붕괴할 수밖에 없다.

02 국제무역 시스템과 가격경쟁력

1) 국제무역 시스템과 균형

⑴ 금·은 본위 화폐 시대 무역 시스템과 균형

금·은 본위 화폐 시대에서는 교역의 대금을 금과 은으로 결재했다. 무역 시스템은 상품교환의 불균형을 금과 은을 이동시켜서 무역 대금을 청산함으로써 균형을 이루었다.

각국의 금과 은의 가격(상품과의 교환비율)이 각국의 가격경쟁력을 나타낸다고 할 수 있다. 각국의 금과 은 가격이 변화함으로써 각국의 가격경쟁력이 조정되고, 무역 시스템의 균형을 유지하게 된다.

금·은 본위제 화폐 시대에서의 무역 시스템은 일차적으로 금과 은의 국제간 이동으로 균형을 유지하고, 이차적으로 금과 은의 국내가격 변동을 통해서 국가 사이의 가격경쟁력을 조정하여 균형을 이룬다고 할 수 있다.

⑵ 신용화폐 시대의 무역 시스템과 균형

신용화폐 시대에도 금·은 본위제와 같이 국제무역 대금을 금과 은으로 청산할 수 있지만, 금과 은은 하나의 상품으로 취급되고, 대부분이 기축통화(달러)를 중심으로 하는 화폐로 청산된다.

무역의 불균형이 발생하면, 외환(달러와 같이 대외구매력이 있는 화폐)의 수요가 확대·축소되거나 또는 대내구매력을 행사할 수 있는 자국 화폐의 수요가 확대·축소된다. 화폐의 수요가 확대되면 해당 화폐의 환율이 상승하고, 축소되면 환율이 하락한다.

신용화폐 시대에서의 무역 시스템은 일차적으로 외환(달러)의 국제 간 이동으로 무역 시스템의 균형을 이루고, 이차적으로 환율을 변화시켜 국가 사이의 가격경쟁력이 조정됨으로써 무역의 균형을 이룬다.

무역에는 상품의 이동과 반대 방향으로 자금(화폐)의 흐름이 있다. 이 화폐의 흐름의 출발점에 화폐의 수요가 발생하고 있고, 환율을 상승시킨다. 상품의 수입수요가 환율을 상승시키고, 수출대금의 환전으로 인한 내국 화폐의 수요(달러의 공급)가 환율을 하락시킨다.

하지만 화폐의 수요는 무역 대금만 있는 것이 아니다. 자본의 수지를 변화시키는 모든 요인이 화폐의 수요·공급에 영향을 미치고, 환율을 변동시킨다.

현재의 무역 시스템은 수출·수입에 의한 환율의 변동, 자본의 이동에 의한 환율의 변동을 통하여 가격경쟁력을 조정하면서 균형을 이루고 있다.

하지만 현재의 무역 시스템은 각국의 가격경쟁력을 제대로 조정하는 능력을 상실하고 있기 때문에 붕괴의 위기를 맞고 있다.

2) 작은 시스템의 균형과 가격경쟁력

(1) 달러무역 시스템 국가(미국과 중국)

달러무역 시스템에 속하는 국가는 달러를 자국의 화폐로 사용하는 미국과 자국 화폐의 교환비율을 달러에 고정해 놓고 관리하는 중국과 같은 달러 고정환율제 국가로 구성되어 있다.

(중국은 2015년 8월부터 '기준 환율 고시제도'를 도입했다. 기준 환율 고시제도는 환율이 외환시장에서 결정되지 않고 정부가 기준 환율을 고시하고 1일 변동범위도 한정되어 있다. 고정환율제와 비슷한 효과가 있고 특히 유로를 포

함했기 때문에 통화를 확대하는 미국과 유로는 항상 중국보다 경쟁력이 낮을 수밖에 없다. 만약 미국과 유로가 국내의 유동성을 축소하면서 경제를 운영하면 반대로 중국의 경쟁력이 낮아진다)

달러의 환율은 미국 경제의 평균 가격경쟁력을 반영한 환율이 아니고, 달러무역 시스템에 속한 모든 나라의 평균 가격경쟁력에 안전자산 선호에 따른 기축통화의 가치상승이 반영된 환율이다.

환율은 화폐의 수요라고 했다. 달러는 세계무역에 있어서 기축통화의 역할을 하고 있다.

달러경제권 외부로부터 달러경제권으로 달러라는 자본이 유입되면, 달러경제권 외부는 달러공급이 감소하므로 달러경제권 외부의 환율(달러 가격)은 상승한다. 달러 가격이 상승하면 달러경제권 외부국가의 가격경쟁력은 상승하고 달러경제권의 가격경쟁력은 하락하여 달러경제권에서 무역 적자가 발생할 것이다.

반면에 달러경제권에서 외부로 달러가 유출되면, 달러경제권 외부의 달러공급이 증가하므로 달러경제권 외부국가의 환율(달러 가격)은 하락한다. 달러 가격이 하락하면 달러경제권 외부의 가격경쟁력은 하락하고 달러경제권의 가격경쟁력은 상승하여 달러경제권에서 무역 흑자가 발생할 것이다.

미국의 무역 적자가 연간 약 5,000억$ 이상이고 미국의 중국에 대한 무역 적자가 2015년 기준 연간 4,000억$를 넘어섰다.

미국이 무역 적자가 많은 이유는 미국 내의 달러 유동성이 풍부하기 때문이다. 유동성이 풍부하면 국내의 가격이 상승하기 때문에 수입이 증가하고 무역 적자가 증가한다. 미국 내에 달러 유동성이 풍부한 이유는 양적 완화와 재정 적자 때문이다.

양적 완화와 재정 적자로 풍부해진 달러 중 일부는 자본 투자로 이용되어 외국으로 나가지만 그 대부분은 미국 내의 실물자산취득이나 소비 확대에 사용되고, 실물자산 수요와 소비 수요의 증가는 재화와 용역의 가격상승으로 이어지고, 가격상승은 수입의 확대로, 무역 적자의 확대로 이어진다.

미국의 중국에 대한 무역 적자가 많은 이유는 소비재를 수출하는 중국의 산업구조와 소비재를 수입에 의존하는 미국의 산업구조가 원인도 되지만, 보다 근본적인 원인은 중국의 위안화 환율이 달러에 고정되어 있고, 미국은 양적 완화와 재정 적자를 계속 유지해서 미국의 가격경쟁력을 지속적으로 낮추고 있고, 중국은 가격경쟁력에 변동이 없으므로 중국이 미국보다 가격경쟁력이 자연스럽게 높아지기 때문이다.

중국의 위안이 달러에 고정된 상태에서 미국이 재정 적자와 양적 완화를 계속하면 중국 내의 재화의 가격은 상승하지 않는 데에 비하여 미국 내의 재화의 가격은 계속 상승하게 된다. 중국보다 미국의 재화가격이 높기 때문에 중국에서 미국으로의 수출이 증가하고, 중국에서 미국으로부터의 수입은 감소할 수밖에 없다.

위안화의 절상 시기가 가격경쟁력의 변동 시기보다 늦기 때문에 항상 중국은 미국에 대하여 가격경쟁력을 유지할 수 있고 무역 흑자는 지속된다. 또한 중국은 무역 흑자 대금의 상당 부분을 미국의 국채나 외국의 자원, 원자재, 해외개발 등에 투자를 확대함으로써 위안화의 절상압력을 완화하고 있다.

미국의 달러 유동성 확대는 달러경제권 내의 가격상승을 가져와 달러경제권 전체의 달러경제권 외부에 대한 무역 적자를 확대한다.

달러경제권 전체의 무역 적자는 미국의 무역 적자에서 중국의 무역 흑자를 공제하여 계산할 수 있다.

중국의 무역 흑자가 급격하게 증가하고 있다. 원자재가격 하락에 의한 수입 감소와 같은 일시적인 요인이 있지만, 중국의 과잉재고에 의한 가격파괴행위, 중국의 기준 환율고시제로의 변경과 미국과 유로의 양적 완화에 의한 무역 적자 확대 효과가 겹쳐서 일어나는 일이지 않나 짐작된다.

(2) 유로 화폐 국가

유로의 환율은 유로 국가의 평균 가격경쟁력을 반영한다. 유로 국가 중에서 가격경쟁력이 약한 국가는 계속해서 무역 적자가 발생하게 되고, 가격경쟁력이 강한 국가는 계속해서 무역 흑자가 발생하게 되어 있다.

하지만 유로 전체로는 유로의 자본수지가 변화하지 않는 한 무역수지는 균형을 이룬다고 본다.

무역 적자 국가는 무역 적자를 청산하기 위하여 외부로부터의 자본 유입이 필요하다. 외국으로부터의 자본 유입이 유로 국가로부터의 유입이라면 유로 전체의 자본수지에 변화가 없으므로 유로 국가 전체의 경쟁력에는 변화가 발생하지 않는다고 하겠다.

하지만 외국으로부터의 자본 유입이 유로 국가가 아닌 외부로부터의 유입이라면 유로 외부에서 유로의 가격(환율)이 상승한다. 유로 가격의 상승은 유로 국가 외부에 대한 유로 국가 전체의 가격경쟁력을 약화시켜서 유로 국가 전체의 무역 적자를 발생시킨다.

그리스나 스페인과 같은 유로 무역 적자국에 대한 유럽연합국가(유로를 사용하지 않는 유럽연합국가)의 지원 확대는 유로화 외부로부터의 자본 유입이므로 유로화 국가 전체의 가격경쟁력을 약화시킨다.

더하여 유로화가 양적 완화 등으로 유동성이 확대되면 유로국 내에서 소비가 확대되어 가격이 상승하고, 유로 내의 가격상승은 수입을 확대하여 무역 적자를 확대한다.

(3) 자유변동환율제 국가

자유변동환율제를 채택한 국가는 개개의 국가 단위로 국제무역 시스템의 작은 시스템으로 참여하게 된다.

자유변동환율제 국가는 자본수지가 변동되지 않는 한 무역 적자가 발생하면 환율이 상승해서 수출이 확대되고 수입이 축소되어 균형을 이루고, 무역 흑자가 발생하면 환율이 하락해서 수출이 축소되고, 수입이 확대되어 균형을 이룬다.

단, 자본수지의 변화가 발생하면 자본수지의 변화만큼 무역 흑자 또는 적자가 발생하여 균형을 이루고, 국내의 소득 분배 변동으로 소비가 축소되면 무역 흑자가 발생하고 소비가 증가하면 무역 적자가 발생한다.

3) 경제 단위별, 주요 국가별 가격경쟁력

⑴ 경제 단위별 가격경쟁력 비교

달러경제권<유로 국가<자유변동환율제 국가

달러경제권 외부로부터 달러경제권(미국 등)으로 달러 유입(미국 국채 매입, 달러 발권 확대)이 지속적으로 발생하고 있다. 당연히 그만큼 달러경제권의 평균 가격경쟁력이 낮아지고, 전체적으로 무역 적자가 발생한다.

유로도 일정 부분 기축통화의 기능을 수행하고 있다고 봐야 한다. 기축통화의 기능을 수행하는 것만큼 유로도 고평가되고 있다고 봐야 하며, 고평가된 것만큼 가격경쟁력이 낮아지게 된다.

또 유로 국가 중 가격경쟁력이 낮은 국가는 만성적인 무역 적자에 빠질 수밖에 없고, 만성적인 무역 적자에 빠지면 외국으로부터의 자본차입이 필요하고, 자본을 유로 국가가 아닌 제3의 국가에서 차입하는 경우에는 유로경제권 밖으로부터 유로 국가로 자본이 유입되는 것이므로 유로의 환율이 상승하고, 유로경제권의 전체적인 가격경쟁력이 낮아진다.

경제 단위별 가격경쟁력을 비교하면 자유변동환율제 국가가 제일 높고, 가운데에 유로화경제권이 있고, 가장 경쟁력이 낮은 경제단위가 달러경제권이다.

(2) 주요 국가별 가격경쟁력 비교

미국 〈 그리스 등 유로의 약세국가 〈 자유변동환율제 국가 〈 독일 등 유로의 강세국가 〈 중국

유로 국가의 평균 가격경쟁력이 자유변동환율제 국가보다 조금 낮다고 보면, 독일 등 유로의 강세국가는 자유변동환율제 국가의 가격경쟁력보다 가격경쟁력이 조금은 높을 것이다.

현재 달러의 환율은 달러경제권의 평균 가격경쟁력을 반영하고, 달러경제권의 평균 가격경쟁력이 유로의 평균 가격경쟁력보다 낮다. 미국으로의 자본 유입의 확대는 지속적으로 미국의 가격경쟁력을 떨어뜨린다.

양적 완화(달러 통화 발권 확대)는 미국 내에 유동성을 증가시켜 수입을 확대하여 무역 적자를 발생시키지만, 달러 가치를 하락시켜서 일정 부분 가격경쟁력을 만회하게 한다. 하지만 달러가치의 하락으로 만회되는 달러경제권의 가격경쟁력상승은 대부분 중국의 가격경쟁력 상승으로 흡수당한다. 미국은 항상 달러 경제권 평균가격 경쟁력보다 가격경쟁력이 낮은 상태에 위치하게 되고, 무역 적자는 계속된다.

중국의 가격경쟁력이 가장 높고, 미국의 가격경쟁력이 가장 낮다.

03 주요국의 경제 문제

1) 미국 경제의 문제

미국의 경제 문제는 연 8,000억$ 정도 되는 무역 적자와 8,000억$를 상회하는 재정 적자, 연방은행의 채권매입(2014년 말까지 월 850억$에서 150억$까지)이다.

재정 적자와 연방은행의 채권매입이 미국 내의 유동성을 확대하여 금융산업의 생산을 확대하지만, 미국 내의 재화나 용역의 가격을 상승시켜서 무역 적자를 확대한다.

미국이 무역 적자를 해소하지 못하면 국내의 생산이 지속적으로 감소하기 때문에 지속적으로 한계기업이 생산에서 퇴출당하여 산업이 파괴되고, 산업이 파괴되면 고용이 감소하여 실업자도 증가한다. 단 재정 적자의 확대로 소비의 증가가 무역 적자 증가보다 많을 경우에는 일시적이지만 국내생산이 증가하여 고용도 소득도 증가할 수 있다. 하지만 재정 적자 확대와 소비 증가가 국내가격을 상승시켜서 가격경쟁력을 지속해서 낮추므로 국내의 생산 증가는 지속이 불가능하다.

산업의 파괴는 기술도 파괴한다. 미국의 무역 적자가 계속되면 장기적으로 미국에서는 일부 첨단산업을 제외하고는 생존이 불가능할 것이라고 본다.

고용의 감소, 실업자의 증가는 소득 분배를 악화하여 소비를 감소시킬 뿐만 아니라 복지 수요를 확대해서 재정 적자를 확대하는 요인이 되며, 만약 복지를 확대해서 일자리를 잃는 사람들을 구제하지 못한다면 미국의 사회 시스템을 붕괴시켜 체제 붕괴로 연결될 것이라고 본다.

미국의 경제 문제를 해결하기 위해서는 재정 적자를 축소하면서 미국 내의 실업자 문제, 빈곤 문제, 소비 축소 문제를 해결할 수 있어야 한다. 재정 적자를 축소하면 국내 소비가 감소하기 때문에 가격이 하락하고 가격이 하락하면 무역 적자가 감소한다.

빈곤 문제와 소비 축소 문제를 해결하기 위해서는 소득 분배를 확대해야 하고, 복지 수준을 높여야 한다. 소득 분배 확대는 미국의 자본소득을 감소시켜서 기득권층의 이익을 침해하고, 복지의 확대는 재정 적자를 증가시키므로 미국은 재정 적자를 축소할 수 없다.

미국의 경제 문제는 해결이 불가능한 상태다. 단, 미국 월가와 군산 복합체가 빨아들인 부(자본)를 전부 다 토해놓을 정도로 소득 분배를 확대할 방법을 찾으면 해결이 가능할 것이라 본다.

2) 중국 경제의 문제

중국의 경제 문제는 기업부채 확대와 부동산 버블과 급격하게 증가하는 무역 흑자다. 기업의 부채가 확대되는 이유는 과잉 투자 때문에 발생하고, 과잉 투자가 발생하면 재고가 급증하고, 재고가 급증하면 손실이 증가하면서 가격이 하락한다. 가격이 하락하면 무역 흑자가 증가한다.

중국의 무역 흑자가 급격하게 증가하고 있다. 중국의 무역 흑자가 급격하게 증가하는 첫 번째 이유는 원유를 비롯한 원자재가격의 하락으로 수입이 급감하고 있기 때문이다.

두 번째는 중국이 2015년도에 달러 고정환율제에서 기준 환율 고시제도로 변경하고 미국과 유로, 일본이 양적 완화를 계속하기 때문이다.

기준 환율 고시제도는 중국의 위안화환율을 시장가격에 맡기지 않고 위안화 가격을 달러와 유로와의 교환비율을 정부가 고시하고 하루의 변동한계를 설정해 놓는 제도다.

달러나 유로, 엔화는 대외구매력을 가지고 있는 기축통화들이다. 기축통화국이 통화량을 확대하면 국내가격이 상승하여 무역 적자가 증가한다. 미국과 유로국, 일본이 지속적으로 통화를 확대하고 있다. 국내가격이 상승하여 가격경쟁력이 약해져서 외부로부터 수입이 확대되어 무역 적자가 증가하고 있다. 반면에 중국은 기준 환율고시제라서 항상 위안화의 환율변동이 미국이나 유로, 일본의 가격상승(가격경쟁력 약화)보다 늦다. 중국은 미국이나 유로, 일본이 통화를 확대하는 한 항상 미국이나 유로, 일본에 대해서 가격경쟁력을 가지게 된다.

미국의 무역 적자 증가, 유로의 무역 적자 증가, 일본의 무역 적자 증가 이면에는 중국의 무역 흑자 증가가 있다.

세 번째는 중국에서 가격파괴가 급격하게 진행되고 있기 때문이다. 중국에서 가격파괴가 급격하게 일어나는 이유는 중국의 재고수준이 매우 높기 때문이고, 금융권으로부터 차입이 힘들어져서 재고를 더 이상 증가시킬 수 없기 때문이고, 기업구조조정이 급하게 진행되거나 기업파산이 임박하고 있기 때문이다.

중국의 경제 문제를 해결하기 위해서는 기업구조조정을 하면서 기업의 부채 중 일부를 정부의 부채로 전환해야 한다. 기업의 부채를 정부의 부채로 전환하면서 기업에 대한 구조조정(대량실업 대책포함)에 실패한다면 정부의 부채만 확대하면서 기업의 재고자산을 감소시키지는 못할 것이라고 본다. 기업의 재고가 감소하지 않으면 기업의 부실과 부채는 앞으로도 계속 증가할 것이라고 본다.

부동산과 증시의 버블은 결국 유동성의 문제다. 소득 분배를 확대하면서 통화를 축소하면 증권과 부동산의 가격은 하락한다. 이 과정에서 발생하는 부작용(금융 시스템 붕괴)을 해소하면서 통화축소가 진행되어야 한다.

하지만 중국의 유동성(통화) 확대는 무역 흑자 증가가 주요 원인이다. 무역 흑자의 축소 없이는 유동성 축소는 불가능할 것이라 본다.

3) 일본 경제의 문제

일본의 경제는 2011년 동일본대지진(후쿠시마원전 붕괴) 전과 후를 분리해서 보아야 한다.

후쿠시마원전 붕괴 이전에는 일본의 기업지원 정책과 노동소득의 감소로 인한 생산과 소비의 격차가 확대되어 국내가격이 낮아져서 수출이 증가하고 무역 흑자가 크게 확대되었었지만, 미국의 강압에 의한 엔고 정책으로 인해서 엔화 가격이 상승하여 무역 흑자가 축소되면서 장기불황에 시달리고 있었다.

2011년 후쿠시마원전 붕괴로 인해서 에너지자원의 수요가 급증하고, 후쿠시마 부근의 산업생산능력이 약해진 상태에서 수입이 확대되면서 발생한 무역 적자를 일본의 해외 투자자본이나 소득이 유입되면서 균형을 이루고 있다. 일본의 무역 적자가 만성화되고 지속적으로 확대되고 있다.

일본의 무역 적자 만성화의 이면에는 재정 적자와 일본은행의 국채매입이 있다. 대외구매력이 있는 화폐를 가진 국가의 재정 적자와 중앙은행의 국채매입은 유동성을 확대하여 환율상승효과보다 가격상승효과를 더 많이 발생하게 하여 무역 적자를 확대한다.

4) 유로 경제의 문제와 브렉시트(Brexit)

유로 국가는 근본적으로 경쟁력을 가질 수 없는 경제 시스템이다. 독일과 같이 경쟁력이 있는 국가는 무역 흑자가 발생하면서 지속적으로 생산이 증가하지만, 그리스나 스페인과 같이 경쟁력이 낮은 국가는 무역 적자가 확대되면서 지속적으로 생산이 감소하며, 유로경제권 전체적으로는 무역 적자가 발생하면서 생산이 감소하고 있다.

유로 국가가 경제적 균형을 이루기 위해서는 통화통합에 더하여 조세와 복지 정책을 통일하여 유로 국가의 시민들이 유로경제권 국가 어디로 이사하더라도 현지인과 동일한 조세 부담과 복지혜택을 받을 수 있게 하면 된다. 이유는 시민들의 자유로운 이동을 보장함으로써 유로경제권 내 국가들의 경쟁력이 자동으로 조정되어 균형을 이루기 때문이다.

영국은 EU(European Union, 유럽연합)에 가입했지만, 유로를 사용하지 않고 자국 화폐인 파운드를 사용한다. 2014년 영국이 EU를 지원하는 지원금은 141억 유로다. 영국 국민들의 입장에서는 'EU를 지원하는 부담금을 국내복지에 사용한다면 영국 국민들의 생활이 나아질 것이다.'라는 생각을 할 수 있다.

하지만 영국은 자국 화폐를 사용하는 EU 국가로서 EU로부터 많은 경제적 혜택을 받고 있다. 자유변동환율제 국가이기 때문에 유로 국가의 평균경쟁력보다 경쟁력이 높다. EU 국가이기 때문에 통관, 관세 등에서 다른 역외 국가보다 유리한 위치에 있다. 영국이 가진 실제 경쟁력보다 더 나은 교역조건을 가지게 되어 경제적 이익을 보고 있다.

영국 런던은 세계 3대 금융시장이다. 세계의 자본이 모이는 곳이다. EU 국가 중에서 경제 위기를 겪는 국가가 많이 있다. 이 국가들은 금융시장의 중요한 고객이다. 영국이 EU 국가임으로 인해서 EU 국에서 영국의 금융산업이 뉴욕 등 다른 금융시장에 비해서 경쟁력을 가지게 되었다.

영국이 2016년 6월 EU에서 탈퇴하기로 결정했다. 영국이 EU에서 탈퇴함으로 인해서 EU 통합의 규모가 작아질 수는 있지만, 오히려 통합은 탄력을 받게 될 것이라고 본다. 이유는 EU 국가들의 위기의식이 높아지기 때문이다.

반면에 영국은 EU 시장에서의 경쟁력 우위를 상실하게 된다. 특히 금융산업의 우위 상실은 영국의 경제 위상을 하락시킬 것이라 본다. 더하여 영국 정부의 지출구조로 보아 절감되는 EU 부담금 141억 유로가 영국 서민들의 복지에만 사용될 것이라고는 보지 않는다.

영국의 EU 탈퇴[브렉시트: Brexit, 영국의 유럽연합(EU) 탈퇴]는 찻잔 속의 태풍일 뿐이라고 본다. 세계 경제에 별 영향이 없다. 어쩌면 EU 통합을 앞당겨서 유로 경제 시스템의 문제를 더 빨리 해결할 수 있을지도 모른다.

아니면 세계의 보호무역화를 앞당길 것이라고 본다. 이유는 브렉시트가 세계 여러 국가의 위기의식을 높일 것으로 생각될 수도 있기 때문이다.

04 세계 경제 위기의 원인과 해결 방향

어떤 시스템이든지 간에 시스템은 균형이 무너지면 붕괴한다.

세계 경제 시스템의 붕괴도 표면상으로는 미국의 대외 불균형, 즉 무역 적자 때문에 발생하고 있다.

약 170여 년 전 영국은 중국과의 무역 불균형 문제를 아편을 대량으로 중국에 판매함으로써 무역역조를 해소했는데, 미국은 과연 어떤 방법으로, 어떤 상품으로 중국과의 무역 불균형 문제를 해소할 수 있을까? 달러 양적 완화로는 해결할 수 없다.

이제 중국의 제조업 생산 규모가 미국을 추월하고 있다고 한다. 이것은 미국의 산업경쟁력이 갈수록 약화되고 있다는 것을 말하며, 무역 불균형으로 인해서 중국과 미국의 힘의 균형까지 역전되는 단계가 되었다는 것을 말해주고 있다고 본다.

1) 세계 경제 시스템의 붕괴 원인

세계 경제 위기의 원인은 기축통화국인 미국 경제의 불균형 때문이다. 그러므로 세계 경제 위기의 극복도 미국의 경제가 균형을 회복할 수 있느냐에 달려있다. 미국 경제가 균형을 회복할 수 있다면, 세계 경제의 위기도 해결할 수 있을 것이고, 미국 경제가 균형을 회복할 수 없다면, 미국 경제는 붕괴될 수밖에 없고, 세계 경제 역시 붕괴할 수밖에 없다고 봐야 한다.

다른 말로 표현하면, 현재의 세계 경제에서 미국이라는 경제가 없어지는 정도로 세계 경제가 구조조정을 겪어야 한다고도 말할 수 있다.

과거 스페인이 산업의 경쟁력을 상실한 이유는 남미에서 약탈한 금과 은 때문이다. 금·은 본위 화폐경제에서 풍부한 금과 은은 해외로부터의 수입을 확대하도록 해서 자국의 생산기반을 황폐화시킨다. 생산기반이 황폐화하면 노동소득 감소는 물론 기술까지 파괴해서 경쟁력을 붕괴시킨다.

로마가 멸망한 경제적 이유는 재정 적자 문제를 해결하기 위해서 화폐(금·은화)발행권을 이용하여 금화의 순도를 낮추었기 때문이라고 말할 수 있다. 금화의 순도를 낮춤으로써 처음에는 재정 적자 문제를 해결할 수 있었지만, 각국의 상인들이 로마의 금화를 기피함으로써 로마의 경제가 무너졌다고 봐야 한다.

미국이 재정 적자 문제를 해결하기 위해서 달러의 발권 확대 정책을
사용하는 것과 로마가 재정 적자 문제를 해결하기 위해서 금화의 순도
를 낮춘 깃이 하나도 다르지 않다는 것, 스페인이 풍부한 금과 은으로
수입을 확대하여 자국의 산업을 황폐화시킨 것이나 미국이 달러 발권
(재정 적자)으로 풍부해진 달러를 이용하여 수입을 확대하여 미국의 산
업을 황폐화시키고 있는 것이 하나도 다르지 않다는 것을 생각하면, 현
재의 세계 경제 위기의 끝이 무엇인지도 대략 짐작할 수 있다고 본다.

2) 국제경제 위기(공황)

(1) 왕조의 멸망과 공황

공황은 생산과 소비의 불균형 확대로 인해서 경제 시스템이 무너지
는 현상이다.

국가가 형성된 후 일정 기간이 지나면 기득권층은 조세를 회피하기
위한 노력을 하고, 그 결과 조세가 공평하게 부과되지 못한다. 조세가
공평하게 부과되지 못하면 소득 분배가 악화되어 빈익빈 부익부의 현
상이 나타난다.

실질적으로 평민들이 조세의 대부분을 부담한다. 빈익빈 부익부의
현상이 나타나면 국가는 재정 적자가 발생하고, 재정 적자는 평민들의
조세 부담을 과중하게 하고, 평민들은 부자들에게 몸을 팔게 되며, 몸
을 파는 평민이 많아질수록 국가재정은 더 궁핍해지며, 그러한 상황에
서 가뭄 등 자연재해가 발생하면 민란이 일어나서 왕조가 망하든지 아
니면 외부의 침략으로 멸망하게 된다.

민란이 발생하는 상태를 공황이라고 말할 수 있다.

민란이 발생하여 왕조를 뒤엎으면 또는 외국의 침략으로 왕국이 멸

망하면 지금까지의 기득권층이 무너지므로 기득권층이 가지고 있던 자본도 무너지게 된다. 반면에 민란이나 전쟁은 전쟁비용을 필요하게 되고, 전쟁비용의 대부분은 식량을 포함한 인건비라는 것을 생각하면 민란이나 전쟁은 노동으로의 소득 분배를 확대하는 것이 된다.

민란을 일시적으로 제압하더라도 노동소득이 확대되지 않으면 민란은 계속해서 발생할 수밖에 없다.

공황이 발생한 국가는 민란 또는 반란으로 왕조가 바뀌거나 외부로부터의 침략으로 멸망하는 방식으로 기득권층의 자본이 파괴되는 과정을 거쳐 공황을 극복해 왔다.

(2) 금·은 본위제 화폐 시대와 신용화폐 시대의 공황

이번 국제경제 위기를 정확하게 판단하기 위해서는 공황의 입장에서 과거의 공황이 어떻게 진행되었는지를 보면서 판단해야 하고, 현재의 경제 시스템과 과거의 경제 시스템이 어떻게 다른지를 고려해야 현재의 공황이 어떻게 진행될 것인지를 전망할 수 있을 것이라고 본다.

공황은 다른 말로 표현하면 '전황(錢荒)'이다. 빈부(소득) 격차가 심해지면 금본위제나 은본위제 화폐는 부자들에 의해서 저축의 수단이 되어 퇴장하게 된다. 시중에 화폐가 사라지면(전황이 발생하면) 유효수요가 부족하게 되고, 수요가 부족하면 생산이 축소된다. 생산 축소는 고용 감소로, 고용 감소는 노동소득을 하락시키고, 노동소득의 하락은 소비를 축소시켜 다시 생산과 소비의 불일치를 확대한다. 생산과 소비의 불일치가 극대화되면, 노동의 가격이 극도로 하락하게 되어 서민들은 부자들에게 자신의 신체를 팔아서(노예가 되어서) 생명을 유지하게 되고, 그것은 바로 사회 시스템이 붕괴하는 것을 말한다.

사회 시스템의 붕괴 다음에는 정치 시스템의 붕괴가 따르고, 그것이 바로 왕조의 교체고, 혁명이다.

1929년의 세계공황은 전쟁준비와 전쟁으로 국가가 서민들의 노동을 상당한 가격으로 구입해 주었고, 제2차 세계대전으로 생산시설이 파괴되어 생산과 소비가 균형을 이루게 됨으로써 공황을 탈출한 것이다.

신용화폐 시대에 있어서 공황의 진행은 빈부 격차가 확대되면 저소득층의 소득이 감소하고, 저소득층의 소득 감소는 소비를 축소시킨다. 소비가 축소되면 생산이 줄어들고, 생산이 줄어들면 노동소득이 줄어들고, 노동소득이 줄어들면 다시 소비가 줄어들어 생산이 줄어드는 과정을 되풀이한다.

신용화폐 시대에서의 공황의 형태는 금·은 본위 화폐 시대와는 상당히 다르게 나타난다. 신용화폐 시대에서 화폐는 저축(가치저장) 기능이 없다. 가치저장 기능이 없으므로 자본소득이 늘어나면 자본가들은 화폐를 자산과 교환하여 자산을 보유함으로써 가치를 저장하려고 한다.

소득불균형이 확대되면 부자들의 저축(가치저장)으로 부동산·주식 등 자산 가격이 상승하고 서민들의 소득이 줄어들어 소비가 축소되어 경제가 침체에 빠진다. 정부는 소득불균형을 교정하기보다는 재정 적자의 확대 또는 통화를 확대함으로써 일시적으로 소비를 확대하여 경기 확대를 시도한다.

재정 적자의 확대, 통화의 확대는 부자들의 자산 투자를 더 확대하게 하여 자산 가격을 더 상승(버블 형성)시키고, 노동과 자산의 교환비율을 악화시키고 소득 분배를 악화시켜 장기적으로 소비를 더 위축시킨다. 지속적인 소비 축소(디플레이션)가 공황의 시작이다.

서민들이 임대료를 증가시켜주지 못하는 상황과 이자율을 내리거나 대출을 증가시켜도 통화를 더 확대할 수 없는 상황(유동성 함정)이 오면 부동산 버블은 붕괴될 수밖에 없고, 부동산 버블의 붕괴는 금융 시스템의 붕괴로 이어져 산업 시스템과 경제 시스템을 붕괴시킨다. 이것이 자본의 파괴이고 공황이다.

주식가격의 버블 역시 소비위축으로 기업들이 도산하는 상황이 오면 주식가격이 붕괴할 것이고, 주식가격의 붕괴는 주식시장의 붕괴로, 주식시장의 붕괴는 금융시장의 붕괴로 이어져 경제 시스템을 붕괴시킬 것이다. 이것도 자본의 파괴이고 공황이다.

신용화폐 시대의 공황도 자본을 파괴하지 못하면 극복되지 않는다. 단 신용화폐 시대의 공황은 금융 시스템이 무너져서 금융 자본의 대다수가 파산함으로써 자본이 파산하는 과정을 거쳐 극복할 수 있다고 본다.

3) 통화 확대와 출구 전략

각국 정부는 통화량을 확대함으로써 일시적으로 소비를 확대하여 시스템의 붕괴를 늦추고 있지만, 통화가 확대되었다고 해도 생산량이 증가한 것이 아니므로 결국은 통화가 확대된 것만큼 물가와 자산가가 상승하게 되고, 물가와 자산가가 상승한 만큼 통화가 확대되기 전보다 소득 격차는 더 심해진다. 소득 격차의 확대는 다시 소비의 감소, 생산의 감소로 이어진다.

많은 국가에서 디플레이션이 끝나고, 인플레이션이 시작하면(경제가 정상화되면) 출구 전략으로 통화를 축소할 수 있다고들 생각하겠지만, 통화를 축소하면 가장 취약한 서민들의 노동소득부터 다시 축소된다. 통화 확대로 소득 격차가 더 심해졌기 때문에 소비 축소도 통화량 확대 전의 수준보다 더 많이 축소된다. 소비 축소가 더 심해졌으니 생산의 축소도 그만큼 더 커질 것이고, 시스템 붕괴 역시 더 빨리 시작될 것이다.

이 상태에서 정부가 출구 전략을 계속하면, 사회 시스템이 붕괴되고, 사회 시스템이 붕괴되면, 정치 시스템도 붕괴된다. 정치 시스템의 붕괴는 체제의 붕괴(혁명)를 의미한다.

출구 전략을 중지하면 (통화를 확대하거나 통화축소를 중지하면 몇 번의 같은 과정을 거쳐) 하이퍼 인플레이션으로 접어들게 되리라 추정하고, 하이퍼 인플레이션이 시작되면 국민경제 시스템 자체가 무너진다.

공황을 벗어나는 방법은 전쟁이든 혁명이든 어떤 방법이든지 간에 생산과 소비의 격차를 축소해야 하고, 생산시설을 파괴하는 전쟁이 아닌 상황에서는 자본시장을 파괴하거나 소득 격차 해소(소득 분배 확대)를 하지 않으면 벗어날 수 없다. 소득 격차의 해소는 노동소득의 증가를 말하고, 이것은 기득권세력의 양보가 동반되어야 한다. 기득권세력의 양보는 권력 헤게모니를 장악한 세력의 교체 없이는 사실상 불가능하다.

현재의 권력을 장악한 기득권층은 자신들의 부를 내어놓기보다는 전쟁을 통하여 상대국의 생산시설(축적된 자본)을 파괴함으로써 자신들의 부를 지키려고 할 가능성이 크다. 독재국가가 전쟁을 일으키기가 쉽다.

그러므로 현재 헤게모니를 장악한 세력은 소득 격차 해소를 끝까지 막으면서 통화를 확대하고 환율을 낮추어, 자국의 재고를 다른 나라로 전가하여, 공황 문제를 해결하려고 하다가 해결하지 못하고, 파국의 순간이 오면, 경제 위기를 이용해서 정치 시스템을 독재정치 시스템으로의 변경을 시도할 것이고, 그다음에는 전쟁으로 문제를 해결하려고 할 것이라고 본다.

이번 국제경제 위기에서 빈부 격차가 심한 국가일수록 통화 확대(양적 완화)를 많이 했다. 이 말은 빈부 격차가 심한 국가일수록 소비 축소가 심했기 때문에 통화량 수축(통화속도 저하)이 심했다는 것을 의미한다. 빈부 격차가 심한 나라일수록 출구 전략(통화축소)을 시행하지 못하고 있다.

세계 경제가 (가능성은 없지만) 정상화된다고 하더라도 출구 전략을 사용하지 못한 나라는 (구조조정을 하지 못했으므로) 그만큼 경쟁력이 약해졌고, 종전과 같은 경쟁력을 유지하기 위해서는 환율상승과 노동이나 내수 부문의 희생이 필요하다. 환율이 상승하면 그만큼 소득이 낮아지고 노동이나 내수 부문의 희생은 소득 분배를 악화시키고 다시 소비를 감소시키는 악순환에 빠지게 한다.

세계 경제가 정상화되지 않고 대폭락을 한다면, 전쟁과 최소한의 에너지와 식량 조달 문제를 제외하면, 세계 각국의 경제 문제는 세계 경제가 균형을 이룰 때까지(3년~5년 동안) 국민경제를 질서 있게 축소하면서 국민의 생명을 유지하게 하는 것이 경제 정책의 목표가 될 것이라고 본다. 3년~5년 동안 국제무역이 거의 불가능한 상황에서 국민의 생명을 유지하게 하는 것, 경제 시스템을 최소한이나마 유지할 수 있게 하는 것은 정부의 부채 확대능력 밖에는 사실상 없다.

빈부 격차가 심한 나라일수록 민간부채가 많고, 국가부채가 많은 것을 보면, 빈부 격차의 해소만이 공황을 막는 길이고, 공황을 벗어나는 길이고, 공황에서 국민의 생명을 지키는 길이고, 국가의 경쟁력을 높이는 방법이라고 해야 할 것이다.

4) 공황의 해결(극복)

공황의 문제는 혁명이나 전쟁이 일어나지 않으면 사실상 해결할 수 없다.

공황의 극복은 생산과 소비가 균형을 이룸으로써 극복된다. 공황을 해결하는 방법은 두 가지다. 하나는 자본을 파괴함으로써 생산과 소비의 균형을 이루게 하는 것이다. 이 방법은 많은 사람을 고통스럽게 한다.

또 하나는 자본의 이익률을 낮춤으로써 노동으로의 소득 분배를 확대하여 생산과 소비의 균형을 찾아가는 방법이다. 기득권층의 양보가 필요하고, 기층민의 각성이 필요하다.

05 국제(미국과 중국)경제에 대한 전망

세계 경제는 미국과 중국의 경제에 달려있다. 미국과 중국이 경제 문제(무역 불균형)를 해결할 수 있으면 세계 경제도 정상화될 것이고, 미국과 중국이 경제 문제를 해결하지 못하면 세계 경제도 문제를 해결할 수 없을 것이다.

1) 미국과 중국의 입장

(1) 미국의 입장과 요구

미국은 매년 8천억$의 무역 적자와 8천억$ 이상의 재정 적자를 발생시키고 있으며, 대중국무역 적자도 매년 5천억$ 이상이다. 무역 적자는 미국 내의 산업을 파괴하여 미국 노동자들의 일자리를 없애고 있으며 실업자를 양산하여 복지 수요를 확대하고 있다.

현재는 재정 적자를 확대함으로써 경제 시스템의 붕괴를 막고 있지만 막을 수 있는 시기가 그리 오래 남지 않았다는 것을 미국의 지도층들도 충분히 인식하고 있다고 본다.

미국의 입장은 중국에 대한 공격으로 나타나고 있다. 현재와 같은 상황이 계속되면 미국과 중국의 경제력 역전은 물론 군사력 역전까지 일어나기 때문이다.

무역에 대해서는 (1) 변동환율제를 도입하라, (2) '지적재산권보호에 관한 국제기준을 지켜라.'라고 요구하고, 세력권을 유지하기 위해서 (3) 중국 주변국을 회유하여 군사적으로 대중국포위 전략을 구사하고 있다.

(2) 중국의 입장

중국의 입장에서는 현 상황을 고수하는 것이 제일 좋다. 하지만 미국의 공격에 대해서는 대응할 수밖에 없다.

무역 문제에서는 환율제도 문제에 대한 간섭은 내정간섭이라고 주장하며 달러 고정환율제를 기준 환율 고시제도로 변경(2015년 8월)하여 미국의 압박을 분산시키고, 지적재산권 문제는 대화로 해결하자고 주장하고 있고, 중국포위 전략에 대해서는 주변국에 강온양면 전략을 구사하며 미국과 정면으로 대립하고 있다.

중국의 입장에서는 대외적으로는 현재 상황을 그대로 유지하고, 대내 경제 문제인 과잉설비를 제거(기업구조조정)하면서 대량실업 문제를 해결해서 지속적인 발전을 할 수 있는 바탕을 마련하는 것이 시급하다.

(3) 중국의 자유변동환율제선택 문제와 효과

중국이 세계의 중심국가로 가기 위해서는 환율제도 문제를 해결해야 하고, 그 방법은 자유변동환율제를 채택하는 것이다. 환율 문제에 대한 미국의 문제 제기에 대하여 중국이 내정간섭이라고 반박하는 것은 정당한 반박이 아니다.

중국이 자유변동환율제를 선택하면 미국의 무역 적자 문제는 해결 가능한가?

중국이 자유변동환율제를 선택하여 달러경제권에서 벗어나면 중국의 국제경쟁력은 중국 내의 공급(생산)과 수요(소비)의 변동에 의한 가격 변화에 달려있다.

자본수지의 변동이 없다면 중국 위안화의 환율은 중국의 평균경쟁력을 반영하므로 무역이 균형을 *이루게 된다.

중국이 달러경제권에서 벗어나더라도 미국의 재정 적자는 줄어들지 않는다. 미국의 재정 적자가 계속되는 한 미국 내의 달러 유동성은 계속해서 증가한다. 달러 유동성이 풍부해지면 금융산업의 경쟁력이 높아져서 해외로의 투자가 확대되면서 소득이 증가한다. 반면에 재화와 용역의 국내가격이 상승하여 무역 적자가 발생한다.

미국의 무역 적자는 국내가격과 해외가격과의 차이에서 발생하는 것이므로 중국이 자유변동환율제를 채택하여 달러경제권에서 벗어나더라도 미국의 무역 적자는 별로 감소하지 않는다. 중국에 대한 무역 적자가 전 세계에 대한 무역 적자로 전환된다.

2) 미국의 선택

(1) 미국의 의사결정과정

미국의 의사결정은 미국 정부와 국민이 결정하기보다는 자본 뒤에 숨어 있는 이너서클(Inner circle, 소수의 핵심 권력 집단)이 방향을 설정하고, 이너서클의 행동대가 추진하고, 미국 정부가 뒤따른다고 보면 크게 틀리지는 않을 것이라 짐작한다.

미국의 이너서클이 실체가 있는지 없는지는 증명할 수 없지만, 미국의 의사결정이 미국국민의 이익보다는 자본(이너서클)의 이익을 위해서 결정되고 있다는 사례들은 너무 많다.

미국 이너서클의 의사결정이 무엇인지 세상에 모습이 드러나는 경우는 이너서클이 숨어있다고 짐작되는 월가, 군산복합체와 그들의 행동대라고 짐작되는 연방은행과 재무성, 상무성의 전·현직관리들, 네오콘과 전·현직 국방성의 관리들, 국토안보부와 CIA, 싱크탱크들의 발언이나 행동을 보면 미국이 어떤 방향으로 가려고 하는지를 짐작할 수 있고, 현재 이너서클의 이익이 무엇인지를 생각하면 미국이 어떤 방향으로 가려고 하는지를 짐작할 수 있다.

이너서클은 장기적 관점에서 일관성을 가지고 방향을 설정하고, 싱크탱크가 이론적 배경을 제시하고, 행동대들이 비공식적으로 활동하여 분위기를 조성하고, 정부는 단기적인 관점에서 현재의 여건과 국제여론을 바탕으로 고(GO)와 스톱(STOP)을 반복하는 의사결정을 한다고 본다. 미국 정부의 의사결정은 이너서클의 행동대가 미국의 의사결정과 관련된 세계 각 나라를 움직여 분위기를 조성한 후에 공식화하는 방식으로 나타나는 경향이 아주 많다.

공화당이 미국 정부를 장악했을 때에는 정부와 이너서클의 행동대가 이너서클의 이익을 위해서 한 몸과 같이 움직이고, 민주당이 미국 정부를 장악했을 때에는 이너서클의 행동대가 이너서클의 이익을 위해서 먼저 분위기를 조성한 후에 민주당 정부를 끌고 간다고 본다.

미국 국민들은 미국이 가고자 하는 방향을 결정하지 못하고 단지 미국 정부를 선택하는 투표에 참여하는 데에 지나지 않는다고 본다.

(2) 미국의 당면 문제와 이너서클의 선택

미국의 당면 문제는 무역 적자를 해소하여 국내산업과 고용을 유지하는 것, 소비를 확대하여 경제침체(디플레이션)를 방지하는 것, 현재의 미국세력권을 유지하는 것이다.

무역 적자를 감소시키기 위해서 정부 지출을 줄이면 무역 적자는 줄어들지만, 국내 소비가 더 많이 감소하여 경제가 디플레이션 상태가 되면서 고용이 감소하여 미국 서민경제가 무너지고, 경제를 살리기 위해서 정부 지출을 증가시키면 재정 적자가 증가하고 경제가 조금 살아나지만, 무역 적자가 급격하게 확대되는 딜레마에 빠져있다.

미국세력권을 유지하기 위해서는 국방비의 지속적인 증액이 필요하지만, 재정 적자의 증가는 국방비의 증액을 불가능하게 한다.

미국 이너서클의 입장에서는 선택의 기로에 빠져있다.

첫째로, 미국세력권을 포기하고 국방비를 줄이고 재정 적자를 줄이고, 자본소득을 감소시키고 노동소득을 증가시켜 소득 분배를 확대해서 무역 적자를 줄이면서 경제를 정상화시킬 것인지, 아니면 둘째로,

경제 정상화를 포기하고 양적 완화와 재정 적자를 계속하면서 세력권을 유지할 것인지를 선택해야 할 기로에 있다.

이너서클의 입장에서는 세력권을 포기하고 경제를 정상화하는 방식은 자신들이 그동안 빨아들인 이익(자본축적)까지 다 토해놓아야 한다는 점을 생각하면 도저히 선택할 수 없다.

경제 정상화를 포기하고 양적 완화와 재정 적자를 계속하면서 세력권을 유지하는 방식은 몇 가지 조건(우방국 협조와 미국국민의 동의)이 필요하다. 양적 완화와 재정 적자를 이용하여 경제를 운영하는 방식은 지속이 불가능하며 마지막은 금융 시스템이 붕괴하면서 미국 경제와 체제가 무너질 것이라고 본다.

이너서클은 현 상태를 유지하면서 변화를 모색하며 몇 가지 조건을 충족시키려고 한다고 본다.

경제 문제 중 서민 일자리가 감소하는 문제는 무역 적자 때문이고, 무역 적자는 중국의 환율제와 일부 국가들의 보호무역주의 때문이라고 홍보하며 미국국민들의 불만을 중국 등 무역 흑자국으로 돌리면서 시간을 벌고, 미국국민들의 반발은 정보통제로, 인종갈등으로 미국국민을 갈라치기 하면서 국토안보부가 중심이 되어 국가공권력으로 탄압할 준비를 하고 있다고 본다.

무역 적자 문제를 해결한다고 하면서 보호무역규제를 확대하고, 우방국과 중국과의 갈등을 증폭시켜 우방국과 중국과의 무역거래를 축소하도록 유도하고, 나아가서 중국을 배제하는 블록경제 시스템을 구축하고자 한다고 본다.

대외적으로는 러시아, 중국과 주변국의 갈등을 이용하여 주변국을 미국의 MD 시스템에 편입시키고, MD 시스템을 발전시킴으로써 중국과 러시아를 압박하고, 제3차 대전이 발발하는 경우 미국군사기지와 미국 핵심부(이너서클과 행동대)의 생존 가능성을 높이고자 하고 있다고 본다.

가능하다고 생각하지는 않지만(중국이나 러시아가 놀고 있지만은 않으리라는 것을 생각하면), 일본과 한국을 이용하여 중국과의 갈등을 유도하고, 국지전으로 발전시키면 중국과의 무역을 단절시킬 수 있고, TTP(환태평양 경제 동반자 협정)와 같은 협정을 이용하고 발전시켜서 국제여론을 움직이고, 일본과 한국을 압박하여 중국을 배제하는 미국 주도의 블록경제 시스템에 편입시킬 수 있을 것으로 생각할 것이라 본다.

일본과 한국을 미국 주도의 블록경제 시스템에 편입시키면 한국과 일본 국민은 현재의 멕시코와 비슷한 처지에 빠지고 말 것이며, 미국 경제 시스템의 붕괴는 국제금융 자본이 한국과 일본의 축적된 자본과 자산을 다 빨아먹을 때까지 연기될 것이라 본다.

북한의 핵 문제를 '전략적 인내'라는 미명하에 문제 해결을 계속 늦추어 온 것도, 북한의 핵 문제를 중국과 한국의 갈등유도, 한국의 MD 시스템 편입, 미·일·한 3국 군사동맹추진의 지렛대로 이용하기 위한 것이 아닌지 의심이 간다. 미국에게 중요한 것은 북한의 핵무장 억제가 아니고 한국과 일본을 미국의 이익을 위하여 어떻게 이용할 수 있느냐가 중요하다고 생각한다.

한국의 MD 시스템 편입과 미·일·한 3국 군사동맹은 한반도를 전쟁상태로 만들 것이라고 보며, 우리나라는 왜 전쟁이 일어나는지, 언제 전쟁이 일어나는지도 모른 상태에서 전쟁에 끌려들어 갈 것이고, 한반도 전쟁에서 죽어 나가는 사람들은 대한민국 국민이 될 것이라고 본다.

06 트럼프의 감세 정책이 미국 경제에 미치는 영향

1) 감세 현황(2017. 12. 20. 의회 통과)

감세의 주요 내용은 법인세율을 35%에서 21%로 낮추고, 개인소득세 최고세율을 39.6%에서 38.5%로 낮추고, 상속세 면제를 확대하는 것이며, 감세 규모는 10년간 1조 5,000억$(1,630조 원)로 알려졌다.

2) 감세의 효과

⑴ 경쟁력 강화에 의한 생산 증가 효과

미국에서 법인세율이 낮아지면 기업의 이윤이 증가하고, 기업이윤이 증가하면 가격경쟁력이 높아진다. 가격경쟁력이 높아지면 수출이 증가하고 생산이 증가한다. 생산이 증가하면 고용도 증가한다.

미국의 수출이 증가하면 환율이 하락하여 수출이 감소하고 수입이 증가하여 무역이 균형을 이뤄야 한다. 하지만 미국의 통화인 달러는 기축통화다. 기축통화를 사용하는 국가에서 수출이 증가하더라도 환율의 변화는 상당히 약하다. 환율의 변화가 별로 없으므로 미국의 수출 증가는 무역 흑자, 즉 무역 적자의 감소로 연결된다.

미국 내의 가격대비 수요의 탄력성보다 세계의 가격대비 수요의 탄력성이 높다. 수요의 가격대비 탄력성이 높으면 기업이윤의 증가에 의한 가격경쟁력의 증가보다 수출의 증가율이 더 높으므로 감세보다 수출 증가가 더 많이 발생한다고 할 수 있다.

⑵ 산업의 구조조정 효과

법인세율 인하는 경쟁력이 높은 기업의 가격경쟁력은 높아지는 데 비하여 경쟁력이 낮은 기업의 경쟁력은 거의 높아지지 않는다. 법인세율이 35%에서 21%로 낮아지면 미국의 첨단산업은 가격경쟁력이 높아져서 생산이 증가하지만, 미국의 일반산업은 가격경쟁력이 거의 변화가 없으므로 생산도 거의 증가하지 않는다.

첨단산업은 생산 대비 고용계수가 대단히 낮다. 첨단산업의 생산이 증가하더라도 고용은 거의 증가하지 않는다. 미국이 법인세율을 35%에서 21%로 낮추면 생산은 증가하지만, 고용은 별로 증가하지 않는다.

산업구조가 조정되면서 생산 증가와 생산요소의 이동 및 생산요소가격의 상승이 동시에 발생한다. 미국 내의 생산요소의 이동 등에 의한 비용의 증가와 무역상대국의 대응으로 인해서 미국의 감세에 의한 경쟁력의 상승과 수출 증가에 의한 생산의 확대는 무한정 지속되지 않고, 지속적으로 낮아지며, 상당한 시간이 지나면 감세 효과는 거의 없어질 것으로 예상한다.

감세 효과에 의한 생산 증가 효과가 사라지면 미국의 산업은 첨단산업의 생산 증가만큼 일반산업의 생산 감소가 일어나고, 일반산업의 생산 감소만큼 고용 감소가 발생한다.

미국의 법인세율이 35%에서 21%로 낮아지면 일시적으로 첨단산업의 생산이 증가하여 무역 적자 감소 효과가 발생하지만, 차츰 미국 일반산업의 생산이 감소하면서 미국의 고용이 감소하고 무역 적자 감소 효과도 사라질 것으로 예상한다.

미국산업에서 기업 간의 격차가 확대되고 생산 대비 고용계수가 낮아지고 자본소득 분배율이 높아지고 가계소득의 증가율보다 기업소득의 증가율이 매우 높아지면서 소득 분배가 극도로 악화한다. 수출 증가에 의한 생산 증가는 경쟁력이 높은 기업에서 주로 발생한다.

(3) 세입 감소에 의한 정부 지출 감소 효과

세입이 감소하면 정부 지출도 그만큼 감소한다. 미국의 정부 지출이 감소하면 감소액의 소비승수(약 2.5배)만큼 미국의 국민소득이 감소한다.

첨단산업의 고용계수는 매우 낮다. 첨단산업의 생산이 증가하더라도 고용은 거의 증가하지 않는다. 첨단산업의 생산(수출) 증가에 의한 소득 증가 효과는 매우 낮다. 감세에 의한 미국 첨단산업의 수출 증가가 감세액의 2.5배를 넘지 않는 한 감세로 인한 국민소득 증가 효과는 단기적으로도 거의 발생하지 않는다.

감세에 의한 수출 증가 효과가 차츰 사라지면서 산업구조만 저고용 구조로 변화하므로 미국의 고용시장은 지속적으로 나빠진다.

(4) 재정 적자 확대의 무역 및 소득효과

감세에 의한 10년 동안의 감세 금액이 1조 5,000억$이므로 1년 동안의 감세 금액은 1,500억$다. 감세하면서 재정 적자를 증가시키지 않으면 현재의 정부 지출을 1,500억$ 감소시켜야 한다. 미국은 현재의 상태에서 정부 지출을 연간 1,500억$ 감소시킨다면 미국의 국방과 서민경제는 거의 파탄상태에 빠질 것이라 예상되므로 재정 적자를 증가시킬 수밖에 없다고 본다,

정부 지출이 증가하면 소비승수(약 2.5배)만큼 소득 증가 효과가 있다. 미국 정부가 재정적자를 연 1,500억$ 증가시키면 미국의 국민소득이 3,750억$ 증가해야 하지만 미국은 재정 적자 증가액(1,500억$)만큼의 증가 효과도 발생하기가 어렵다.

미국의 경우 재정 적자의 60%~80% 정도 무역 적자가 발생하고 있다. 이유는 재정 적자로 인해서 미국 내의 유동성(달러)이 많아져서 수요가 증가하기 때문이다.

미국이 재정 적자를 1,500억$ 증가시키면 무역 적자가 약 1,050억$ 정도 증가할 것이라고 예상할 수 있다. 미국의 무역 적자가 1,050억$

정도 증가한다면 미국의 국민소득 증가는 재정 적자 증가액의 30%인 450억$를 크게 넘어서지는 못할 것이라 예상한다.

3) 종합적인 판단

미국의 법인세 감세는 미국의 첨단산업의 경쟁력을 높여서 일시적으로 무역 적자를 완화하는 효과는 발생할 수 있으나 감세 시작과 동시에 재정 적자 증가압박에 시달릴 것이라 예상되며, 감세 금액보다 약간 낮거나 비슷한 정도로 재정 적자를 증가시키지 않으면 미국의 국방과 서민경제가 무너질 것이라 예상되고, 재정 적자를 감세액과 비슷한 정도로 증가시키면 무역 적자가 증가하면서 2년~3년 후에는 법인세 감세에 의한 무역 적자 완화 효과보다 더 많이 무역 적자를 증가시킬 것이라 예상한다.

미국의 법인세 감세는 미국산업의 고용구조를 더 악화시켜 미국의 산업을 고용 없는 산업구조로 바꿀 것이다.

일자리를 만들기 위하여 법인세를 감세했지만, 일자리를 만들기보다는 오히려 일자리를 없애는 결과를 맞을 것이고, 미국 경제 시스템의 붕괴를 더 앞당기는 결과를 만들 것으로 예측한다.

제2부

제1장

국민소득의 순환과 변동

국민소득(GDP)과 성장

1) 국민소득(Gross Domestic Product, GDP)

국민소득은 한 나라에서 일정 기간(보통 1년)에 생산된 재화와 용역의 총액을 말한다. 이처럼 넓은 의미의 국민소득은 국민 총생산(Gross National Product, GNP)을 의미한다. 외국인이나 외국인 소유의 재산에 의해 생산된 것은 국민 총생산에서 제외되며, 반대로 우리나라 국민과 기업이 외국에 나가 생산한 것은 국민 총생산에 포함된다.

국내총생산(GDP)은 소득을 창출한 사람의 국적이 내국인이든 외국인이든 관계없이, 한 나라의 영역 내에서 가계, 기업, 정부 등 모든 경제주체가 일정 기간 창출한 부가가치를 가리킨다.

시장이 국가 내로 제한되었던 시대에는 주로 국민 총생산(GNP)을 사용했으나 사람이나 기업의 해외생산이 늘어나고, 조세도 소득이 발생한 국가에서 우선 부과하고, 대부분의 국가 사이에 이중과세를 금지하는 협정이 체결되고 있다는 점을 고려하면 GNP보다 GDP가 실질국민소득과 일치하는 면이 더 높다 하겠다.

본서에서는 GDP(국내 총소득)를 국민소득과 동일하게 간주하여 서술하고자 한다.

2) 경제 성장과 생산과 소비

(1) 경제 성장

경제 성장이란 한 나라의 재화와 서비스 생산이 지속적으로 증가, 확대되어 경제 규모가 커지는 것을 의미하고, 국민소득(GDP)이 증가하는 것을 뜻한다. 생산이 증가하면 물질적으로 풍요로워져 국민 생활이 더 나아질 수 있기 때문에 경제 성장은 국민 경제의 중요한 목표 중 하나다.

(2) 생산과 소비의 관계

생산가액은 사실상 판매될 때에 결정되고, 판매가액이 생산가액이다. 소비는 구매함으로써 시작된다. 구매가액이 소비가액이다. 판매는 매매를 생산자의 입장에서 표현한 말이고, 구매는 매매를 소비자의 입장에서 표현한 말이다. 판매가격과 구매가격은 같다. 생산가액과 소비가액은 같을 수밖에 없다.

경제가 성장했다는 뜻은 생산과 소비가 동시에 증가했다는 뜻이다.

 02 국민소득산식과 구성요소의 성격

국민소득(GDP)은 일정 기간(1년) 동안 한 국가의 기업 소비와 개인 소비와 정부 소비와 무역 흑자의 합이다.

국민소득(GDP)=기업 소비+개인 소비+정부 소비+무역 흑자

1) 기업 소비

  기업 소비란 1년 동안 기업이 생산을 위하여 투자한 것 중 판매하지 못한 것을 말한다. 기업 투자란 기업이 생산을 위하여 중간재를 구입하고 인건비를 지출하는 것을 말한다. 기업 소비란 기업이 1년 동안 중간재를 구입하고 인건비를 지출한 것 중 판매하지 못한 재고자산을 의미한다.

  한 기업이 생산한 재화와 용역을 다른 기업에 판매하고 다른 기업이 판매하지 못했다면 이는 다른 기업의 소비이고, 소비의 주체인 가계에 판매했다면 개인 소비다.

  재고자산의 종류로는 순수한 재고자산인 재공품과 생산완제품이 있고, 기업의 설비 투자나 연구개발 투자 중 당해년도에 상각되지 않은 부분도 기업 소비에 포함된다.

2) 개인 소비

  개인 소비란 가계구성원의 생활을 위한 소비 활동을 의미한다.

  가계의 소득처분은 소비와 저축으로 나누어진다. 가계의 소득처분 중에 저축이 아닌데도 불구하고 개인 소비로 잡지 못하거나 애매한 것들이 있다.

  가계가 이윤을 목적으로 음식점을 개설하기 위하여 건물을 임대하고 냉장고를 구입하는 것은 개인 소비에 해당되지 않고 기업 투자에 해당

된다. 개인이 신축주택을 구입하는 것은 당연히 가계의 소비 활동으로 보아야 하고, 개인이 사업자등록을 하지 않고 임대를 목적으로 신축주택을 구입하는 것은 영리를 위한 사업목적이지만 개인 소비로 잡혀야 한다고 보며, 임대사업자로 등록하고 신축주택을 구입하는 것은 기업 투자로 잡혀야 한다고 본다.

가계의 소득 중 다른 가계에 대가 없이 지급하는 증여는 이전지출이고 수증자의 이전소득이다.

3) 정부 소비

정부가 재화와 용역을 구입하는 것을 정부 소비라고 한다. 정부의 지출 중 대부분은 정부 소비에 해당한다.

정부의 지출 중 정부가 직접 SOC를 건설하는 것, 물품을 구입하는 것, 용역(연구기관이나 대학교수의 연구용역 발주 포함)을 구입하는 것, 정부가 유치원이나 교육훈련원에 교육비용을 지불하는 것 등은 정부 소비에 해당되고, 정부기업에 출연하고 정부기업이 투자하는 것은 정부 투자라고 분류할 수 있으며, 기업에 보조금을 지급하는 것과 가계에 보조금을 지급하는 것은 이연지출로서 기업의 수입이나 가계소득에 포함되어야 한다고 본다.

4) 무역 흑자

무역 흑자는 수출에서 수입을 공제한 것을 말한다. 수출은 국내생산 국외 소비를 말하고, 수입은 국외생산 국내 소비를 말한다. 무역 흑자란 국내생산 국외 소비의 잔액을 의미한다.

03 국민소득 구성요소 간의 관계

1) 기업 소비의 증가와 무역 흑자

기업 소비가 증가하는 경우는 두 가지가 있다. 하나는 기업의 설비 투자(연구개발 투자 포함)가 증가하는 경우이고, 다른 하나는 기업이 생산은 많이 했으나 판매하지 못하여 재고가 증가하는 경우가 있다.

설비 투자가 증가하는 이유는 기업이윤의 확대, 새로운 기술의 도입에 의한 생산방식의 변경, 시장의 확대, 수요 확대전망 등이 있다. 설비 투자의 증가는 미래의 생산비용을 감소시키거나 생산을 확대할 수 있게 하는 것이므로 단기적으로는 설비 투자액만큼 국민소득을 증가시킬 뿐만 아니라 장기적으로 국제경쟁력을 확보하는 데 긍정적인 역할을 한다. 국제경쟁력 강화는 무역 적자의 감소 또는 무역 흑자 증가로 이어져서 국민소득을 증가시킨다.

반면에 설비 투자의 확대는 노동의 생산성을 증가시키므로 생산 대비 노동소득비율을 감소시킨다. 노동으로의 소득 배분 확대 없는 설비 투자의 확대는 노동과 자본의 소득 배분을 악화시킨다.

노동으로의 소득 배분이 감소하면 가계로의 소득 배분이 감소하고, 가계로의 소득 배분이 감소하면 개인 소비가 감소하고, 개인 소비가 감소하면 재고가 증가하고, 재고가 증가하면 생산이 감소하면서 국민소득이 감소한다.

설비 투자의 확대는 가계소득을 감소시키고 소득 분배를 악화시켜 경제에 부정적인 영향을 주지만 부정적인 효과보다 국제경쟁력 강화라는 긍정적인 효과가 더 크다. 설비 투자 확대가 문제가 아니고 노동으로의 소득 배분 확대 없는 설비 투자만의 확대가 문제가 된다 하겠다.

기업 소비 중 실질 재고가 증가하는 이유는 생산(공급)이 증가하는 데 비하여 수요(개인 소비와 정부 소비)가 감소하기 때문이다.

생산(공급)이 증가하기 위해서는 국민경제에서 생산의 주체인 기업으로의 자원 배분이 확대되어야 한다. 소비(수요)가 감소하기 위해서는 개인 소비나 정부 소비가 감소해야 하고, 개인 소비가 감소하기 위해서는 가계로의 소득 배분이 감소하거나 가계의 소득 분배가 악화해야 한다(정부 소비의 감소 문제는 정부 소비를 설명하면서 설명하고자 한다).

가계로의 소득 배분이 감소하기 위해서는 노동으로의 소득 배분이 감소하거나 정부 지출 중 가계에 대한 복지지출이 감소해야 한다.

기업으로의 자원 배분 확대는 자본소득을 확대하는 형태로 나타나고 가계의 소득 감소는 노동소득이 감소하는 형태로 나타난다.

정부가 기업의 투자를 확대하기 위하여 기업으로 자원을 더 많이 배분하면 기업의 생산(공급)은 증가하는 데에 비하여 가계(노동)의 소득은 감소하고, 가계소득이 감소하면 소비가 감소한다. 생산(공급)이 증가하는 데 소비가 감소하면 재고(기업 소비)가 증가한다.

재고가 증가하면 가격이 하락하고, 가격이 하락하면 한계기업이 생산에서 탈락하면서 가격경쟁력이 상승한다. 가격경쟁력이 상승하면 평균 가격경쟁력을 반영하는 환율이 실제 환율보다 하락한다. 평균 가격경쟁력을 반영하는 환율이 하락하면 실제 환율이 평균 가격경쟁력을 반영하는 환율과 일치할 때까지 하락하면서 무역 흑자가 발생한다.

기업 소비의 증가는 개인 소비가 감소하면서 무역 흑자를 증가시킨다.

2) 개인 소비의 증가와 무역 적자

개인 소비는 가계구성원의 생활을 위한 소비 활동이다.

개인 소비가 증가하기 위해서는 생산 대비 가계소득비율이 증가해야 하고 소득 분배가 확대되어야 한다. 가계소득비율이 증가하기 위해서는 노동소득이 증가해야 하고, 소득 분배가 확대되기 위해서도 노동소득이 증가해야 한다. 더하여 정부의 가계에 대한 복지지출이 증가해야 한다.

가계의 소득비율이 증가하면 상대적으로 기업소득의 비율은 감소한다. 기업소득비율이 감소하면 생산(공급)이 감소한다.

생산(공급)이 감소하고 소비(수요)가 증가하면 재고가 감소하면서 가격이 상승한다. 가격이 상승하면 평균 가격경쟁력을 반영하는 환율이 상승하여 실제 환율보다 높아진다. 평균 가격경쟁력을 반영하는 환율이 실제 환율보다 높으면 수출이 감소하고 수입이 증가하여 무역 적자가 발생하면서 환율이 상승한다. 실제 환율이 상승하여 평균 가격경쟁력을 반영하는 환율과 일치할 때까지 무역 적자가 발생한다.

개인 소비의 증가는 가계구성원(국민)의 생활을 풍족하게 하고 서민경제를 활성화한다. 하지만 생산능력보다 소비능력이 더 높아지면 무역 적자가 발생한다. 무역 적자가 발생하면 국민소득(국내생산)이 감소하고 노동소득이 감소하면서 가계소득이 감소하여 개인 소비가 오히려 감소한다.

국민소득을 증가시키기 위해서는 개인 소비를 증가시키되 무역 적자가 발생하지 않는 범위 내에서 개인 소비를 증가시켜야 한다는 결론이 나온다.

개인 소비의 증가는 기업 소비를 감소시키면서 무역 적자를 증가시킨다.

3) 정부 소비와 무역 적자

정부 소비의 증가는 세입과 세출이 동시에 증가하는 경우와 재정 적자가 증가하는 경우가 있다. 세입과 세출을 동시에 증가시키는 경우는 세입이 증가하는 만큼 민간(기업과 가계)의 소득이 감소한다. 기업의 소득이 감소하면 투자가 감소하여 기업 소비가 감소하고 가계소득이 감소하면 개인 소비가 감소한다.

정부 소비 증가와 비슷한 정도로 기업 투자와 개인 소비가 감소하므로 세입 증가와 세출 증가만으로는 국민소득의 변화는 거의 없다. 단 세입의 내용과 정부 지출의 내용에 따라 기업소득과 가계의 소득을 변화시켜 국민소득을 변화시킨다.

재정 적자는 세출이 세입을 초과하는 것을 말하고 그 차이만큼 국채를 발행하므로 적자액만큼 국가부채를 증가시킨다. 재정 적자가 증가한다는 의미는 적자액이 전년도보다 증가한다는 것을 말하며, 당해년도의 재정 적자는 전년도의 적자액에 더하여 증가액을 합한 것과 같고, 국가부채는 그만큼 더 증가한다.

국채를 발행하면 발행액만큼 민간의 유동성이 정부로 흡수된다. 그래서 국채를 발행하면 민간유동성이 흡수되므로 민간의 투자나 소비를 감소시킨다고 생각한다.

국채를 은행이 보유하면 자기자본비율을 산정하는 데 있어서 본원통화와 같은 효과를 가진다. 은행이 아닌 일반인이 보유하더라도 국채는 즉시 현금화가 가능한 자산이다. 은행의 온라인 시스템은 통화속도를 무제한에 가깝게 높일 수 있다.

국채를 발행하여 정부가 민간의 유동성을 흡수하더라도 민간의 통화량은 거의 축소되지 않는다. 민간의 통화량이 거의 축소되지 않는다면 국채 발행으로 인하여 민간의 투자나 소비는 거의 감소하지 않는다.

반면에 재정 적자에 의한 정부 소비의 증가는 증가액의 소비승수만큼 국민소득을 증가시킨다.

정부 소비의 증가는 단기적으로 재고를 감소시키고 가격을 상승시켜서 가격경쟁력을 약화시키면서 무역 흑자를 감소시키거나 무역 적자를 증가시킨다.

장기적으로 보면 국채 발행을 통하여 민간으로부터 흡수한 통화가 정부 소비 증가로 다시 민간으로 유입되므로 재정 적자로 국채를 발행하면 국채 발행만큼 본원통화가 증가한 것과 비슷하거나 약간 낮은 정도로 민간의 통화량이 증가한다.

통화량이 증가하면 통화를 가진 자(은행을 포함한 기업이나 부자)는 소비를 하기보다는 자산에 대해 투자를 하게 되고, 투자의 주 대상은 부동산(주택과 건물, 토지)과 주식이다. 부동산과 주식에 대한 투자가 증가하면 부동산과 주식가격이 상승하고, 부동산(주택)가격이 상승하면 건축이 확대되면서 건설 관련 소득이 증가하고, 주식가격이 상승하면 유동성장세가 지속되면서 금융소득이 증가한다.

통화량의 확대는 일반소비재의 소비도 확대하지만, 자산 가격을 상승시켜 빈부 격차를 확대하고, 자산구입이나 사용료를 상승시켜 자산과 노동의 교환비율을 악화시키며 노동자들의 생활을 어렵게 하여 장기적으로 개인 소비를 감소시킨다.

자산 가격의 상승은 생산비용을 증가시켜 국제경쟁력을 약화시켜서 환율상승의 원인이 되며, 환율상승에 의한 소비자가격의 상승과 자산가격의 상승은 노동자들의 생활 수준을 낮추므로 임금인상 투쟁의 원인이 된다.

정부 소비의 감소는 재정 적자의 감소 또는 재정 흑자의 증가를 의미한다. 재정 적자가 감소하면 전년도보다 국채 발행액이 감소하고, 재정 흑자는 국채상환으로 이어진다.

정부 소비가 감소하면 그만큼 생산이 감소하고, 생산 감소에 따른 가계소득의 감소에 따라 소비승수만큼 생산이 더 감소한다.

재정 적자가 감소한다고 해서 국채 발행이 없어지지는 않는다. 다만 국채 발행액이 감소할 뿐이다. 재정 적자액만큼 국채를 발행하게 되고, 국채 발행액만큼 본원통화가 증가한 것과 비슷하게 통화량이 증가하고, 통화량의 증가는 자산 가격을 상승시켜 노동과 자본의 교환비율을 악화시키고 개인 소비를 감소시킨다. 자산가의 상승은 생산비용을 증가시키고, 생산비용의 증가는 가격경쟁력을 약화시켜 무역 흑자를 감소시키고 환율을 상승시킨다.

재정 흑자가 증가하면 국채상환이 증가한다. 국채가 상환되면서 정부 소비가 감소하면 민간에서 본원통화는 변동이 없는 상태에서 국채만 감소한다. 국채의 감소는 민간의 자산 투자를 감소시키면서 통화량을 감소시킨다. 통화량이 감소하면 자산 가격이 하락하고 자산 가격이 하락하면서 건설 투자가 감소하고, 이자율이 상승한다. 이자율 상승은 주식가격의 하락으로 이어진다.

4) 무역 흑자와 무역 적자

평균 가격경쟁력을 반영하는 환율이 실제 환율보다 낮아지면 무역 흑자가 발생하여 외환이 유입되고, 외환이 유입되어 실제 환율이 낮아져서 평균 가격경쟁력을 반영하는 환율과 같아질 때까지 무역 흑자가 발생한다.

평균 가격경쟁력을 반영하는 환율이 실제 환율보다 낮아지는 경우는 세 가지가 있다.

외평기금을 이용하여 외환을 매입하거나 해외 투자가 확대되는 등 국내 외환이 해외로 더 많이 빠져나가면 실제 환율이 상승하여 평균 가격경쟁력을 반영하는 환율보다 실제 환율이 높아진다. 이 경우는 외환을 매입한 만큼 또는 해외로 빠져나간 외환만큼 무역 흑자에 의해서 외환이 유입되면 실제 환율이 낮아져서 평균 가격경쟁력을 반영하는 환율과 같아지면서 무역 흑자도 끝난다. 이 경우와 같이 자본수지변동에 의한 무역 흑자는 일단 논하지 않는다.

설비 투자의 확대, 인프라 확대, 기술 개발, 생산요소비용(인건비, 전기료 등)의 감소 등에 의하여 가격경쟁력이 높아지면 평균 가격경쟁력을 반영하는 환율이 실제 환율보다 낮아져서 무역 흑자가 발생한다.

자본으로의 소득 배분이 확대되고 노동으로의 소득 배분이 낮아지면 기업소득이 증가하여 투자가 증가하면서 생산이 증가하고 가계소득이 낮아지면서 소비가 감소한다. 생산이 증가하고 소비가 감소하면 재고가 증가하면서 가격이 하락하고, 가격이 하락하면 한계기업이 생산에서 탈락하면서 평균 가격경쟁력을 반영하는 환율이 실제 환율보다 낮아져서 무역 흑자가 발생한다.

무역 흑자는 환율의 하락에 의해 실제 환율이 평균가격을 반영하는 환율과 같아지면 무역 흑자는 더 이상 발생하지 않는다. 다시 무역 흑자를 발생시키기 위해서는 외환을 해외로 내보내거나, 기술 개발 등에 의하여 국제경쟁력을 상승시키거나, 소비 감소와 생산 증가를 통해서 재고를 확대하거나 해서 평균 가격경쟁력을 반영하는 환율을 낮추어야 한다.

재고의 증가는 평균 가격경쟁력을 상승시켜 무역 흑자를 발생시키지만 개인 소비가 감소하고 기업 소비가 증가하였기 때문에 발생하는 것이므로 무역 흑자에 의한 국민소득 증가 효과는 일회성에 그친다. 다음 해에도 그만큼의 무역 흑자를 발생시키기 위해서는 전년도 개인 소비보다 더 개인 소비를 감소시키고 기업 소비를 증가시켜야 하므로 재고 증가에 의한 무역 흑자는 국민소득 증가에 긍정적인 역할을 하지 않고 부정적인 역할만 한다.

설비 투자의 확대는 생산성을 향상시켜 평균 가격경쟁력을 상승시켜서 무역 흑자를 발생시키지만, 노동소득을 감소시켜서 개인 소비를 감소시킨다. 연구개발이나 기술도입 역시 설비 투자와 비슷한 효과를 발생시킨다.

인건비 하락은 노동소득을 감소시켜서 개인 소비를 감소시키고, 산업용 전기료 인하 역시 가계의 가처분 소득을 감소시켜서 개인 소비를 감소시킨다.

무역 적자가 발생하는 이유는 평균 가격경쟁력을 반영하는 환율이 실제 환율보다 높기 때문이다.

외환(외국자본)이 유입되면 환율이 하락한다. 평균 가격경쟁력은 변함이 없는데 환율이 하락하면 실제 환율이 평균 가격경쟁력을 반영하는 환율보다 낮아진다. 외국자본이 유입된 만큼 무역 적자가 발생하여 외국으로 자본이 유출되면 환율이 상승하여 평균 가격경쟁력을 반영하는 환율과 같아진다.

공급이 감소하고 수요가 증가하면 가격이 상승한다. 기업의 생산이 감소하고 개인 소비가 증가하면 재고가 감소하면서 가격이 상승한다. 가격이 상승하면 가격경쟁력이 하락하면서 평균 가격경쟁력을 반영하는 환율이 상승하여 실제 환율보다 높아진다.

무역 적자가 발생하면서 외환이 유출되면 환율이 상승하여 평균 가격경쟁력을 반영하는 환율과 같아지면서 무역 적자가 끝나야 하지만 국내 가격의 상승은 국내 투자를 확대하여 해외로부터의 외환의 유입을 불러와서 환율의 상승을 억제하고 무역 적자가 만성화한다.

국민소득의 변화

생산과 소비는 같다. 소득 분배(생산요소의 가격 결정)의 변화로 자본소득(영업이익)과 노동소득(인건비)이 변동한다. 자본소득과 노동소득의 변화가 생산과 소비를 변화시키고, 생산과 소비가 일치하는 과정에 소득이 변화하고, 소득이 변화하면서 다시 소득 분배도 변화하여 자본소득과 노동소득을 변화시킨다.

1) 자본소득의 감소와 노동소득의 증가

노동소득이 증가하면 상대적으로 자본소득이 감소한다.

자본소득이 감소하면 기업소득이 감소하고, 기업소득이 감소하면 투자가 감소하고 투자가 감소하면 생산(공급)이 감소한다.

노동소득이 증가하면 가계소득이 증가하고 가계소득이 증가하면 소비가 증가하고 소비가 증가하면 소비승수만큼 소비가 더 증가하면서 생산과 소비의 격차가 발생한다.

생산보다 소비가 많으면 가격이 상승하고 가격이 상승하면 가격경쟁력이 약화되어 무역 흑자가 감소하거나 무역 적자가 증가하면서 생산과 소비가 균형을 이룬다.

무역 적자가 발생한 만큼 외환이 유출되므로 무역 적자가 발생하면 환율이 상승하여 수출과 수입이 균형을 이룰 것으로 기대되지만, 가격 상승에 따른 국내의 투자 확대에 따라 자본 수요가 확대되고 자본 수요의 확대에 따라 외국자본(외환)이 유입되어 환율상승을 막는다.

무역 적자가 발생하는 데에도 불구하고 환율이 상승하지 않으면 무역 적자는 만성화하고 지속해서 증가한다.

2) 자본소득의 증가와 노동소득의 감소

자본소득이 증가하면 상대적으로 노동소득이 감소한다.

자본소득이 증가하면 기업소득이 증가하고, 기업소득이 증가하면 투자가 증가하고 투자가 증가하면 생산이 증가한다.

노동소득이 감소하면 가계소득이 감소하고 가계소득이 감소하면 소비가 감소하고 소비가 감소하면 소비승수만큼 소비가 감소하면서 생산과 소비의 격차가 발생한다.

생산이 소비보다 많으면 재고(기업 소비)가 증가하고 재고가 증가하면 한계기업이나 자영업자가 파산하면서 기업 소비(재고: 투자자산)가 개인소비로 전환되어 생산과 소비가 균형을 이루거나 무역 흑자(국내생산 해외소비)가 증가하면서 생산과 소비의 균형을 이룬다.

3) 재고의 처리와 국민소득의 변화

재고는 생산과 소비의 격차에 의해서 발생한다. 생산과 소비는 같아야 하고 재고는 무한정 증가할 수 없으므로 생산을 감소키거나 한계기업이 파산처리 되거나 외국으로 판매(무역 흑자)되거나 하면서 없어진다.

한계기업파산에는 조선업의 파산과 같은 대규모 구조조정에 의한 대기업의 파산과 중소기업의 파산과 자영업의 폐업, 다단계사업에서 하위사업자의 구매행위에 의한 저축손실이나 가계파산 등이 있다.

재고를 처리함에 있어서 생산 감소나 파산으로 처리되면 생산이 감소하여 소비와 일치하게 되므로 그만큼 국민소득이 감소하고, 외국판매(무역 흑자)를 통하여 처리하면 소비가 증가하여 생산과 일치하므로 그만큼 국민소득이 증가한다.

경제가 성장하기 위해서는 재고를 처리함에 있어서 생산 감소나 파산으로 재고를 처리하기보다는 무역 흑자를 통하여 재고를 처리하여야 한다는 결론이 나온다.

무역 흑자에 영향을 미치는 것 중 중요한 것은 가격에 대한 공급의 탄력성과 가격에 대한 수요의 탄력성이고, 무역 흑자가 국민소득 증가에 영향을 미치는 것으로 무역 흑자의 규모와 무역 흑자산업의 소비승수가 있다.

가격에 대한 공급의 탄력성이 높으면 가격경쟁력이 높아지면 무역 흑자가 많이 증가하고, 가격에 대한 공급의 탄력성이 낮으면 가격경쟁력이 높아져도 무역 흑자는 많이 증가하지 않는다.

해외시장은 가격에 대한 수요의 탄력성이 대단히 높다. 우리나라 산업 규모를 기준으로 거의 무한대적인 성격을 갖고 있다. 가격의 변화에 대한 공급의 탄력성을 보면 노동집약산업은 가격탄력성이 낮고, 자본집약산업은 가격탄력성이 대단히 높다.

특히 반도체와 같은 장치산업은 가격에 대한 공급탄력성이 높고 해외수요의 탄력성도 대단히 높다. 공급가격의 하락과 수요의 확대 시기가 맞물리면 생산이 기하급수적으로 증가하여 기업의 소득을 많이 증가시키면서 국민소득까지 상당히 증가시킨다. 하지만 노동소득은 많이 증가하지 않으므로 국내 다른 산업의 생산은 거의 증가하지 않는다.

반면에 무역 흑자는 환율을 하락시켜 국내 다른 산업의 가격경쟁력을 약화시킨다.

반도체 수요 확대 시기가 지나가면 반도체산업의 생산은 종전과 비슷한 정도로 가격경쟁력을 유지하여 생산수준을 유지하지만, 국내 다른 산업은 내수산업이든 수출산업이든 구분하지 않고 환율이 하락한 것만큼 가격경쟁력이 하락하여 생산이 감소한다.

그래서 삼성전자의 반도체 호황 뒤에는 항상 경제 위기가 뒤따라온다.

무역 흑자는 무역 흑자산업의 소비승수만큼 1차로 국민소득을 증가시킨다. 노동집약산업은 소비승수가 높고 자본집약산업은 소비승수가 낮다.

무역 흑자는 국민경제의 평균 가격경쟁력을 반영하는 환율이 실제 환율보다 낮을 때에 발생한다.

재고 증가에 의한 가격 하락에 따라 무역 흑자에 의한 재고처리와 파산이나 생산 감소에 의한 재고의 처리를 비교하면, 장치산업의 생산 증가에 의해서 무역 흑자가 발생하면 노동집약산업에 의한 무역 흑자보다 더 많이 무역 흑자가 증가한다. 하지만 같은 무역 흑자에 의한 소득 증가는 노동집약산업에 의한 소득 증가보다 더 적게 증가한다. 이유는 노동집약산업이 자본집약산업보다 노동소득 비중이 더 높기 때문이다.

05 국민소득의 순환과 성장

1) 국민소득의 순환과 소비승수

국민소득은 생산→분배→소비→다시 생산으로 흐르면서 순환하며, 순환하는 과정에서 소득이 만들어지고, 일정 기간(1년) 동안 소득의 합이 국민소득(GDP)이다.

생산의 사전적 의미는 자연자원이나 가공물의 원재료를 이용하여 인간 생활에 필요한 많은 물품을 만들어 내는 것이다.

국민경제에서 생산의 주체는 기업이고, 소비의 주체는 가계다.

(1) 생산과 분배와 소비

생산은 자본과 노동의 결합으로 이루어진다. 기업은 다른 기업으로부터 중간재를 구입하고, 노동을 투입하여 재화와 용역을 생산하고 이윤을 붙여 다른 기업이나 소비자에게 판매한다. 중간재를 구입하는 비용과 노동을 구입하는 비용인 인건비가 투자다.

기업의 매출에서 중간재구입비용을 제외한 인건비와 이윤이 기업에서 생산한 소득(부가가치)이고, 자본으로 배분되는 소득이 영업이익이고, 노동으로 배분되는 소득이 임금이고 인건비다.

중간재구입비용은 다른 기업의 매출이고 소득이다. 중간재구입비용은 후방 관련 기업들의 영업이익과 인건비의 총합이다.

가계 소비=생산=기업의 매출=중간재구입비(후방 관련 기업의 인건비와 영업이익)+인건비+영업이익=총인건비+총영업이익

임금은 가계의 소득이 되어 일부는 미래를 위하여 저축되지만, 대부분은 가계구성원의 생활을 위하여 소비되어 없어진다. 가계의 소비는 또 다른 기업의 매출이고 생산이며 영업이익과 인건비의 합이다. 또 다른 기업의 임금은 다시 가계의 소득이 되어 소비됨으로써 또다시 다른 기업의 생산을 창출한다. 이를 소비승수라고 한다.

소비승수=1/(1-한계소비성향)

기업의 생산 중에서 인건비의 비중이 높으면 높을수록, 가계의 소비 성향이 높으면 높을수록 소비승수가 높으므로 전체 기업의 생산은 증가하고, 국민소득도 증가한다.

기업의 인건비 비중이 높다는 의미는 생산 대비 인건비 비중이 높다는 뜻이고, 국민경제의 생산에서 인건비 비중을 높이기 위해서는 기업 간에 생산성의 격차가 최소화되어야 한다.

가계의 소비성향이나 한계소비성향이 높기 위해서는 저소득층의 소득이 높아져야 하고, 저소득층의 소득이 높기 위해서는 소득 분배가 확대되어야 한다.

자본소득인 영업이익은 지급 이자와 사내유보, 법인세, 배당으로 나누어진다. 지급 이자는 다른 기업의 매출이고, 사내유보는 기업의 저축이며 재 투자의 재원이고, 법인세는 정부의 조세 수입이고, 배당은 가계의 소득이 되고, 가계소득은 소득세와 소비와 저축으로 나누어진다.

임금은 가계의 소득으로써 소득세와 소비와 저축으로 나누어진다.

이를 단순히 표현하면 기업은 다른 기업으로부터 중간재를 구입하고 인건비를 투입하여 가공하고 이윤을 붙여 소비자에게 판매한다. 기업으로 배분되는 소득이 영업이익이고, 노동자에게 배분되는 소득이 임금이다.

기업으로 배분되는 소득인 영업이익은 배당과 법인세를 제외하고 대부분 재투자되거나 저축되고, 노동자에게 배분되는 소득인 임금은 가계의 소득이 되어 다시 일부가 저축되고 대부분 소비되면서 다시 기업의 생산으로 연결되고, 기업의 생산은 다시 영업이익과 임금으로 나뉜다.

(2) 저축과 소비

기업 투자의 재원은 저축이다. 저축이 많으면 투자재원이 풍부해진다.

기업의 생산을 위한 투자재원으로 자기자본과 타인자본이 있다. 기업의 자기자본은 기업저축인 사내유보이고, 타인자본은 가계의 배당소득 저축과 임금소득 저축이 있다.

가계는 소비의 주체다. 소비란 가계구성원이 영리를 목적으로 하지 않고 재화와 용역을 구입하는 것이다. 소비는 가계의 소득처분행위이고, 가계의 소득으로는 노동소득인 임금, 연금소득, 자본소득인 배당, 정부의 복지지출 중 현금성 복지지출 등이 있다.

(3) 정부의 세입과 세출

정부의 세입은 기업의 이윤에 부과하는 법인세와 가계의 소득에 부과하는 소득세와 가계의 소비에 부과하는 소비세(부가가치세)와 기타 상속세 등이 있고, 지출로는 공무원에 대한 인건비지출, 재화와 용역구매비용, 기업에 대한 보조금과 가계에 대한 보조금 및 유치원 비용 지급과 같이 기업에 대한 지원이지만 사실상 가계에 대한 보조금과 공기업 출연금 등으로 나눌 수 있다.

(4) 국민소득의 순환

재화나 용역의 가격은 판매되어야 결정되고, 재화의 가격이 결정되어야 기업에서 생산한 생산가액(이윤과 인건비)도 알 수 있다. 생산의 마지막 단계가 판매이듯이 소비의 첫 단계는 구매다. 판매와 구매는 매매의 양면을 표현한 말이므로 생산과 소비는 같을 수밖에 없다.

기업이 지불한 중간재구입비가 다른 기업의 생산(인건비와 이윤)이므로 생산의 합은 소비의 합과 같고, 기업의 생산과 가계의 소비는 같을 수밖에 없다. 단 기업에서 중간재와 인건비를 투입하여 생산했지만, 아직 소비자에게 판매되지 않은 재고는 기업의 지출비용을 기준으로 기업소비라는 형태로 남는다.

국민소득은 기업에서 생산된 소득이 기업과 가계와 정부로 배분되고, 기업으로 배분된 소득의 대부분은 재생산에 투자되고, 가계로 배

분된 소득의 대부분은 소비되고, 일부는 저축되어 기업의 투자재원이
되고, 정부로 배분된 소득의 대부분은 정부의 물품구매와 인건비로 지
출되지만, 일부는 기업의 생산보조금으로, 가계의 소비지원으로, 공적
연금으로, 정부기업에 출자되어 투자재원이 되기도 한다.

2) 국민소득의 변화에 영향을 주는 주요 현상

(1) 소비승수의 변화

소비승수는 한계소비성향이 높으면 높을수록 높다. 한계소비성향은
기업소득의 비중이 낮고 노동소득의 비중이 높으면 높고, 소득 분배가
확대되면 확대될수록 높다. 소비승수가 높으면 국민소득이 증가한다.

(2) 기업부채의 증감

이자율이 낮으면 기업부채가 증가한다.

이자율이 낮으면 투자비용이 낮아지고, 투자비용이 낮아지면 투자단
위당 이윤이 증가하기 때문에 투자가 증가한다.

기업부채가 증가하는 경우는 기업이 투자를 확대하여 생산을 증가시
켰으나 판매가 증가하지 않은 경우와 기업이 설비나 연구개발 투자를
확대했으나 아직 상각하지 못한 경우다. 기업부채가 증가하면 재고(기업
소비)가 증가한다.

기업 소비는 인건비와 다른 기업의 매출 합이고, 다른 기업의 매출은
영업이익과 인건비의 합이다. 기업 소비 중 인건비는 소비되어 다른 기
업의 매출이 되고, 다른 기업의 매출에 포함된 인건비는 다시 소비되면
서 국민소득을 소비승수만큼 증가시킨다.

기업부채 증가액의 소비승수만큼 국민소득이 증가한다고 이해할 수
있다.

(3) 가계부채의 증감

가계부채는 가계의 소비, 주택 구입, 자영업 투자에 사용된다. 가계부채가 증가하면 가계의 소비가 증가하고, 주택 구입이 증가하고, 자영업 투자가 증가한다. 이 중 가계 소비와 주택 구입은 개인 소비이고, 자영업 투자는 기업 투자이면서 기업 소비에 해당한다고 할 수 있다. 개인 소비의 증가와 기업 소비의 증가는 국민소득을 증가시킨다.

개인 소비 증가 역시 기업 소비와 같이 국민소득을 소비승수만큼 증가시키므로 가계부채 증가액의 소비승수만큼 국민소득을 증가시킨다고 이해할 수 있다.

가계부채가 증가하는 이유는 낮은 이자율 정책 때문이다. 이자율이 낮으면 저축을 하기보다는 주택이나 임대용 건물을 구입하여 임대료를 받는 게 수익률이 높다. 주택이나 임대용 건물을 구입하면서 대출을 받기 때문에 가계부채가 증가한다.

조기퇴직 등의 이유로 자영업 투자가 증가하면 가계부채가 증가한다.

(4) 재정 적자의 증감

재정 적자가 증가하면 정부 소비도 그만큼 증가한다고 하겠다. 정부 소비가 증가하면 증가액의 소비승수만큼 국민소득이 증가한다. 재정 적자가 증가하는 이유는 경기침체 때문이고, 경기침체는 소비 감소 때문이다.

소비가 감소하는 이유는 기업소득에 비해서 가계소득이 감소하고 소득 분배가 악화하기 때문이고, 기업소득이 증가하고 가계소득이 감소하고 소득 분배가 악화하는 이유는 정부가 기업 투자 확대와 수출 확대에 의한 성장 정책을 추진하고 있기 때문이다.

정부의 성장 정책 때문에 오히려 경기가 침체에 빠지고 성장이 더 늦어지고 있다.

(5) 무역 흑자의 증감

무역 흑자는 국내생산 국외 소비다. 무역 흑자는 국내산업의 가격경쟁력이 높아지면 발생한다. 가격경쟁력이 높아지는 원인은 기술발달 등으로 인하여 산업의 생산성이 높아지거나 생산보다 소비가 감소하여 가격이 하락하는 경우에 발생한다.

무역 흑자가 발생하면 무역 흑자와 무역 흑자에 의한 소비 증가액의 승수만큼 국민소득을 증가시킨다. 대략적으로 표현하면 무역 흑자 증가액의 소비승수만큼 국민소득을 증가시킨다고 할 수 있다.

3) 국민소득의 계산과 성장

국민소득은 기업 소비와 개인 소비, 정부 소비, 무역 흑자의 합이다.

'전년도 국민소득(GDP)= 전년도(기업 소비+개인 소비+정부 소비+무역 흑자)'이고,

'현 년도 국민소득(GDP)= 전년도(기업 소비+개인 소비+정부 소비+무역 흑자)+(기업 소비 증감+개인 소비 증감+정부 소비 증감+무역 흑자 증감)'이다.

'(기업 소비 증감+개인 소비 증감)'은 '(기업부채 증감+가계부채 증감)×소비승수'라고 표현할 수 있고, '(정부 소비 증감 및 정부 소비 증감에 따른 국민소득 증감)'은 '(재정 적자 증감×소비승수)'라고 표현할 수 있고, '(무역 흑자 증감 및 무역 흑자 증감에 따른 국민소득 증감)'은 '(무역 흑자 증감×소비승수)'라고 표현할 수 있다.

기업부채와 가계부채, 재정 적자, 무역 흑자가 전년도와 같다면 국민소득(GDP)의 변화는 소비승수의 변화에 영향을 받는다.

그러므로 '국민소득(GDP)=전년도 GDP×소비승수/전년도 소비승수+(기업부채 증감+가계부채 증감+재정 적자 증감+무역 흑자 증감)×소비승수'라고 대략적으로 표현할 수 있다고 본다.

부채를 확대하지 않고 국민소득을 증가시키기 위해서는 기업의 생산성을 높이고, 생산을 증가시키는 것만큼 소비승수를 증가시켜야 한다.

생산성을 향상시키는 방법으로 직접비용을 감소시키는 방법과 간접비용을 감소시키는 방법으로 나눌 수 있다. 직접비용을 감소시키는 방법으로 기술도입과 설비 투자 확대, 기술 개발과 연구개발 투자 확대, SOC 투자 확대 등이 있고, 생산요소인 원재료, 에너지, 인건비를 낮추어주는 방법도 있다. 단 원재료 가격은 모든 국가가 비슷하므로 차별화가 되지 않고, 에너지 비용을 낮추어주는 방법으로 생산자와 소비자에게 공급하는 가격을 차별화하는 방법이 있으나 이 차별이 가계소득을 낮추어 소비승수를 하락시켜 오히려 경제 성장을 억제한다. 인건비를 낮추는 방법 역시 마찬가지다.

소비승수를 향상시키는 방법은 기업소득 비중을 낮추고 가계소득 비중을 높이면서 소득 분배를 확대해야 한다. 가계소득 비중을 높이기 위해서는 노동소득을 증가시켜야 하고, 소득 분배를 확대하기 위해서는 노동소득을 증가시키면서 소득재분배 정책과 복지 정책을 확대해야 하고, 가계의 가처분 소득을 증가시켜야 한다.

노동소득을 증가시키기는 대단히 어렵다. 노동소득을 증가시키는 방법이 일자리 창출이고 고용의 확대다. 정부의 일자리 창출 정책이나 고용 확대 정책이 실질적으로 고용을 확대하지 못하고 오히려 기업소득을 증가시켜 일자리를 감소시키고 고용을 감소시키는 효과를 발생시킨다.

기업소득을 감소시키고 가계소득을 증가시키고, 기업의 격차를 축소시키면서 일자리를 창출하여 고용을 증가시키고 노동소득을 증가시키는 방법을 제시하는 것이 가계소득 성장론의 핵심이다.

⑴ 기업의 기술혁신 등에 의한 생산성 향상이 국민소득의 변화에 미치는 영향

기업의 기술혁신으로 생산성이 향상되면 가격이 하락하면서 가격경쟁력이 상승하여 무역 흑자가 증가하면서 국민소득이 증가하고 기업소득이 증가한다. 반면에 노동소득이 감소하면서 개인 소비가 감소하여 소비승수가 낮아진다.

무역 흑자 증가에 의한 국민소득 증가 효과와 소비승수 하락(개인 소비 감소)에 의한 국민소득 감소 효과로 인해서 국민소득의 변화는 거의 발생하지 않지만, 소득 분배가 악화한다.

제2장

진보 정부의 경제 정책이
실패한 원인

01 정책과 환경

어떤 정책이든지 간에 정책에는 긍정적인 효과가 있는 반면에 부정적인 효과도 있다. 정부의 정책이 좋은 결과를 도출하기 위해서는 긍정적인 효과는 극대화할 수 있고, 부정적인 효과는 최소화할 수 있어야 한다.

아무리 좋은 정책이라도 환경과 부합하지 않으면 긍정적인 효과보다 부정적인 효과가 더 많이 발생한다. 특수한 환경에서 큰 효과를 본 정책이 환경이 바뀌면 더 나쁜 결과를 만들 수도 있다. 따라서 좋은 정책보다 환경과 부합되는 정책이 필요하고, 좋은 정책을 찾는 것보다 정책의 환경을 조성하는 것이 더 중요하다.

하나의 정책은 다른 하나의 정책의 환경이 되기도 한다. 정책 간에 간섭 효과가 발생해서 정책의 효과를 증폭시키기도 하고, 감소시키기도 한다. 정책의 일관성이 중요한 이유도 정책의 간섭 효과 때문이다.

02 진보 정부의 주요 경제 정책

북유럽 몇몇 국가를 제외하고, 진보적인 정부의 경제 정책들이 대부분 실패했다고 본다. 특히 복지 확대 문제만 나오면 아르헨티나의 에바

폐론을 들먹이며 포퓰리즘(Populism)으로 나라를 말아먹을 것이냐는 비난을 당한다.

과연 복지 확대 정책이 그렇게 매도당해야 할까?

진보 정부들의 실패한 주요 경제 정책들의 효과를 분석해보면, 왜 진보 정부의 경제 정책들이 실패했는지를 알 수 있을 것이고, 실패하지 않을 방법도 찾을 수 있다고 본다.

남미 등 진보 정부의 주요 정책은 (1) 주요산업의 국유화, (2) 노동조합운동의 확대, (3) 복지 정책의 확대, (4) 재정 적자 확대이고, 또 다른 문제는 (5) 국제금융 자본의 공격과 미국의 경제제재 및 정보기관의 공격이다.

03 진보 정부의 주요경제 정책과 효과

1) 주요산업의 국유화

주요산업을 국유화하면, 자본가들이 국민경제의 독점이익을 차지하는 것은 막을 수 있지만, 국민경제의 생산 탄력성이 약화된다. 수요가 줄어들면 생산이 줄어들고, 수요가 확대되면 생산이 확대되어야 한다. 하지만 주요산업을 국유화하면 수요의 변화에 공급이 따라가지 못하여 생산성이 낮아지게 된다. 주요산업의 생산성이 낮아지면 산업 전반의 생산성이 낮아져 경쟁력도 낮아진다.

주요산업의 국유화 정책이 소득 분배의 확대나 재정 적자의 확대와 맞물리면, 소비 확대에 대응하여 생산을 확대하지 못해서 인플레이션이 더 빠르게 일어나고, 인플레이션이 일어나면 서민과 봉급생활자의 생활이 힘들어진다. 소비에 비해서 생산이 부족하면 가격이 상승하여 수입이 확대되고, 수입이 확대되면 경상수지가 나빠지고, 경상수지가 나빠지면 환율이 상승하고, 환율이 상승하면 국내물가가 상승하면서 구매력이 약해진다. 무역 적자는 해외부채를 확대시킨다.

주요산업의 국유화는 독점의 이익을 국가가 환수한다는 차원에서 어떠한 방법으로도 실질적인 독점을 해소하지 못하는 경우의 산업에 한해서 국유화를 해야 하지, 독점을 해소할 수 있는 다른 방법이 있는데도 불구하고 국유화로 독점이익을 환수하게 되면 국민경제에 더 큰 문제를 발생하게 한다.

2) 노동조합운동의 확대

노동조합운동이 확대되면, 노동자의 권익을 보호할 수 있고, 일정 부분 노동자의 소득이 증가한다. 반면에 생산비용이 증가하고, 생산성이 낮아진다. 노동소득의 증가 효과보다 생산의 감소 효과가 더 많이 발생한다. 생산이 감소하면 인플레이션이 발생할 가능성이 커진다. 그만큼 소득 분배 확대의 부정적인 효과가 더 일찍 발생한다.

부정적인 효과가 발생하면 국민경제 전체적으로 고용이 줄어들고, 노동소득의 총합도 적어진다. 고용이 줄어들게 되면 기존 조합원의 이익은 보장되지만, 노동 예비군의 이익을 침해하는 결과가 되어 서로 대립하게 된다.

산업이 전반적으로 활력이 줄어들고 축소된다.

노동(조합)운동은 자본가의 착취로부터 조합원을 보호하는 정도에서 그쳐야지, 너무 지나치면 조합원의 이익은 지킬 수 있을지 몰라도 조합원이 아닌 노동 예비군들의 이익을 침해하는 결과를 만들 수 있다. 노동조합운동의 한계는 조합원이 아닌 다른 노동자나 노동 예비군들의 이익을 침해하지 않는 범위 내에서 노사자율로 행사되어야 한다고 본다.

3) 복지 정책의 확대

이익집단의 요구에 의한 복지 정책의 남발은 소비 확대의 효과보다는 정부재정의 비효율성만 극대화하게 만든다. 소비가 산업의 전반으로 확대되기보다는 이익집단과 관련 있는 일부 품목이나 서비스 위주로 확대되는 경향을 보이게 된다.

복지 대상도 공평하지 못하고, 복지 사각지대도 발생하고, 복지예산의 누수도 많이 발생하고, 복지 수요자 집단과의 연계 등으로 부정부패도 만연하게 된다.

복지 정책의 효율화와 형평성이 요구되고, 국민경제의 입장에서 생산과 소비의 균형을 잡아준다는 관점에서 복지 정책을 결정해야 한다고 본다.

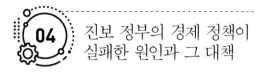

04 진보 정부의 경제 정책이 실패한 원인과 그 대책

1) 국민경제적 관점에서 경제 정책을 결정하지 못했다

한 국가의 경제는 내부는 물론 외부와도 균형을 이룰 수 있어야 지속이 가능하다. 내부적인 균형은 생산(공급)과 소비(수요)가 소득 분배를 중심에 두고 균형을 이루는 것을 말하고, 외부적인 균형은 국내산업이 국제경쟁력을 확보하는 것을 말한다.

소득 분배 확대와 복지 확대는 국민을 인간답게 살기 위한 것일 뿐만 아니라, 국민경제적 입장에서 보면 소비를 확대하기 위한 것이다. 소비 확대는 생산능력의 범위 내에서 이루어져야 한다. 다른 말로 표현하면 소비의 확대는 생산의 감소를 최소화하는 방식 또는 국내의 산업이 국제경쟁력을 확보할 수 있는 범위 내에서 행해져야 한다는 뜻이다.

소비를 확대할 방법은 소득재분배(자원 배분 확대)와 부채 확대가 있다. 부채 확대는 단기적으로도 소비 확대 효과가 작고, 장기적으로는 빈부 격차를 확대하여 오히려 소비를 축소시킨다.

국제경쟁력을 확보하는 방법은 기업으로의 자원 배분 확대 외에도 정치·행정·경제·사회 시스템 정비, 과학기술 발전, 산업구조의 균형, 독점 이익(초과이윤) 해소, 공정경쟁, 경제정의 실현, 조세정의 실현, 사회적 비용을 확대하지 않는 범위 내에서의 규제 개혁, 정부의 비용 축소 등 여러 가지 다양한 방법들이 있다.

소비 확대를 최대화하기 위해서는 생산의 확대는 자원 배분이 아닌 다른 여타의 방법으로 확대하도록 하고, 소비의 확대는 자원 배분의 확대를 통해서 이루어져야 한다. 단, 소비 확대를 위한 자원 배분도 가장 효율적으로 이루어져야 한다고 본다.

국제금융 자본은 아르헨티나와 같은 진보 정부에게 자금을 지원함으로써 부채를 확대하게 하여 무역 적자가 증가하도록 부추겼다.

2) 계급이익과 전체이익의 배치

어떤 정책이든지 간에 과한 것은 부족한 것보다 못하다. 진보 정부가 복지 확대를 주장하게 된 배경에는 자본가의 수탈에 대항하는 노동자의 정치 집단화가 필요했다. 그 결과 정책들이 국민 전체의 이익보다는 노동자(조합)의 이익 위주로 결정되었다.

경제는 자본의 이익과 노동의 이익이 조화를 이루는 점에서 균형을 이루어야지, 한쪽의 희생을 바탕으로 이익을 취한다면 지속이 불가능하다. 특히 노동자 계급의 이익을 우선함으로써 노동자들의 이익과 국민 전체의 이익이 배치되는 결과를 초래했다.

그 결과 노동자의 노동환경은 좋아졌지만, 산업이 위축되고, 고용이 축소됨으로써 노동 예비군들을 실업자로 만들었다. 국민경제 전체적으로 생산을 축소했을 뿐만 아니라 가계소득을 축소해 소비능력까지 축소되었다.

3) 재정 적자의 확대

재정 적자에 의한 복지 정책 확대와 생산의 감소가 맞물리면 인플레이션을 발생하게 할 뿐만 아니라 무역 적자를 만성화한다. 물가 및 자산가의 상승에 따른 빈부 격차 확대와 고용 감소에 따른 실업자군을 확대하여 국민을 자본가, 노동조합참가노동자, 노동조합원이 아닌 노동자 및 실업자로 4등분시킨다. 빈부 격차의 확대와 생산 감소, 인플레이션 확대, 무역 적자와 경상수지 악화, 해외부채 확대, 고용 감소라는 최악의 상황을 연출하게 된다.

고용이 감소하면서 실업자가 넘치게 되어 진보 정부에 대한 국민지지율이 급락했다. 정부에 대한 국민의 지지가 약해지는 틈을 타고 미국의 정보기관이 기득권세력을 지원하여 쿠데타를 일으켜서 파시즘 정부를 세우고 진보진영 인사들을 말살했다.

복지 확대 정책과 부채 확대 정책은 동시에 사용해서는 안 된다. 그동안 진보 정부의 경제 정책이 실패한 근본 원인은 복지 정책의 재원을 부채를 확대하는 방식으로 조달했기 때문이다.

복지 정책을 결정하기 위해서는 별도의 재원확보방안을 제시해야 하고, 재원확보방안(다른 예산 삭감 또는 추가 세입 확대)과 복지 정책을 같이 검토하여 결정해야 한다.

4) 무역 적자의 만성화

소득재분배 정책이나 복지 정책과 같이 소비를 확대하는 정책은 소비 확대를 통하여 생산과 소비가 균형을 이룰 수 있는 지점을 한계로 해야 한다. 하지만 정책의 결과 생산(공급)의 축소가 너무 심하면 소비 확대는 생산의 확대보다 인플레이션(가격상승)을 더 많이 발생하게 한다.

가격이 상승하면 국제경쟁력이 약화되어 수입이 증가하고 수출이 감소하여 무역 적자가 발생한다. 무역 적자는 국내의 생산보다 국내의 소비가 많다는 것을 의미하며 외화부채를 확대한다.

가격상승에 따른 국내의 투자수요 확대와 정부의 차입 확대는 이자율을 상승시키고, 이자율의 상승은 외국으로부터의 자본 유입을 확대하고, 자본 유입의 확대는 환율상승을 막아 무역 적자를 더 확대하고 만성화한다.

무역 적자가 만성화되면 국내생산이 감소하여 산업이 파괴되고 고용이 감소하여 실업자가 증가하고 국민소득이 감소한다.

소득재분배 확대나 복지 정책의 확대는 무역 적자를 방지할 수 있는 한도 내에서 시행되어야 한다.

제3장

영업이익과 인건비의 변화가
국민소득에 미치는 영향

생산은 자본과 노동의 결합으로 이루어지고, 자본과 노동으로 분배된다. 자본으로 분배되는 소득이 영업이익이고, 노동으로 분배되는 소득이 임금(인건비)이다.

우리나라 기업의 생산에 대한 영업이익률을 보면, 기업마다 천차만별이겠지만 2000년대 초반 생산에서 영업이익이 차지하는 비율을 보면 대기업 평균치는 대략 2/3이고, 인건비 비율은 1/3이며, 중소기업 평균치는 영업이익률은 1/3 정도이고, 인건비는 2/3 정도 되었다고 한다.

국민경제는 노동과 자본이라는 두 생산요소의 가격이 변동되면서 경제가 변동된다. 다른 말로 표현하면 정부의 정책이나 경제 환경의 변화에 따라 노동과 자본으로의 소득 배분 비율이 변동됨에 따라 생산과 소비가 변동되어 국민소득이 증가하기도 하고 감소하기도 한다.

국민경제의 가처분 소득이 변동하지 않는 상태에서 대기업의 생산이 15조 원 증가했다고 가정하면, 고용과 국민소득은 어떻게 변화할 것인가를 계산해보고자 한다. 단 무역 효과는 고려하지 않는다.

무역 효과를 적용하면 가격 하락과 수출 증가, 무역 흑자, 환율 하락, 수입 증가라는 환율변동 과정을 거치면서 무역이 균형을 이루게 되므로 무역 효과를 반영하더라도 국민경제에 미치는 영향은 큰 차이가 없으면서 계산방식이 너무 복잡해진다.

대기업에서 영업이익이 차지하는 비율은 대략 2/3이고, 인건비 비율은 1/3이며, 중소기업의 평균치는 영업이익률은 1/3 정도이고, 인건비는 2/3 정도 된다고 한다.

01 대기업의 생산이 15조 원 증가하면, 중소기업의 생산은 15조 원 감소한다

국민경제의 가처분 소득이 변동하지 않으면 국민경제의 소비도 변동하지 않는다. 생산과 소비는 같다. 대기업의 생산이 15조 원 증가하면 일반기업(중소기업)의 생산은 15조 원 감소할 수밖에 없다.

1) 대기업과 중소기업의 소득과 고용의 변화

대기업 영업이익률 2/3, 중소기업 영업이익률 1/3

⑴ 대기업의 소득과 고용의 변화
영업이익이 10조 원 증가하고, 임금은 5조 원 증가하며 일자리는 125,000개(=5조 원/4,000만 원) 증가한다.

⑵ 중소기업의 소득과 고용의 변화
영업이익이 5조 원 감소하고, 임금은 10조 원 감소하며, 일자리는 250,000개(=10조 원/4,000만 원) 감소한다.

2) 국민경제 전체의 소득과 고용의 변화

소득(생산)의 변화는 없다. 자본소득인 영업이익이 5조 원 증가하고 노동소득인 임금은 5조 원 감소한다. 일자리는 125,000개(=250,000-

125,000) 감소한다.

02 영업이익과 인건비의 변화가 국민소득과 고용에 미치는 영향

1) 자본소득 증가 5조 원의 소비 효과에 의한 소득변화 : 2.0조 원 증가

자본소득의 한계소비성향 0.2 적용, 노동소득의 한계소비성향 0.7 적용, 노동소득 분배율 60% 적용

① **1차 소비: 1.0조 원**(=5조 원×0.2)

② **2차 소비: 0.5조 원**(=0.08+0.42)
- 자본소득 0.4조 원(=1조 원×40%)의 소비는 0.08조 원(=0.4조 원×0.2)
- 노동소득 0.6조 원(=1조 원×60%)의 소비는 0.42조 원(=0.6조 원×0.7)

③ **3차 소비: 0.25조 원**
- 자본소득 0.2조 원(0.5조 원의 40%)의 소비는 0.04조 원(=0.2조 원×0.2)
- 노동소득 0.3조 원(0.5조 원의 60%)의 소비는 0.21조 원(=0.3조 원×0.7)

④ **4차 소비: 0.125조 원**
- 자본소득 0.1조 원의 소비는 0.02조 원

- 노동소득 0.15조 원의 소비는 0.105조 원

⑤ 자본소득 증가에 의한 소비(소득) 증가의 합: 2.0조 원
- 소비 증가의 합=(1차 소비+2차 소비+3차 소비+4차 소비+5차 소비+6차 소비+…)
- 2조 원=(1조 원+0.5조 원+0.25조 원+0.125조 원+0.0625조 원+…)
- 계산식은 $S = \dfrac{a}{1-r} = \dfrac{1}{1-\dfrac{1}{2}} = \dfrac{1}{0.5} = 2$

2) 노동소득 5조 원 감소의 소비 효과에 의한 소득의 변화: 7.0조 원 감소

① 1차 소비 감소: 3.5조 원(=5조 원×0.7)

② 2차 소비 감소: 1.75조 원(=0.28+1.47)
- 자본소득 1.4조 원(=3.5조 원×40%)의 소비는 0.28조 원(=1.4조 원×0.2)
- 노동소득 2.1조 원(=3.5조 원×60%)의 소비는 1.47조 원(=2.1조 원×0.7)

③ 3차 소비 감소: 0.875조 원(=0.14+0.735)
- 자본소득 0.7조 원(1.75조 원의 40%)의 소비는 0.14조 원(=0.7조 원×0.2)
- 노동소득 1.05조 원(1.75조 원의 60%)의 소비는 0.735조 원(=1.05조 원×0.7)

④ 4차 소비 감소: 0.4375조 원
- 자본소득 0.35조 원의 소비는 0.07조 원
- 노동소득 0.525조 원의 소비는 0.3675조 원

⑤ 5차 소비 감소: 0.21875조 원

⑥ 노동소득 감소에 의한 소비(소득)변화의 합: 7.0조 원 감소
- 소비 증가의 합=(1차 소비+2차 소비+3차 소비+4차 소비+5차 소비+6차 소비+…)
- 7조 원=(3.5조 원+1.75조 원+0.875조 원+0.4375조 원+0.21875조 원+…)
- 계산식은 $S = \dfrac{a}{1-r} = \dfrac{3.5}{1-\dfrac{1}{2}} = \dfrac{3.5}{0.5} = 7$

3) 자본소득 5조 원 증가와 노동소득 5조 원 감소에 의한 국민소득과 고용의 변화

① 국민소득의 변화: 5조 원 감소
- -5조 원=소득 증가 2조 원-소득 감소 7조 원

② 고용의 변화: 75,000명 감소
- 75,000명=-5조 원×60%/4,000만 원

03 대기업의 15조 원 생산 증가가
국민경제에 미치는 영향

1) 국민소득의 변화: 5조 원 감소

- 1차 변화: 없음(자본소득 5조 원 증가, 노동소득 5조 원 감소)
- 소비승수 효과: 5조 원 감소
- 합계: 5조 원 감소

2) 자본소득과 노동소득의 변화: 자본소득 3조 원 증가, 노동소득 8조 원 감소

- 1차 변화; 자본소득 증가: 5조 원, 노동소득 감소: 5조 원
- 소비승수 효과: 자본소득 감소: 2조 원(5조 원의 40%), 노동소득 감소: 3조 원(5조 원의 60%)
- 종합: 자본소득: 3조 원 증가, 노동소득: 8조 원 감소

3) 고용의 변화: 20만 명 감소

- 1차 변화: -125,000명(=125,000명-250,000명)
- 소비승수 효과: -75,000명(=-5조 원×60%/4,000만 원)
- 종합: -200,000명(=-125,000명-75,000명)

제4장

조세개편 방향

국가의 가장 기본이 되는 시스템이 조세 시스템이다.

국가는 조세를 통하여 국가를 운영하는 경비를 조달한다. 사회는 변화·발전하고, 인간은 조세를 회피하고자 하는 본능이 있다.

역사적으로 보면, 조세는 인두세→토지세→소비세(영업세)→소득세→법인세로 사회의 변화에 따라 새로운 조세가 추가되면서 발전해왔다.

한 국가의 흥망성쇠는 조세 시스템의 건전성에 달려있다. 사회의 변화·발전에 따라 기득권층의 조세 회피 노력을 극복하고 조세 시스템을 변화·발전시켜 소득이 많이 발생한 곳에 조세를 제대로 부과할 수 있는지의 여부에 국가의 흥망성쇠가 달려있다.

기득권층이 조세회피에 성공하거나 국가가 무능해서 소득이 많이 발생하는 곳에 조세를 부과하지 못하면, 사회는 양극화되고, 국고는 파탄 나고, 경제는 디플레이션에 빠진다.

현재는 그동안의 급격한 사회변화로 인해서 조세제도가 변화해야 할 시점이 되었는데도 불구하고 변화하지 못하고, 오히려 소득이 확대되는 곳에 감세로 일관하여 빈부 격차가 확대되고 소비가 감소하여 소비를 확대하기 위하여 매년 재정 적자가 증가하고 있다.

소득이 증가하는 곳에 증세를 하지 못하고, 감세하게 된 이유는 현재의 조세 시스템으로는 증세를 하면 경쟁력 하락 등 또 다른 경제 문제를 발생시키기 때문이라고 본다.

현재는 기득권층의 조세 회피 노력에 대응해서 조세 시스템을 변화·발전시킬 때가 도래했다고 본다.

01 조세원칙과 공평성

조세원칙은 국가가 경비를 조달하기 위하여 국민에게 과세함에 있어서 규준으로 삼아야 할 원칙이며 조세제도, 조세 정책의 기초가 되는 조건을 말한다.

조세원칙으로 유명한 것은 애덤 스미스(Adam Smith)의 4원칙으로 이것은 자유주의의 입장에서 값싼 정부의 원칙을 조세 정책에 나타낸 것이다. 즉 (1) 공평의 원칙, (2) 명확의 원칙, (3) 편의의 원칙, (4) 경비 절약의 원칙 등 네 가지가 있다.

조세원칙 중에서 가장 중요한 원칙이 공평의 원칙이다. 하지만 무엇이 공평한 것인지에 들어가면 각자의 입장에 따라 다르다. 결국 공평이란 전체 국민에게 또는 다수에게 이익이 되는 것이라 하겠다.

02 조세의 종류

1) 직접세와 간접세

직접세는 소득세와 같이 조세의 부담을 남에게 이전시킬 수 없고, 조세를 부담하는 담세자와 납부하는 납세자가 같은 조세다. 이것은 수입을 기준으로 부과되며, 선진국에서 비중이 큰 조세다.

간접세는 부가가치세나 주세 등과 같이 조세를 부담하는 사람과 납세하는 사람이 같지 않은 조세를 말한다. 간접세는 조세 전가성이 있어 조세가 소비 대중에게 전가되므로 대중과세라고도 한다.

간접세는 소득 지출을 기준으로 부과되어 소비를 억제하는 효과가 있으므로 후진국에서 비중이 크다.

2) 비례세와 누진세

비례세는 부가가치세와 같이 과세 대상의 가격이나 수량의 다소와 관계없이 일정한 세율이 적용되는 조세를 말한다.

누진세는 과세 대상의 가격이나 수량이 많을수록 점점 높은 세율이 적용되는 조세다. 소득세, 상속세 등 대체로 직접세가 이에 속한다. 누진세는 누진세율을 높이면 고소득자가 많은 세금을 내게 되므로 빈부의 격차를 좁힐 수 있다. 따라서 누진세는 소득을 재분배하는 데 크게 이바지한다.

3) 조세개편 대상 주요 조세

우리나라의 총국세(일반회계)는 2016년 세입 예산 기준으로 216.2조 원이고, 그중 소득세가 60.9조 원(28.2%), 법인세가 46.0조 원(21.3%), 부가가치세가 58.1조 원(26.9%)으로써 총세입의 76.4%를 차지한다. 조세개편이나 증세는 소득세, 법인세, 부가가치세를 중심으로 논의되어야 한다.

(1) 소득세

국세이며, 직접세다. 개인소득세와 법인소득세로 나눌 수 있는데, 법인소득세는 법인세법에 따라 법인세로 부과되므로, 소득세법에 의한 소득세는 개인소득세만을 의미한다.

2016년 현재 우리나라의 소득세 최저세율은 6%(과세표준 1,200만 원 이하)이고, 최고세율 38%(과세표준 1억 5천만 원 초과)의 5단계 누진구조로 되어 있고, 2014년 소득세 세입실적은 53.3조 원이고, 2015년 소득세 세입 예산은 58.8조 원(추경 포함)이고, 2016년 소득세 세입 예산은 60.9조 원이다.

(2) 법인세

국세·직접세·보통세에 속하며, 일정한 소득을 과세대상으로 한다는 점에서 소득세의 성격을 가진다.

법인세법에 따라 국가·지방자치단체 이외의 내국법인과 국내 원천소득이 있는 외국 법인은 법인세를 납부할 의무를 진다(2조).

2016년 현재 우리나라의 법인세 최저세율은 10%(과세표준 2.0억 원 이하)이고, 다음 단계는 20%(과세표준 2.0억 원부터 200억 원까지)이고, 최고세율은 22%(과세표준 200억 원 초과)로써 3단계 누진구조로 되어 있고, 2014년 법인세 세입실적은 42.7조 원이고, 2015년 법인세 세입 예산은 46.0조 원(추경 포함)이고, 2016년 법인세 세입 예산도 46.0조 원이다.

(3) 부가가치세

부가가치세(Value Added Tax, VAT)는 국세·보통세·간접세에 속한다(국세기본법 제2조). 그리고 부가가치세는 모든 재화 또는 용역의 소비행위에 대하여 부과되는 일반소비세이며, 조세의 부담이 거래의 과정을 통하여 납세의무가 있는 사업자로부터 최종소비자에게 전가되는 간접소비세이고, 모든 거래단계에서 생성된 각각의 부가가치에 부과되는 다단계

거래세의 성격을 가진다.

현재 우리나라의 부가가치세율은 10% 단일세율로 되어 있다. 2014년 부가가치세 세입 실적은 57.1조 원이고, 2015년 부가가치 세입 예산은 58.9조 원(추경 포함)이고, 2016년 부가가치세 세입 예산은 58.1조 원이다.

 03 조세개편 방향과 증세 방법

1) 조세개편의 필요성과 방향 설정

조세개편의 필요성을 열거하면 첫째로는 재정 적자가 지속적으로 확대되어 국가부채가 기하급수적으로 증가하기 때문이다. 재정 적자를 줄이기 위해서는 증세를 해야 한다.

재정 적자 문제를 해결하기 위해서는 증세 규모가 상당해야 한다. 증세 대상으로 세입 규모가 큰 소득세, 법인세, 부가가치세 중에서 선택해야 한다.

둘째로는 빈부의 격차 확대와 소득의 양극화로 복지 수요가 점증하고 있기 때문이다.

빈부 격차와 소득 양극화를 더 확대하는 조세는 증세를 해서는 안 된다. 역진성이 강한 부가가치세는 증세해서는 안 된다.

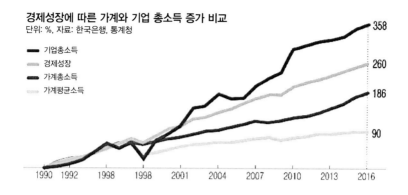

[그림 1] 경제성장에 따른 가계와 기업 총소득 증가 비교[2]

셋째로는 경제가 침체에 빠져서 경제 성장률이 지속적으로 하락하고 있기 때문이다.

경제가 침체에 빠지는 이유는 내수가 감소하기 때문이다. 내수가 감소하는 이유는 기업소득이 증가하는 데 비하여 상대적으로 노동소득이 감소하여 가계소득이 감소하고, 소득 분배가 악화하기 때문이다([그림 1] 참조).

자본소득에 과세하는 법인세 위주의 증세가 이루어져야 하고, 소득세의 누진율을 높여서 소득재분배를 확대해야 한다.

2) 국민경제에 대한 기여도 평가에 의한 증세 방향 설정

조세는 소득이 발생하는 곳에 부과하여야 한다. 소득의 국민경제에 대한 기여는 소비나 투자를 의미한다.

---

2 "기업 총소득이 358% 늘어날 때 가계 총소득은 186% 증가 그쳐… 계층 간 소득 격차도 더 벌어져", 〈경향비즈〉, 2017. 5. 17., 〈http://biz.khan.co.kr/khan_art_view.html?artid=201705171813001&code=920100#csidxf95add81a5579e7a79761f7531c4c50〉, (접속일: 2018. 6. 27.).

⑴ 소득의 국민경제에 대한 기여도가 감소하고 있는 곳에 증세해야 한다

소득의 증가율보다 소비나 투자의 증가율이 낮으면 소득의 국민경제에 대한 기여도가 감소하고 있다고 할 수 있다. 소득의 국민경제에 대한 기여도가 감소하면 국민경제의 효율이 낮아져서 생산(소득)이 감소한다.

국민경제의 생산(소득) 감소를 막기 위하여 국민경제에 대한 기여도가 낮아지는 부문의 소득에 대하여 증세를 하여 소득의 국민경제에 대한 기여도를 높이고, 증세를 통하여 조성한 재원을 바탕으로 정부 소비(SOC에 대한 투자 등)를 증가시키거나 소득재분배(복지) 정책으로 소비를 증가시켜 국민경제의 생산(소득)을 증가시켜야 한다.

[그림 1]을 보면 기업소득이 증가하고 상대적으로 가계소득은 감소하고 있다. 기업소득이 증가하고 있는데도 불구하고 기업의 투자는 감소하고 있다. 기업소득의 국민경제에 대한 기여도가 지속적으로 감소하고 있다. 기업소득에 부과하는 조세가 법인세다. 법인세의 증세가 필요하다.

소득의 양극화가 확대되고 가계 소비는 감소하고 있다. 가계소득의 소비비율을 높이기 위하여 소득 분배를 확대해야 한다. 소득 분배를 확대하기 위해서 소득세 최고세율을 높이고 누진율을 높여야 한다.

⑵ 초과이윤이 발생하는 곳 또는 소득이 증가하는 곳에 증세를 해야 한다

재벌 대기업의 사내유보는 기하급수적으로 증가하고 있다. 재벌 대기업의 초과이윤이 폭증하고 있다.

기업(법인)소득에 증세함으로써 기업소득 대비 투자율을 높일 수 있고, 초과이윤을 얻고 있는 재벌 대기업에 추가증세를 하여 초과이윤을 흡수함으로써 재벌 대기업의 사내유보 증가를 감소시키고 재벌 대기업의 소득 대비 투자비율을 높일 수 있다.

(3) 법인세의 누진율을 높일 필요가 있다

법인세 누진율을 높이면 법인은 조세를 회피하기 위하여 법인을 분할하는 등 조세회피 행동을 하게 된다. 법인 분할 등 조세회피 행위가 국민경제의 비용으로 작용하여 생산을 감소시킨다. 더하여 증세 목적도 달성하기가 쉽지 않다.

법인세의 누진율을 높이는 이유가 기업 간의 생산성 격차를 축소하여 자본소득을 감소시키고 노동소득을 증가시키기 위한 것이다. 법인세와 정규직 고용을 연동시킨다면 증세와 동시에 정규직 고용을 확대하게 하여 노동소득도 증가시킬 수 있다.

법인세를 정규직 1인당 평균 생산액을 기준으로 세율을 누진구조로 만들면 증세와 동시에 자본소득을 감소시키고 노동소득을 증가시킬 수 있다.

법인세 누진율을 높이면 사업소득세와 형평성이 무너진다. 개인사업자의 소득세누진율을 높여서 형평성을 되찾아야 한다. 소득세의 최고 세율을 높이고 누진율을 높여야 한다.

1) 법인세 증세: 약 57.7조 원

법인세 총수입은 2015년 기준 46조 원이다. 2014년의 법인세 실효세율은 14.2%(국회 예산 정책처)다. 법인세 실효세율을 14.2%에서 32%로 높이면 약 57.7조 원 증세할 수 있다.

2) 소득세 증세: 약 25조 원

소득세의 최고세율을 70%~80%까지 높여서 개인사업자와 법인사업자 간의 조세 형평성을 높이고, 누진율을 높여서 소득분위 25% 이상의 소득자들에게 소득세 부담을 높여야 한다.

2016년도 소득세 세입 예산은 60.8조 원이다. 소득세 최고세율을 높이고 누진율을 높이면 최소 25조 원 이상 증세할 수 있다고 본다.

사회안전망이 구성되어 소득이 없는 가족에게 기본소득을 지급하면 소득분위 50% 이상까지 소득세율을 높여도 중산층 가계의 실질소득은 감소하지 않고 오히려 증가할 것이라 본다.

3) 상속세 등 기타

상속세의 세율인상, 소득공제 축소와 편법상속의 방지, 탈세 예방이 필요하다.

법인세와 소득세를 증세하면 기업은 이익을 해외지점이나 해외본점으로 이전시켜 조세를 회피하고자 할 것이다. 자유업종사 고소득자의 경우 조세회피를 위한 외국 법인 소속으로의 변경 등을 통해서 소득세를 줄이려고 할 것이다.

세법을 정비하고, 조사능력을 확대하고, 탈세나 조세회피에 대한 가중처벌을 제도화하고, 조세 부담 상계제도를 도입하여 조세회피 지역과의 거래에는 상계조세를 부과하는 방법을 강구할 필요가 있으며 국제공조를 확대하여야 한다.

외국 법인의 용역공급에 의한 소득일지라도 국내에서 발생한 소득의 경우나 최소한 내국인을 통한 국내용역공급일 경우에는 누진된 법인세를 부과하거나 내국 소득세를 부과할 수 있도록 법령을 정비하고, 국제적인 동의를 얻도록 해야 할 것이라고 본다.

무엇보다 중요한 것은 정보의 공유화를 확대하여 국세청 직원만이 아닌 내부자를 포함한 전 국민이 탈세의 감시자가 되도록 해야 한다.

05 법인세 증세와 국제경쟁력 문제

법인세 증세를 반대하는 가장 큰 이유는 국제경쟁력이 낮아지기 때문이다.

국제경쟁력은 공급가격과 환율에 의해서 결정된다. 기업의 법인세 부담을 높이면 생산원가나 자본축적에 영향을 미쳐 가격경쟁력이 약해진다. 가격경쟁력이 약해지면 가격이 상승하고 가격이 상승하면 수출이 감소하고 수입이 증가하여 무역 적자가 발생한다.

무역 적자가 발생하면 환율이 상승하고 환율이 상승하면 가격경쟁력이 회복되어 수출이 증가하고 수입이 감소하여 무역이 균형을 이룬다.

가격경쟁력을 갖추는 방법으로 법인세를 감세하는 등의 방법으로 기업의 비용을 줄여주는 방법과 환율이 우리나라의 평균 국제경쟁력을 반영할 수 있도록 하는 방법이 있다.

기업의 비용을 줄여주는 방법들은 노동소득을 감소시키고 가계소득을 감소시켜 국내 소비를 감소시키면서 사회를 양극화하는 부작용이 있다.

내수를 증가시키면서 가격경쟁력을 유지하기 위해서는 기업의 비용을 줄여주는 방법보다 환율이 우리나라의 평균 가격경쟁력을 반영하도록 하는 방법을 선택해야 한다.

환율이 우리나라 산업의 평균경쟁력을 반영하도록 하기 위해서는 해외로부터의 외환의 유입을 최대한 억제해야 한다.

제5장

정규직 1인당 평균 생산액 기준
법인세율 누진 정책

01 정책 배경

　자본과 노동의 결합으로 생산이 이루어지고 생산된 소득은 자본과 노동으로 분배된다. 자본으로 분배되는 소득이 영업이익이고, 노동으로 분배되는 소득이 임금이고 인건비다.

　기업은 생산의 주체이고, 가계는 소비의 주체다. 기업소득인 영업이익은 대부분 저축되는 데 비하여 가계소득인 노동소득은 대부분 소비되고 만다. 저축된 소득은 자본으로 변하여 재투자되고 자본(유동자산 및 고정자산)으로 축적된다. 그 결과 시간이 지나면 지날수록 자본 규모는 커진다.

　생산성을 높이기 위하여 과학기술을 생산에 적용하기 위해서는 자본 투자를 확대해야 한다. 자본 투자가 확대되면 그만큼 자본으로의 소득 배분은 증가할 수밖에 없다.

　자본의 단위당 수익률은 낮아지더라도 자본으로 분배되는 소득의 배분 비율은 지속적으로 높아진다. 당연히 노동으로 배분되는 소득은 낮아진다.

　노동으로의 소득 배분이 낮아지면 가계소득이 낮아져서 소비가 감소한다. 생산과 소비는 같으므로 소비가 감소하면 생산도 같이 감소한다. 노동으로의 소득 배분이 감소하면 국민소득 규모는 계속해서 감소한다.

　국민소득을 감소시키지 않기 위해서는 노동소득 배분율이 낮아지지 않도록 해야 하고, 국민소득을 증가시키기 위해서는 노동소득 배분 비율을 조금이라도 높여야 한다.

　노동소득을 증가시키기 위해서는 고용을 확대하고 시간당 임금을 높여야 한다. 고용의 확대는 기업 자율(경영)의 문제다. 정부가 할 수 있는 방법은 노동시간과 변형 근로나 잔업할증률 등에 대한 규제를 확대하는 것 외에는 별로 없다. 임금을 높이는 방법도 최저임금과 최고임금에 대한 규제 외에는 사실상 없다.

자본과 노동의 결합으로 생산이 이루어진다고 했다. 자본비용(이자 등)과 노동비용(임금)은 생산비용이다. 고용(일자리)과 임금은 자본비용과 노동비용이 일치하는 점에서 결정된다고 추론할 수 있다.

노동소득을 증가시키기 위해서 임금을 높이거나 노동시간을 단축하면 노동비용이 상승한다. 노동시간 단축에 따라서 산업이 적응하는 기간 동안 단기적으로는 고용이 증가할 수 있고 노동소득도 증가할 수 있다. 하지만 장기적으로는 자본비용과 노동비용이 일치하는 점에서 결정된다.

노동시간을 단축하거나 임금이 상승하면 노동비용이 증가한다. 자본비용은 그대로인데 노동비용이 증가하면 생산에 비해서 노동을 많이 사용하는 노동집약산업은 경쟁력이 약해져서 생산이 감소하고, 생산에 비해서 노동을 적게 사용하는 장치산업은 경쟁력이 강해져서 생산이 증가한다.

장치산업의 생산이 증가하면 국민경제에서 고용이 감소하고 노동소득도 감소한다. 반면에 자본소득은 증가한다.

고용을 확대하고 노동소득을 높이기 위하여 노동시간을 단축했는데, 오히려 고용을 감소시키고 노동소득을 감소시키는 결과를 만든다.

노동시간을 단축시키면서 노동소득의 감소를 막기 위해서나 증가시키기 위해서는 자본비용도 같이 증가시켜야 한다.

대표적인 자본비용은 이자율과 법인세다. 자본비용을 상승시키기 위하여 이자율을 인상하면 해외로부터의 자본 유입을 불러온다. 해외로부터의 자본 유입은 환율을 하락시켜 국민경제에 많은 부정적인 효과를 발생시킨다. 자본비용을 증가시키는 방법으로 이자율을 인상하는 정책은 실효성이 없으면서 부작용만 만든다.

　법인세의 누진율을 높임으로써 자본비용을 높일 수 있다. 하지만 현재의 법인세는 고용과의 관련성이 낮아 법인세 누진율 증가에 의한 자본비용 증가 효과는 상당히 제한적으로 발생할 것이다.

　법인세 누진율을 높이면 기업은 법인 분할 등 조세회피 행위를 하게 되며 이는 국민경제의 부담으로 작용한다.

　법인세를 정규직 1인당 평균 생산액을 기준으로 누진세율을 적용하면 조세회피를 상당히 방지하면서 고용을 확대하고 재벌 대기업의 초과이윤을 회수할 수 있다.

02 정규직 1인당 평균 생산액 기준 법인세율 누진 정책

1) 개념

　법인세율을 정규직 1인당 평균 생산액을 기준으로 누진구조로 만들고, 과세표준을 누진율에 맞추어 배분하고, 배분된 과세표준에 누진세율을 적용하여 누진 단계별 법인세를 산출하고, 누진 단계별 법인세를 합산하여 법인세를 계산한다.

　생산액은 기업의 영업이익과 인건비(퇴직급여충당포함)의 합이다.

2) 법인세 누진 단계별 세율표(예시)

- 정규직 1인당 평균 생산 4,000만 원 이하: 10%
- 정규직 1인당 평균 생산 4,000만 원부터 5,000만 원까지: 15%
- 정규직 1인당 평균 생산 5,000만 원부터 6,000만 원까지: 20%
- 정규직 1인당 평균 생산 6,000만 원부터 8,000만 원까지: 30%
- 정규직 1인당 평균 생산 8,000만 원부터 1억 원까지: 40%
- 정규직 1인당 평균 생산 1억 원부터 2억 원까지: 50%
- 정규직 1인당 평균 생산 2억 원부터 5억 원까지: 60%
- 정규직 1인당 평균 생산 5억 원부터 10억 원까지: 70%
- 정규직 1인당 평균 생산 10억 원 이상: 80%

03 적용 예시

1) S 기업의 과세자료(2015년)

- 2015년 매출: 171,367억 원
- 영업이익: 17,080억 원
- 당기순이익: 15,159억 원
- 정규 직원: 3,925명
- 기간제 직원: 121명
- 인건비 총액: 약 4,483억 원(4,075억 원의 110%)

(영업이익을 과세표준으로 간주하고, 인건비 총액은 평균급여를 역산하여 급여총액을 계산하고, 급여총액의 110%를 인건비 총액으로 하였음)

2) 2015년 현재의 법인세 계산: 실제 법인세와는 다를 수 있음

- 2억 원×10%=2,000만 원
- 198억 원×20%=39억 6,000만 원
- 16,880억 원×22%=3,713억 6,000만 원
- 법인세=3,753억 4,000만 원(=2,000만 원+39억 6,000만 원+3,713억 6,000만 원)
- 실효세율: 22.0%(=3,753.4억 원/17,080억 원)

3) 누진세율 적용 계산

- 총생산: 21,563억 원=17,080억 원+4,483억 원
- 정규직 1인당 평균 생산액: 54,937만 원(=21,563억 원/3,925명)

(1) 누진세율 적용 과세표준금액 배분
- 10% 세율 적용 과세표준금액 배분: 1,243.6억 원=17,080억 원×(4,000만 원/54,937만 원)
- 15% 세율 적용 과세표준금액 배분: 310.9억 원=17,080억 원×(1,000만 원/54,937만 원)
- 20% 세율 적용 과세표준금액 배분: 310.9억 원=17,080억 원×(1,000만 원/54,937만 원)

- 30% 세율 적용 과세표준금액 배분: 621.8억 원=17,080억 원× (2,000만 원/54,937만 원)
- 40% 세율 적용 과세표준금액 배분: 621.8억 원=17,080억 원× (2,000만 원/54,937만 원)
- 50% 세율 적용 과세표준금액 배분: 3,109.0억 원=17,080억 원×(1억 원/54,937만 원)
- 60% 세율 적용 과세표준금액 배분: 9,327.0억 원=17,080억 원×(3억 원/54,937만 원)
- 70% 세율 적용 과세표준금액 배분: 1,535.0억 원=17,080억 원× (4,937만 원/54,937만 원)

(2) 누진세율 적용 법인세 계산

- 10% 세율 적용 과세표준의 법인세: 124.36억 원=1,243.6억 원×10%
- 15% 세율 적용 과세표준의 법인세: 46.635억 원=310.9억 원×15%
- 20% 세율 적용 과세표준의 법인세: 62.18억 원=310.9억 원×20%
- 30% 세율 적용 과세표준의 법인세: 186.54억 원=621.8억 원×30%
- 40% 세율 적용 과세표준의 법인세: 248.72억 원=621.8억 원×40%
- 50% 세율 적용 과세표준의 법인세: 1,554.5억 원=3,109.0억 원×50%
- 60% 세율 적용 과세표준의 법인세: 5,596.2억 원=9,327.0억 원×60%
- 70% 세율 적용 과세표준의 법인세: 1,074.5억 원=1,535.0억 원×70%
- 법인세 합계: 8,893.63억 원(=124.36+46.63+62.18+186.54+248.72+1,554.5+5,596.2+1,074.5)
- 실효세율: 52.1%(=8,893.635억 원/17,080억 원)

04 정책 효과

1) 긍정적 효과

• 기업 간의 격차가 축소되어 고용이 증가하고 노동소득도 증가한다.

• 간접고용 등 비정규직이 적어지고 정규직이 많아지므로 노동환경이 좋아진다. 정규직이 많아지면 청년 실업 문제를 해결할 수 있다.

• 로봇 활용 등 공장자동화로 고용이 감소하는 경우에 법인세율의 누진도를 높임으로써 탄력적으로 대응할 수 있다.

• 법인세 수입을 획기적으로 증가시킬 수 있다. 복지 정책 재원을 확보할 수 있다.

2) 부정적 효과

• 석유화학 등 대규모 투자가 필요한 기간산업의 투자에 불리하다. 정규직 1인당 평균 생산액 기준 법인세율 누진 정책은 고용을 적게 하면서 얻는 생산(소득)에 대하여 법인세를 더 많이 징수하겠다는 것이 목적이지 기업의 설비 투자를 줄이기 위한 정책이 아니다. 설비 투자세액공제제도를 도입해서 적정한 설비 투자가 이루어지도록 설비 투자에 대한 인센티브를 도입할 필요가 있다.

• 높은 가격주식의 주식가격이 하락한다. 영업이익이 많은 기업의 법인세 부담이 증가하므로 주주에 대한 배당은 적어진다. 배당이 적어

지면 주식가격은 하락한다.

- 자본이 해외로 탈출한다. 자본수익률이 낮아지므로 국내의 자본이 해외로 나간다. 하지만 소비의 확대로 기업의 매출이 증가하고 투자 확대로 이자율이 상승하므로 적정한 지점에서 균형을 이룰 것이라 본다.
- 조세회피, 법인세 부담이 증가하므로 조세회피를 위하여 이익을 해외법인으로 유출할 가능성이 높다.

10) 사회서비스 공무원 확대를 통한 공공 부문 일자리 창출
11) 노동시간 단축을 통한 민간 부문 일자리 50만 개 창출
12) 미취업 청년에게 6개월간 훈련수당 지급
13) 중소기업 취업 학생에게 국비 유학 제공

4. 일자리 창출 정책의 폐지와 노동시간 단축

5. 인건비 상승과 자본비용 상승

2016년 9급·7급 공무원시험에 28.9만 명이 지원했다고 한다. 공무원은 보수는 많지 않지만, 직장 중에서 가장 안전한 직장이다. 가장 안전한 직장인 공무원을 지원하는 젊은이들의 숫자가 많아지는 국가치고 발전하는 국가가 없고, 퇴보하지 않는 국가가 없다.

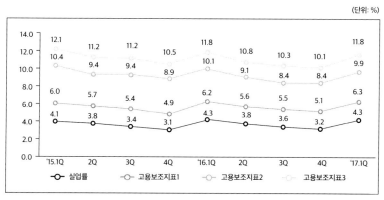

(단위: %)

[그림 2] 공식실업률과 노동저활용지표 차이[3]

자료: 통계청

- 실업률: 실업자/경제 활동인구(취업자+실업자)
- 고용 보조지표 1: (시간 관련 불완전취업자+실업자)/경제 활동인구
- 고용 보조지표 2: (실업자+잠재노동력[4])/경제 활동인구+잠재노동력
- 고용 보조지표 3: (시간 관련 불완전취업자+실업자+잠재노동력)/(경제 활

---

3 "우리나라 고용구조의 특징 - 국회예산정책처", 〈koreaview.com〉, 2017. 4. 27., 〈https://choonsik. blogspot.com/2017/04/blog-post_27.html〉, (접속일: 2018. 6. 28.).

4 잠재노동력: 취업준비자+그냥 '쉬었음' 인구+구직단념자.

동인구+잠재노동력)

[그림 2]를 보면 2016년 4/4분기 3.2%였던 실업률이 2017년 1/4분기에는 4.3%(1.1% 증가)로 폭증하고, 사실상의 실업률이라 할 수 있는 고용보조지표 3도 10.1%에서 11.8%(1.7% 증가)로 폭증하고 있다.

일자리 창출에 투입되는 1년 예산이 15조 원을 넘어서 올해에는 17.5조 원을 투입하고 있는데도 불구하고 일자리는 창출되지 않고 오히려 없어지고만 있다.

문재인 정부는 11.2조 원의 일자리 추경을 편성하고 6월 7일 국회에 제출한다고 한다.

장하성 청와대 정책실장은 추경 편성의 변으로 현재의 경제 상황을 "소득 격차와 실업률이 재난에 가까운 상황이다."라고 진단했고, 문재인 대통령은 일자리위원회 홈페이지에 올린 인사말을 통해 "단 1원의 국가 예산이라도 반드시 일자리 만드는 것으로 이어지도록 하겠다."고 말했다.

과연 올해의 일자리 예산 17.5조 원에 추경 11.2조 원을 더 투입하면 일자리가 얼마나 만들어질 것인지 궁금하다.

일자리 창출 정책이 성공하기 위해서는 가장 먼저 일자리가 없어지는 이유를 분명히 해야 적합한 일자리 정책도 만들 수 있고 일자리도 만들 수 있다고 본다.

01 일자리가 없어지는 이유

　일자리를 만들기 위해서는 일자리가 없어지는 이유를 정확하게 알아야 한다. 일자리가 없어지는 원인을 없앰으로써 일자리가 감소하지 않도록 하고, 일자리 정책이나 정부의 정책들이 일자리를 만드는지 아니면 오히려 일자리를 감소시키는지를 판단할 수 있고, 일자리가 없어지는 원인과 반대되는 정책을 사용함으로써 일자리를 만들 수 있기 때문이다.

1) 자본소득 분배율의 증가와 노동소득 분배율의 감소

　노동과 자본의 결합으로 생산이 이루어지고, 노동과 자본으로 생산(소득)이 배분된다.
　자본으로 배분되는 소득이 영업이익이고 노동으로 배분되는 소득이 인건비(임금)다. 국민소득에서 영업이익이 차지하는 비율이 증가하면 노동으로 배분되는 소득(임금)은 감소한다.
　노동소득이 일자리이고 인건비다. 노동소득(노동시간×임금)이 감소하면 당연히 일자리도 감소한다.

2) 기업의 격차 확대

　기업의 격차는 생산성의 차이를 의미한다. 기업의 격차가 확대되면 생산성이 높은 기업의 생산은 증가하고 생산성이 낮은 기업의 생산은 감소한다.

생산성이 높은 기업의 생산이 증가하고 생산성이 낮은 기업의 생산이 감소하면 전체생산(국민소득)은 변하지 않지만, 고용은 많이 감소한다.

이유는 생산성이 높은 기업은 노동계수가 낮아서 생산이 증가하더라도 고용은 별로 증가하지 않는 반면에 생산성이 낮은 기업은 노동계수가 높아서 생산이 감소하면 고용이 많이 감소하기 때문이다.

3) 장치산업의 생산 확대

장치산업은 생산에 비해서 고용비율이 아주 낮다. 장치산업은 생산이 증가하더라도 고용은 거의 증가하지 않는다. 반면에 노동집약산업은 생산이 증가하면 고용이 많이 증가하고, 생산이 감소하면 고용(일자리)도 많이 감소한다.

산업에서 장치산업의 비중이 높으면 고용률이 낮다.

장치산업의 생산이 확대되면 고용률(일자리/노동 가능한 사람의 수)이 낮아진다. 이유는 장치산업의 생산이 증가하면 그 외 노동집약산업의 생산이 감소하기 때문이다.

4) 대기업의 생산 증가

대기업은 생산에 비해서 인건비 비율이 낮고, 중소기업은 대체로 생산에 비해서 인건비 비율이 높다. 대기업의 생산이 증가하면 중소기업의 생산은 감소한다.

대기업의 생산이 증가하고 중소기업의 생산이 감소하면 일자리가 감소한다.

5) 금융산업의 부가가치 확대

금융산업은 전형적인 장치산업이다. 금융산업의 부가가치 확대는 장치산업의 부가가치 확대다. 장치산업의 부가가치 확대는 자본의 이익 확대고 노동의 이익 감소다. 금융산업의 부가가치 확대는 노동·기술 집약산업의 부가가치 감소를 수반하여 국민경제의 일자리를 감소시키고, 노동소득을 축소시켜 소득 분배를 악화시킨다.

금융산업의 부가가치(생산)는 개인의 소득처분(가처분 소득 감소)과 기업의 비용이다. 금융산업의 부가가치 확대는 기업의 비용을 증가시켜 국제경쟁력을 낮추고, 개인의 가처분 소득을 감소시켜 소비를 축소시킨다.

6) 경제력 집중

경제력이 집중되면 자본소득이 증가할 뿐만 아니라 생산이 과소상태가 되어 일자리가 감소한다.

7) 임금 격차 확대

초과이윤이 발생하는 부문은 이윤도 많을 뿐만 아니라 임금수준도 높다. 임금 격차가 확대되면 임금이 높아지는 부문에서 초과이윤이 발생하고 있다는 뜻이다. 초과이윤이 확대되면 산업이 불균형해져 일자리도 감소한다.

8) 산업혁명

산업혁명이란 생산성이 급격하게 증가하면서 산업구조를 창조적으로 파괴하는 것을 말한다. 생산성이 급격하게 증가하면 일자리도 급격하게 감소한다. 산업혁명에 의하여 생산성이 증가하는 것만큼 소득 분배도 증가해야 일자리의 감소를 최소화할 수 있다.

9) 외국인노동자 유입

외국인노동자가 유입되면 그만큼 취업경쟁은 심해지고 일자리도 감소한다. 특히 저임노동자의 유입은 하층 노동시장의 경쟁을 확대해 하층 노동시장의 임금을 최저임금으로 수렴시킨다.

02 일자리 창출 정책

1) 이명박·박근혜 정부의 일자리 정책

(1) 취업 인센티브 제공
- 중소기업에 취업하는 경우 1년간 취업장려수당을 취업자 본인에게 직접 지급
- 고졸 이하 미취업자를 전문 기능인력으로 양성할 수 있는 '전문인턴제도' 도입
- 교육훈련비 지원, 훈련 기간 중 생계비 근로복지공단이 장기·저리 대출
- 구직자가 창업을 원할 경우 금융지원 강화
- 이공계 석·박사 인력이 벤처기업의 연구현장에서 근무할 경우 1년간 급여 지급

(2) 일자리 제공기업에 세제 혜택
- 상시 고용인원을 전년도보다 늘린 중소기업에 증가 고용인원 1인당 일정 금액을 세액공제(중소기업 고용 투자세액공제)
- 상시 고용인원 증가 중소기업에는 정부 지원 우선 배정

(3) 고용유지지원금 제도 등
- 생산량 감소 등으로 고용조정이 불가피하게 된 사업주가 감원 대신 훈련·휴직 등을 통해 고용을 유지할 경우 정부 지원. 유급휴직을 시킬 경우 180일 동안 휴직 수당의 3분의 2(대규모 기업은 2분의 1) 지원

- 유연 근로제·단기간 근로 등 근로 형태의 다양화 및 임금피크제 및 직무·성과급 확산 등 임금 유연화도 추진

- 희망근로사업이나 청년인턴 등 정부 부문의 일자리 사업집행

- 재정을 대거 투입하는 확장적 거시 정책 기조를 유지해 경제를 안정시키고 고용 창출

- 규제 개선을 통해 기업들의 투자 확대를 유도

- '전문자격사 시장 선진화 방안'을 확정하는 등 서비스 산업 선진화와 인력 양성 강화

(4) 고용 시스템 구축

- 취업 애로 계층에 대한 구직 데이터베이스(Data Base, DB)와 중소기업의 구인 DB를 구축, 구직자-구인자 간 '매칭'을 강화. 워크넷(Work-net) 구축 및 확대

- 취업직종, 학과별 취업률 등 취업률 관련 정보공시 내실화와 대학재정지원과 취업률 반영비중 확대

2) 문재인 정부의 일자리 정책(대선공약 중심)

(1) 공공 부문 일자리 비율 OECD 평균 절반 수준으로 상향, 81만 개 일자리 창출

- 경찰, 소방관 등 공무원 일자리 17만 4,000개(소요예산 5년간 21조 원)
- 교육, 의료, 복지 등 공공서비스 일자리 34만 개 등
- 공공 부문 비정규직 단계적 정규직화(일자리의 질 개선)

(2) 노동시간 단축

- 근로시간 단축(법정 노동시간인 주 52시간 준수와 휴가사용) 통해 민간 부

문 50만 개 일자리 창출

(3) 중소기업 노동자 임금 대기업 80% 수준까지 상향 등

- 공정임금세 시행(중소기업 노동자들의 임금을 대기업 노동자의 80% 수준까지 상향)
- 중소기업 3명 채용 시 세 번째 1명 3년간 임금 전액 지원

3) 다른 대선후보들의 일자리 정책

(1) 안철수 후보
① 민간주도의 일자리 확대 정책 강화
② 청년고용보장제 시행(21년까지 5년간)
- 중소기업임금 수준 대기업의 80%로 조정
- 유망중소기업에 취업하는 청년에게 월 50만 원 2년간 임금보조
- 미취업 청년들에게는 6개월간 월 30만 원의 훈련수당을 지급

(2) 홍준표 후보
① 규제 혁파와 강성귀족노조 해체

(3) 유승민 후보
① 중소기업과 창업기업에 대한 지원 확대
- 혁신안전망 구축
- 네거티브 규제 방식으로의 전환
- 창업을 통해 자수성가할 수 있는 환경 구축
- 벤처캐피털 요건 완화 등을 통한 창업 활성화
- 창업교육 지원 확대

- 산업 정책의 중심을 대기업에서 스타트업과 중소기업으로 전환
- 비정규직 사용 총량제를 검토

⑷ 심상정 후보
① 공공 부문 중심 좋은 일자리 확대
- 간호·보육·교육·소방 등 사회서비스 및 공공분야에서 100만 개

② 근로시간 단축을 통한 민간 부문 일자리 창출
- 노동시간 단축으로 50만 개 일자리 창출

③ 청년고용 할당제 확대(3%→5%)
- 공공 부문 및 민간 부문 확대적용(24만 개)
- 청년 실업부조 도입(1년간 최저임금의 50% 지급)

4) 경제계 등이 요구하는 일자리 정책

① 규제 개혁
- 기업 투자를 위축시키는 장애물을 없애는 것이 가장 비용이 적게 드는 일자리 대책

② 리셋 코리아 경제 분과
- 창업 생태계 혁신
- 서비스 산업에 신규 사업이 진입할 때 규제하지 않는 규제 프리 샌드박스 설치
- 임금피크제 도입하여 청년 일자리 창출
- 청년 5만 명을 선발해 혁신형 중소기업에 취업하고 연봉의 절반

(2,000만 원 한도) 지원

5) 노동계가 요구하는 일자리 정책

　- 노동시간 단축 연간 1,800시간대까지 단축(현재 2,113시간)
　- 노동시간을 단축하면 일자리가 더 창출된다(주 40시간 근무제를 전면 적용하면 51만~70만 개, 주 52시간 상한제를 전면 적용하면 59만~77만 개).
　- 시간제 근로에 대한 차별이 없어야 한다.
　- 근로 시간 단축으로 유연근무제가 전제가 되려면 최저임금이 높아져야 한다.
　- 비정규직 문제, 중소기업 임금 격차 문제부터 해결해야 한다.

03 일자리 정책에 대한 평가

　정부나 기업, 학계, 노동계 등이 주장하거나 시행하고 있는 일자리 창출 정책을 대별하면 1) 취업자에게 직접 취업 장려수당 등을 주는 취업 인센티브 정책, 2) 일자리 증가 기업이나 일자리 증가 중소기업에 대한 세제 혜택, 3) 일자리 증가 중소기업에 대한 임금보전, 4) 창업지원 확대, 5) 생산 축소 등으로 고용이 감소해야 할 기업이 유급휴직 등으로 고용을 유지할 경우 휴직 수당 등을 지원하는 고용유지지원금 제도, 6) 유연 근로, 단기간 근로 등 근로 형태의 다양화, 7) 임금피크제 및 포괄임금제를 통한 임금 유연화, 8) 기업의 투자 확대를 유도하기 위한 규제 개혁 정책, 9) 전문자격사 시장 선진화 등 서비스 산업 선진화와 인력 양성, 10) 사회서비스공무원 확대를 통한 공공 부문 일자리 창출, 11) 노동시간 단축을 통한 민간 부문 일자리 50만 개 창출, 12) 미취업 청년에게 6개월간 훈련수당 지급, 13) 중소기업 취업 학생에게 국비 유학 제공 등이 있다.

1) 취업자에게 직접 취업 장려수당 등을 주는 취업 인센티브 정책

취업자에게 취업 장려수당을 지급하면 취업자의 입장에서는 장려수당만큼 임금이 낮아도 취업을 선택하게 되어 임금수준이 낮아지고, 그만큼 기업의 이윤이 증가한다. 정부의 예산으로 기업의 영업이익을 보전해주므로 그만큼 자본소득이 증가하고 정부 예산은 감소한다. 자본소득이 증가하므로 일자리는 증가하지 않고 감소한다.

2) 일자리 증가 기업이나 일자리 증가 중소기업에 대한 세제 혜택

일자리를 증가시킬 수 있는 기업은 생산성이 높다. 생산성이 높은 기업에 세제 혜택 등으로 지원하여 생산이 더 증가하면 생산성이 낮은 기업의 생산은 더 감소한다. 생산성이 높은 기업은 노동계수가 낮고 생산성이 낮은 기업은 노동계수가 높다. 일자리 증가 기업을 지원하면 지원할수록 국민경제의 일자리는 감소한다. 일자리 증가 중소기업에 대한 지원 역시 마찬가지다.

3) 일자리 증가 중소기업에 대한 임금보전

세제 혜택과 비슷한 효과가 있다. 국민경제의 일자리는 증가하지 않고 감소한다.

4) 창업지원 확대

창업이 증가한다고 해도 일자리는 증가하지 않는다. 이유는 창업기업의 생산 증가만큼 한계기업의 생산이 감소하기 때문이다. 창업기업은 경쟁력이 있고 대체로 생산성이 높다. 한 국가의 소득(생산)은 단기적으로 거의 증가하지 않는다. 생산성이 높은 기업이 창업을 하여 생산이 시작되면 그만큼 한계기업의 생산은 감소한다. 창업지원을 확대해서 창업기업의 생산이 많아지면 한계기업의 생산이 감소하면서 일자리는 감소한다.

창업기업지원액만큼 국가 가용 예산이 감소하므로 그만큼 정부 소비가 감소하여 국민경제의 생산이 감소하면서 고용도 감소한다.

5) 고용·유지지원금 제도

고용·유지지원금 제도는 실업수당과 같은 역할을 한다. 정부 예산으로 일정 기간 동안 실업수당을 추가 지급하는 것과 같다. 단기적으로 일자리가 줄어들지 않게 하는 효과는 있겠지만 그 효과는 아주 미미하다. 반면에 행정기관의 관리비용은 상당하다. 득보다 실이 더 많다.

6) 유연 근로, 단기간 근로 등 근로 형태의 다양화

근로 형태의 다양화는 기업의 인건비 절감과 노동자의 소득 감소로 직결된다. 자본이익이 극대화하고 노동소득은 최소화한다. 일자리는 감소한다.

7) 임금피크제 및 포괄임금제를 통한 임금 유연화

임금의 유연화 역시 기업의 인건비 절감과 노동소득의 감소로 직결된다. 당연히 일자리도 감소한다.

8) 기업의 투자 확대를 유도하기 위한 규제 개혁 정책

규제를 해제하면 기업의 비용인 사적비용은 감소하지만 국민 전체의 비용인 사회적 비용은 증가한다. 사회적 비용이 증가하면 다른 기업의 비용을 증가시키고 국민의 가처분 소득을 감소시킨다.

국민의 가처분 소득이 감소하면 소비가 감소하므로 당연히 생산도 감소하고 일자리도 감소한다.

9) 전문자격사 시장 선진화 등 서비스 산업 선진화와 인력 양성

전문자격사제도를 확대하면 교육훈련 분야에서 일자리는 증가한다. 반면에 국가의 예산이나 국민들의 가처분 소득은 감소한다. 국민경제에서 생산 감소에 의한 일자리 감소가 교육훈련 분야의 일자리 증가보다 더 많다. 이유는 교육훈련 분야에서 낭비가 상당히 발생하기 때문이다.

10) 사회서비스 공무원 확대를 통한 공공 부문 일자리 창출

공공 부문 일자리 창출은 사회서비스의 확대와 국가 예산의 지출이 동반된다. 공공 부문 일자리는 증가하지만 급여 증가만큼 다른 정부 소비가 감소한다. 정부 비용 증가는 그만큼 산업의 간접비용을 증가시키고 경쟁력을 약화시킨다. 단기적으로는 일자리가 증가하겠지만 장기적으로도 일자리가 증가할 것이라고는 장담할 수 없다.

11) 노동시간 단축을 통한 민간 부문 일자리 50만 개 창출

일자리는 민간이 창출하는 것이 맞고, 일자리를 창출하기 위해서는 노동시간을 단축하고 변형 근로시간을 단축하고 잔업에 대한 보수할증률을 높여야 한다. 하지만 단순히 노동시간을 단축한다고 해서 일자리는 증가하지 않는다. 이 문제는 다음 장에서 자세히 설명하고자 한다.

12) 미취업 청년에게 6개월간 훈련수당 지급

사회안전망과 같은 성격이다. 미취업 청년들을 훈련시킨다고 해서 일자리 자체가 증가하는 것은 아니다.

13) 중소기업 취업 학생에게 국비 유학 제공

중소기업 취업 학생에게 국비 유학비용을 지원하면 그만큼 중소기업이 낮은 임금으로 고용을 할 수 있도록 한다. 단기적으로 자본이익을 확대하고 노동소득을 감소시킨다. 당연히 일자리 창출에 역행한다. 국비 유학을 다녀와서 개인의 능력이 높아지면 중소기업이 높아진 임금을 부담할 수 있을지 의문이고, 중소기업이 임금을 올려준다고 해서 계속해서 중소기업에 근무한다는 보장도 없다.

대기업의 교육훈련비를 절감하기 위한 정책이 아닌지 의심이 된다.

 04 일자리 창출 정책의 폐지와 노동시간 단축

정부의 정책은 단순해야 한다. 정부의 정책이 복잡하면 복잡할수록 자원의 낭비는 심해지고 부정부패는 양산된다.

현재 정부에서 시행되고 있는 모든 일자리 창출 정책들이 일자리를 창출하기보다는 오히려 일자리를 감소시키고 있다.

일자리를 증가시키기 위해서는 우선 일자리가 없어지는 정책들을 폐지해야 한다.

'일자리가 없어지는 이유'에서 설명한 바와 같이 일자리를 증가시키기 위해서는 '(1) 자본소득 분배율의 감소와 노동소득 분배율의 증가, (2) 기업의 격차축소, (3) 장치산업의 생산 축소와 노동집약산업의 생산 확대, (4) 대기업의 생산 감소와 중소기업의 생산 증가, (5) 금융산업의 부가가치축소, ⑹ 경제력 집중방지, ⑺ 임금 격차의 축소, ⑻ 외국인노동자의 유입을 축소해야 한다.

디히어 일자리를 창출하기 위해서는 노동시간을 단축하고, 변형 근로시간을 단축하고, 잔업에 대한 보수할증률을 높여야 한다. 하지만 현재와 같은 여건에서 노동시간을 단축하면 일자리는 증가시킬 수 있을지는 모르지만, 노동소득은 오히려 감소하는 결과를 만든다.

05 인건비 상승과 자본비용 상승

임금은 노동자의 소득이지만 기업의 입장에서는 비용이다.

생산은 자본과 노동의 결합으로 이루어지고, 인건비를 제외한 모든 비용이 자본비용이라고 할 수 있다.

일자리를 창출하거나 노동소득을 증가시키려면 노동시간을 단축하면서 시간당 임금을 상승시키고, 변형 근로시간을 단축시키고, 잔업에 대한 보수할증률을 높여야 한다.

노동시간 단축 등은 인건비를 상승시킨다. 노동시간을 단축하면 기업의 입장에서는 단기적으로는 생산을 조금 줄이고 고용을 조금 확대해서 대응하고, 장기적으로는 노동비용투입을 줄이고 자본비용투입을 확대하게 된다.

일자리 창출을 위하여 선택한 노동시간 단축 등의 정책이 일자리를 창출하기보다는 오히려 일자리를 감소시키거나 노동소득을 감소시키는 결과를 만든다.

노동시간 단축 등을 통한 일자리 창출 정책이 성공하기 위해서는 인건비를 상승시키는 것만큼 자본비용을 상승시켜야 한다. 노동시간 단축에 의한 인건비상승만큼 자본비용을 증가시키면 인건비상승만큼 노동소득이 증가하므로 노동시간을 단축하는 시간만큼 일자리가 더 만들어진다(비용의 상승은 산업의 가격경쟁력을 약화시킨다. 산업의 가격경쟁력은 비용에 의해서 영향을 받지만, 환율에 의해서도 영향을 받는다. 환율상승을 통하여 산업의 가격경쟁력을 회복할 수 있다).

기업의 자본비용과 직접관계가 있는 것으로 이자율과 법인세가 있다.

이자율이 상승하면 자본조달비용이 상승하여 자본투입비용이 증가한다. 국내 이자율이 상승하면 해외로부터 자본 유입이 확대되고, 자본 유입이 확대되면 이자율이 하락한다. 기준이자율상승을 통한 자본비용 확대 효과는 매우 한시적이고 효과도 낮으며 외환의 유입에 의한 환율의 하락이라는 부작용이 더 많다.

법인세율을 인상하는 방법으로 (1) 법인세율을 단순히 인상하는 방법, (2) 일정규모 이상 대기업의 법인세율만 인상하는 방법, (3) 법인세율을 누진화 하는 방법, (4) 법인세율을 정규직 1인당 생산액을 기준으로 누진화하는 방법이 있다.

(1) 법인세를 단순히 인상하면 직접적인 고용 확대 효과는 없다. 단 자본의 조세 부담이 증가함으로써 기업의 투자율이 낮아지고, 세입이 증가하여 정부 지출을 통한 소비 확대 효과가 증가한다. 무역 흑자 감소에 의한 생산 감소 효과보다 소비 확대에 의한 생산 증가 효과가 약간 더 많으므로 일자리 창출효과는 약간 있다고 하겠으나 미미하다.

(2) 일정규모 이상 대기업의 법인세율만 인상하는 방법은 대기업의 법인세 부담을 높여서 사내유보 증가속도를 낮출 수 있고, 일정규모 이하 기업의 경쟁력을 높일 수 있으나 직접적인 고용 확대 효과는 거의 없

다. 고용 확대 효과는 (1) 법인세율인상보다 약간 높다.

(3) 법인세율을 누진제도화하면 직접적인 고용 확대 효과는 없지만 법인세 수입이 획기적으로 증가하고, 특히 사내유보가 많은 삼성전자와 같은 거대기업의 법인세 부담이 많이 증가하여 사내유보 증가속도가 낮아진다.

법인세율을 누진제도화하면 자본비용 증가에 의한 직접적인 고용 증가 효과는 없다. 법인세 수입의 증가는 정부 지출을 통한 소비 확대로 이어져 무역 흑자를 감소시키고 생산을 증가시켜 고용을 증가시킨다.

하지만 기업은 법인세 부담을 줄이기 위하여 법인 분리를 통하여 이익 규모를 낮출 수 있다. 기업들의 법인세 회피 행위가 국민경제의 부담으로 작용하여 국제경쟁력을 낮추는 데 일조할 것이라 본다.

(4) 법인세율을 정규직 1인당 평균 생산액을 기준으로 누진제도화하는 방법(제2부 제4장 참조)을 사용하면 기업의 입장에서 정규직 고용을 많이 하고 법인세 부담을 낮추는 선택을 할 것인지, 아니면 정규직 고용을 적게 하거나 하지 않고 높은 세율의 법인세를 부담할 것인지를 선택해야 한다.

일부 기업은 정규직을 더 많이 고용하고 낮은 법인세율을 선택할 것이고, 일부 기업은 정규직 고용을 적게 하고 높은 세율의 법인세를 부담할 것이다.

생산에 비하여 정규직 고용을 적게 하여 법인세를 많이 부담하는 기업이나 산업은 현재보다 경쟁력이 낮아질 것이고, 생산에 비하여 정규직 고용을 많이 하여 법인세를 적게 부담하는 기업이나 산업은 현재보다 경쟁력이 높아질 것이다.

산업은 생산에 비하여 정규직 고용을 많이 하는 산업의 생산이 증가하며 정규직 고용이 획기적으로 증가한다. 정규직 고용의 증가는 청년 실업 문제를 해결하고 가계소득의 증가와 소득 분배 확대로 이어져서 소비를 확대하므로 경제는 침체에서 벗어난다.

더하여 법인세 수입의 증가는 국가재정을 튼튼하게 하고, 소득재분배 정책의 재원이 되어 가계소득을 더 확대하여 국내 소비를 더 증가시키므로 생산도 증가하고 고용도 증가한다.

제7장

가계부채 문제 해결 방안

우리나라의 당면한 경제 문제 중 가장 시급한 문제 중 하나가 가계부채 확대 문제를 해결하는 것이다.

우리나라는 노동자들이 노예처럼 장시간 일을 하게 함으로써 생산을 확대하고, 수출을 확대하여 국가의 부를 확대하겠다는 정책을 1960년대부터 지금까지 계속해서 사용하고 있다. 노동자들을 노예처럼 부려먹기 위해서는 국민의 가처분 소득을 없애고, 부채를 짊어지게 해야 한다. 정부의 정책도 국민들의 가처분 소득을 없애고 부채를 짊어지게 하는 데 치중했다.

그 결과 재벌이 형성되고, 경제력이 집중되어 재벌기업은 돈을 주체할 수 없을 지경이지만, 국민은 부채(빚)가 확대되어 파산에 직면하고 있다.

01 가계부채 현황

가계부채는 다음의 [그림 3]과 같이 2008년 미국의 금융 위기부터 급증하기 시작했고, 박근혜 정권 1년 후인 2014년부터 매년 100조 원 이상씩 폭증하고 있으며, 2016년 2분기 말 현재 1,296조 원에 달하고 있다.

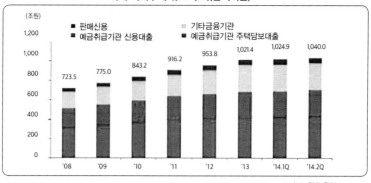

국내 가계부채 규모 추이(잔액기준)

[그림 3] 국내 가계부채 규모 추이-잔액 기준[5]

02 가계부채를 감소시켜야 하는 이유

가계부채가 급증하면 부채에 대한 이자 지급이 급증하여 가계의 가처분 소득이 감소한다. 가처분 소득의 감소는 소비를 감소시키고, 소비의 감소는 생산의 감소로, 생산의 감소는 고용의 감소로 이어져 다시 가계소득을 감소시키면서 경제를 더 침체시킬 뿐만 아니라 부채에 대한 이자 지불을 힘들게 한다.

대출금에 대한 이자 지불 연체는 대출채권을 불량채권으로 만들고,

5 "'눈덩이' 가계부채, 딜레마에 빠진 정부⋯ 다섯 차례 대책 종합 정리", 〈조선비즈〉, 2015. 2. 28., 〈http://realestate.daum.net/news/detail/all/MD20150228070113937.daum〉, (접속일: 2018. 6. 27.).

금융기관은 채권 회수를 위하여 담보물(주택)을 경매에 부치게 되고, 경매는 주택 가격을 하락시키고 주택 가격의 하락은 다시 담보물의 담보가치를 하락시킨다.

담보물 가치의 하락은 담보 주택들의 담보가치를 하락시켜 담보 주택들을 경매에 부치게 하고, 경매의 폭증은 주택 가격을 폭락시켜 대출금융기관이 대출채권을 회수할 수 없는 상황에 빠지게 한다. 대출채권의 회수불능은 금융시장의 붕괴로 이어져서 경제 시스템을 붕괴시킨다.

금융시장의 붕괴, 경제 시스템의 붕괴, 산업의 파괴를 막기 위해서는 가계부채의 폭증을 막아야 하고, 가계부채를 감소시켜야 한다.

가계부채의 유형을 분류해보면 정부의 어떤 정책들이 가계부채를 확대했다는 것을 알 수 있다. 가계부채의 원인을 알면, 해결책도 찾을 수 있을 것이라고 본다.

03 가계부채가 증가하는 이유

'국민소득(GDP)=기업 소비+개인 소비+정부 소비+무역 흑자'로 계산되고, '국민소득(GDP)=전년도 GDP×소비승수/전년도 소비승수+(기업부채 증감+가계부채 증감+재정 적자 증감+무역 흑자 증감)×소비승수'라고 대략적으로 표현할 수도 있다.

국민소득을 증가시키기 위해서는 소비승수를 증가시키거나 부채를 확대하거나 무역 흑자를 증가시켜야 한다.

소비승수를 증가시키기 위해서는 국민경제의 소비성향을 높여야 하고, 소비성향을 높이기 위해서는 자본소득을 감소시키고 노동소득을 증가시키고 소득 분배를 확대해야 한다. 기업 투자 확대를 통한 성장을 추구하는 집단은 소비승수를 증가시키는 정책은 선택하지 못한다.

가계부채 등 부채를 증가시킨 이유는 경제 성장률을 유지하기 위해서 소비를 확대하고자 하기 때문이다.

기업부채를 증가시키면 일정 기간 동안 소득이 증가하지만 재고가 증가하고 기업부실이 확대된다. 가계부채를 증가시키면 일정 기간 동안 소득이 증가하지만, 가계를 부실화시켜 국민경제의 소비능력은 더 감소한다. 재정 적자 증가는 국가부채를 기하급수적으로 증가시켜서 국가를 부실화시킨다.

무역 흑자의 증가는 국내의 공급 증가와 소비 감소의 결과에 의해서 발생하므로 무역 흑자를 증가시키면 국민소득은 증가하지 않으면서 서민경제를 피폐화시킨다.

가계부채가 증가하는 이유는 대출이 증가하기 때문이고, 대출이 증가하는 이유는 이자율이 하락했기 때문이고, 대출이자율이 하락하는 이유는 기준금리가 하락했기 때문이다.

가계부채가 폭증한 이유는 기준금리가 하락([그림 4] 참조, 2008년 5.25%, 2009년 2.0%, 2012년 3.25%, 2016년 1.25%)했기 때문이고, 대출에 대한 규제[DTI(Debt To Income, 총부채상환비율), LTV(Loan To Value ratio, 담보인정비율)]가 완화되었기 때문이다.

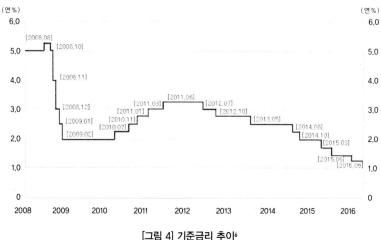

[그림 4] 기준금리 추이[6]

04 가계부채를 감소시키는 방법

가계부채를 감소시키기 위해서는 가계부채가 증가한 원인을 반대로 시행하면 된다. 하지만 그 과정에서 주택 가격이 폭락하고, 부채가 많은 가계가 파산하고, 대출한 금융기관이 부실화되어 금융 시스템이 붕괴할 수 있다.

가계부채는 감소시켜야 하지만 금융 시스템의 붕괴는 막아야 한다. 금융 시스템의 붕괴를 막기 위해서는 그 과정이 정치하게 설계되어야

---

6 "기준금리, 또 인하 2%… 2009년 금융위기 수준", 〈연합경제〉, 2014. 11. 13., 〈http://www.yhenews. co.kr/bbs/board.php?bo_table=news&wr_id=7799〉, (접속일: 2018. 6. 27.).

한다. 금융 시스템의 붕괴를 막을 수 있는 가계부채 감소 정책을 설계하기 위해서는 가계부채의 유형을 정확하게 확인하고, 부채의 유형에 맞는 정책과 정책의 부작용을 차단할 수 있는 방화벽을 정책 시행 전에 설치하는 등 정책의 집행 시기 및 우선순위를 사전에 설계해야 한다.

1) 가계부채의 유형

(1) 저소득층의 생계형 가계부채

저소득층의 일자리는 대체로 근로환경이 좋지 않다. 근로환경이 나쁜 곳에 일하는 노동자는 임금이 올라가면 더 많이 일하기보다는 근로환경의 개선을 요구하거나, 노동시간을 줄이려고 한다. 이유는 최소한의 생계요건이 충족되면 건강을 생각하고, 휴식을 생각하기 때문이다. 나쁜 근로환경에서 장시간의 노동을 하는 것은 건강을 상하게 할 가능성이 아주 크다.

보수 기득권 정부나 자본가들의 입장에서는 저소득층을 노예처럼 부리기 위해서는 근로환경을 개선하는 데에 비용을 쏟기보다는 임금을 하락시킴으로써 저소득층 노동자가 장시간 일을 하지 않으면 생계를 유지하지 못하는 상황을 조성한다.

저소득층은 건강 등 여러 이유로 생계에 타격이 오면, 고금리대출을 이용할 수밖에 없게 되고 결국은 신용불량자, 신체 포기각서를 쓰게 된다.

(2) 사교육 등 미래를 위한 투자에 의한 서민들의 가계부채

저축액이 적은 노동자들을 열심히 일을 하게하는 수단으로 사교육이 이용되었다. 저축액이 적지만 상당한 소득이 있는 사람들은 주택을 구입할 정도는 아니지만, 미래에 대한 대비는 해야 한다.

미래에 대한 대비 중 하나가 자식들의 교육이다. 특히 우리나라는 한 사람의 사회생활정도가 출신대학에 의해서 결정되는 경향이 많았으므로 대학입시는 치열할 수밖에 없다. 대학입시경쟁에서 승리하면 평생이 보장되었으므로 사람들은 자신들이 가진 저축과 소득, 경우에 따라서는 대출을 받아 사교육비, 대학등록금에 털어 넣고 있다.

서민들은 사교육비를 위해서, 부채의 상환과 이자지불을 위해서 휴식도 없이 열심히 일을 하지 않으면 안 되는 상황을 맞게 됐다.

(3) 주택(부동산) 구입에 따른 가계부채의 확대

주택을 구입하는 국민은 대체로 소득이 상당하고, 저축도 상당한 사람들이다. 정부는 자본형성을 위하여 이 저축들을 자본가(재벌)들에게 몰아주어야 했다.

소득이 높고, 저축이 상당한 사람들의 가처분 소득을 빨아먹는 방법으로는 주택(부동산) 가격을 지속적으로 상승시키는 방법이 제일 좋다.

이유는 주택 가격이 상승하면 주택을 보유하지 않은 사람들이 상대적으로 손해를 보게 되기 때문에 주택 가격이 지속적으로 상승한다는 판단이 서면 저축이 있는 사람들은 은행에 저축해 놓기보다는 주택을 구입하는 것이 더 이익이 되기 때문이다.

대부분의 사람은 더 많은 이익을 얻기 위하여 저축액에 더하여 대출을 받아 주택을 구입하고 있다. 정부도 건설산업으로의 자금 유입을 위하여, 금융기관은 수익을 위하여 대출을 장려하였다.

주택 구매자의 입장에서는 저축액의 이자 상당액에 대출이자를 합한 것만큼 가처분 소득이 줄어든다.

주택 가격이 상승하는 동안에는 대출 규모가 늘어나도 큰 문제는 발생하지 않는다. 이유는 대출이자가 부담되는 사람은 언제든지 주택을 처분함으로써 부채를 변제할 수 있기 때문이다.

반면에 주택 가격의 상승이 멈추거나 가격이 하락하는 시기가 되면,

특히 대세 하락기에 접어들면 주택 수요가 격감하기 때문에 주택을 처분할 수 없어서 부채를 변제할 수 없게 되는 상황을 맞는다.

개인의 입장에서 보면 매도가격을 많이 낮추면 변제금액에 문제점이 발생할 가능성이 있고, 매도가격을 낮추지 않으면 매도가 불가능해진다. 주택소유자는 대체로 주택을 시세보다 낮은 가격에 팔기보다는 부채의 이자를 부담하는 것을 선택하고, 이 상태에서 소득이 줄어들거나 이자율이 인상되면 이자 지불이 불가능해진다.

정부는 주택 가격을 지속적으로 상승시키기 위하여 통화 확대 정책(기준금리 인하)을 사용했고, 보유세를 낮추었고, 양도소득세율을 낮추었다. 단, 급격한 상승을 막기 위해서 국지적으로는 거래제한 등의 조치를 하곤 했다.

통화를 확대하면 주택 가격도 상승하지만, 결국 물가도 상승한다. 물가가 상승하면 이자율을 올리는 등 통화를 축소해야 한다. 하지만 이자율을 올리면 부채가 많은 주택소유자가 대출이자를 지불할 수 없게 되고, 주택매물이 많이 발생해서 주택 가격이 폭락하는 사태가 발생하여 어떤 조치도 할 수 없는 딜레마에 빠져있다.

가계부채 문제를 해결하기 위해서는 정부가 사용한 가처분 소득 감소 정책을 폐지하면, 또는 반대로 사용하면 해결이 가능할 것이라고 본다. 하지만 주택 대출 문제는 대단히 해결하기가 어려운 상황이 되었다. 문제를 완전히 해결하려고 하기보다는 일정 정도는 포기하여야 한다고 본다.

2) 가계부채 해결 방안

⑴ 저소득층의 생계형 부채의 해결 방안

저소득층의 생계형 부채는 소득 분배를 확대하고, 최저임금 인상 정책으로 노동자의 임금이 인상되도록 하고, 사회안전망을 구성하면 생계형 부채의 추가 발생은 최소화할 수 있다.

현재의 생계형 부채 문제는 최고이자율을 연 25% 이하로 낮추고, 형식을 불문하고 실질적으로 최고이자율 이상의 대출에 대하여 규제를 확대해서 불법 대출 신고에 대한 포상, 대출계약의 무효, 변제의무 면제, 재산몰수 등으로 불법 대출에 대한 단속을 강화하고, 부채인수기금 제도나 개인파산 제도를 활용하면 생계형 부채 문제는 어느 정도 해결할 수 있다고 본다.

(2) 사교육 등 미래를 위한 서민들의 가계부채 해결 방안

사교육·대학등록금 등으로 인한 가계부채는 사교육이 필요 없게 하고, 대학등록금을 낮추면 새로운 가계부채 발생은 최소화할 수 있다. 등록금대출의 경우 일정한 시점까지 이자 발생을 하지 못하도록 하는 조치가 필요하다.

사교육 문제는 대학의 서열화를 없애야 한다. 대학의 서열화를 없애는 방법은 가계소득주도 성장 정책을 완성하여 임금의 격차를 축소하고, 주요대학입시를 내신과 수학능력시험으로만 평가하되, 등급을 5개 이하로 나누고, 등급 내에서는 서열평가를 못 하도록 하고, 상위등급을 15% 이상이 되도록 하고, 내신은 상대평가만을 하도록 하면, 사교육은 대폭 줄어들 것이라고 본다.

대학등록금 문제는 대학등록금의 사용처를 규제하는 회계기준을 만드는 것에서부터 출발해야 한다. 교육부의 대학에 대한 지원예산을 50% 이상 삭감하여 학생들의 장학금으로 돌린다면 실질적인 반값등록금이 가능할 것이라고 본다.

사교육 등 미래를 위한 서민들의 가계부채 중 악성이 아닌 부채는 가계소득주도 성장 정책만으로도 충분히 해결될 것이라고 보며, 악성 부채는 서민들의 생계형 부채를 해결하는 방안을 적용하면 된다고 본다.

(3) 주택(부동산) 구입에 따른 가계부채 문제의 해결 방안

주택 구입에 따른 가계부채의 문제는 해결하기가 대단히 어려운 상황에 빠져 있다. 전체를 해결하기보다는 각각의 상황으로 분류하여 개인이 부담해야 할 것, 정부가 해결 방안을 내놓아야 할 것으로 분류해보면 국민경제에 대한 피해를 최소화할 수 있는 정도로 해결할 수 있을 것이라고 본다.

① 다주택 소유자의 가계부채

다주택 소유자는 생계형 부채가 아니고 사업부채다. 사업부채인 만큼 당연히 스스로 해결해야 한다. 스스로 해결하지 못하면 파산제도로 해결해야 한다.

② 고급주택 소유자의 부채

고급주택소유자의 부채도 해결대상이 아니라고 본다. 이유는 투기목적으로 주택을 구매했기 때문이다.

③ 서민주택 소유자의 부채

주택담보대출이 개인대출로 전환되는 것은 최소화해야 한다. 주택 가격이 폭락하여 주택시장이 붕괴하는 상황을 맞이하면, 정부가 일정한 조건하에 서민주택을 구입해서 임대주택으로 사용하는 것도 생각해볼 필요가 있다. 예산 문제는 경제 전략을 바꾸면 충분히 확보할 수 있다.

④ 통화축소와 금융기관의 문제

주택 가격이 폭락하면 대출이자를 상환하지 못하는 사람이 많아진다. 이자 상환이 안 되는 부채부터 담보물을 처분하여야 하나 주택 가격의 하락으로 인해서 원금을 회수할 수 없는 상황을 맞게 된다. 담보물주택의 처분은 주택 가격을 더 폭락하도록 만들어 이자 상환과 원금 회수를 더 어렵게 하는 악순환에 빠지게 한다.

원금 회수 불가의 악순환에 빠지면 금융기관은 큰 손해를 입어 부실에 빠지고, 통화는 더 수축되고, 금융시장이 붕괴하고, 국민경제는 파국을 맞게 된다.

정부의 입장에서는 금융시장의 붕괴만은 막아야 한다.

금융시장의 붕괴를 막기 위해서는 주택 가격이 폭락하기 전에 DTI(총부채상환비율)와 LTV(담보 인정 비율)를 낮추도록 하여야 한다. 정부의 요구에도 불구하고 DTI와 LTV를 낮추지 않는 은행은 주택 가격이 폭락하면 큰 손실을 보는 것은 어쩔 수 없다.

가계소득주도 성장 정책이 시행되면 통화량이 줄어들 것이며, 통화량이 줄어들면 주택 가격은 하락하기 시작할 것이다.

주택 가격이 폭락하는 상황이 되면 정부에서 일정 조건의 주택을 구입함으로써 주택시장에 자금을 넣어 주택시장의 붕괴를 최소화하여, 금융시장의 붕괴를 막아야 한다.

3) 정책집행순서

⑴ LTV, DTI를 낮추어 대출 규모를 줄인다

금융기관의 부동산 대출기준을 높이도록 하고, 신용평가 등 대출기준을 부동산담보가액이 아닌 다른 방법을 개발하도록 하여 부동산가격의 하락에 대비하게 한다.

⑵ 경제 전략 변경

가계소득주도 성장 정책으로 소득 분배를 확대하고 사회안전망을 건설하여 서민 생활이 안정되도록 하고, 빈민들에게 최소한의 생활이 보장되도록 한다. 소득 분배 확대를 통한 소비 확대로 부채축소에 의한 소비 감소를 상쇄하여 경제침체를 막는다.

⑶ 기준금리 인상

기준금리를 점차 인상하여 대출금리가 인상되도록 하여 대출을 차츰 감소시킨다. 단 최고이자율은 낮춘다.

⑷ 보유세 인상

부동산가격의 하락이 시작되면 또는 그 이전이라도 자본이득소득에 대한 증세(양도세와 보유세율 인상)가 필요하다. 자본이득에 대한 세율을 높이지 않으면 유동성을 줄이더라도 외국자본이 들어와 유동성을 줄인 효과가 사라진다.

⑸ 임대주택공급 확대

주택 가격이 하락하지 않는 지역부터 임대주택을 공급하여 서민주택 가격부터 하락시킨다. 서민주택 가격이 하락하면 결국 고급주택까지 하락하게 된다.

⑹ 서민주택 매입

주택 가격이 급락하는 경우 서민주택을 매입하여 임대주택으로 공급한다. 주택시장에 정부자금이 공급됨으로써 주택시장의 붕괴를 막는다.

⑺ 주택시장에 대한 규제철폐

주택 가격의 장기적인 안정을 위하여 일정한 투자는 계속되어야 하므로 주택 가격의 안정 하락 정책과 동시에 또는 그다음에 현재의 주택시장에 대한 규제는 폐지하여 주택시장이 정상화되도록 한다.

고급주택은 시장에 맡기고, 서민주택은 정부의 책임으로 임대주택을 건설하여 공급한다.

제8장

한국은행과 정부의 관계

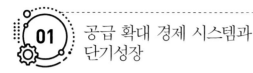

국민소득(GDP)은 기업 소비와 개인 소비, 정부 소비, 무역 흑자를 합하여 계산된다.

'GDP=기업 소비+개인 소비+정부 소비+무역 흑자'이고, 'GDP=전년도 GDP×소비승수/전년도 소비승수+(기업부채 증감+가계부채 증감+재정 적자 증감+무역 흑자 증감)×소비승수'로 대략적으로 정리해 볼 수 있다고 본다.

1) 단기성장

정부의 입장에서 단기적으로 경제를 성장시킬 방법은 ⑴ 기업이나 개인(정부 포함)의 소비를 증가시키는 방법과 ⑵ 국민경제의 소비승수를 높이는 방법을 제외하고는 특별하게 효과가 있는 방법은 사실상 없다.

무역 흑자 증가 정책은 자유변동환율제 국가에서는 국민소득을 증가시키기보다는 국내 소비를 감소시켜 오히려 국민소득을 감소시킨다.

기업이나 개인의 소비를 단기적으로 높이려면 부채를 확대하여야 하고, 개인 소비를 축소하지 않는 상태로 정부 소비를 확대하려면 재정 적자를 증가시켜야 한다.

국민경제의 소비승수를 높이려면 기업소득을 줄여서 노동소득을 증가시키고, 저소득층의 소득수준이 높아지도록 소득 분배를 확대해야 한다.

2) 보수 기득권 정부의 성장 정책 선택

기업소득을 줄이고 노동소득을 증가시키기 위해서는 기업의 생산 활동에 대한 지원을 축소하고 기업소득에 대한 조세를 증가시켜야 한다.

소득 분배를 확대하기 위해서는 소득재분배 정책을 확대해야 하고, 소득재분배 정책을 확대하기 위해서는 소득세와 법인세 위주의 증세와 저소득층에 대한 정부의 지원 확대와 기업에 대한 투자지원지출을 감소시켜야 한다.

기업에 대한 투자지원 확대를 경제의 성장 전략으로 사용하는 보수 기득권 정부에서는 국민경제의 소비승수를 높이는 노동소득 증가 정책이나 소득재분배 확대 정책을 사용할 수 없다.

재정 적자 증가는 국가부채를 기하급수적으로 증가시킨다. 재정 적자 증가는 스스로 경제운영의 실패를 자인하는 것과 같고, 더하여 국회의 동의를 받아야 하므로 정상적인 경제 상황에서는 선택하기가 어렵다. 경제 위기가 발생한 경우에나 사용할 수 있다.

정부의 입장에서는 국회의 견제를 받지 않고, 금융통화위원회의 의결만으로 할 수 있는 통화 확대에 의한 경제 성장 정책을 선호하게 된다.

정부는 국민들이 인식하지 못하게 하면서도 통화를 확대할 방법, 인식을 하더라도 통화 확대를 반대하지 못하게 하는 여러 가지 편법적인 방법을 고안했다.

02 한국은행과 정부 목표의 배치

1) 정부의 경제에 대한 역할(목표와 수단)

헌법 제119조에 의하면 '① 대한민국의 경제질서는 개인과 기업의 경제상의 자유와 창의를 존중함을 기본으로 한다. ② 국가는 균형있는 국민경제의 성장 및 안정과 적정한 소득의 분배를 유지하고, 시장의 지배와 경제력의 남용을 방지하며, 경제주체간의 조화를 통한 경제의 민주화를 위하여 경제에 관한 규제와 조정을 할 수 있다.'고 정부의 경제 목표와 역할을 규정해 놓았다.

정부의 경제 목표는 균형 있는 국민경제의 성장, 안정, 적정한 소득분배, 경제주체 간의 조화를 통하여 경제의 민주화를 달성하는 것이고, 정책 수단은 세입·세출의 결정과 집행, 법령의 제정과 집행을 통하여 규제와 조정을 하는 것이다.

정부는 대통령을 수반으로 하고, 대통령은 5년에 한 번씩 선거라는 제도를 통하여 선출한다. 정부의 규제, 세입의 설계, 세출(정부의 지출)의 결정은 국민경제의 소득 배분과 성장에 결정적인 역할을 한다.

현재는 단임제이지만 정권이 다른 당으로 넘어가면 현 정부의 경제정책의 실상이 낱낱이 파헤쳐지리라는 것을 생각하면, 정부의 모든 정책은 장기적인 관점에서 운영하기보다는 다음 정권의 창출을 위한 단기적인 성과에 매달리게 되어 있다.

단기적인 성과는 경제의 구조를 교정하는 것보다는 단기적인 성장을 달성하는 것이다. 그 결과 정부는 많은 부작용을 초래하지만, 단기 성장이 가능한 통화 확대(이자율 인하)를 통한 부채 확대 정책에 매달리게 된다.

2) 한국은행의 역할(목표와 수단)

　한국은행법 제1조에 '이 법은 한국은행을 설립하고 효율적인 통화신용 정책의 수립과 집행을 통하여 물가안정을 도모함으로써 국민경제의 건전한 발전에 이바지함을 목적으로 한다.'라고 한국은행의 목적이 규정되어 있고, 제28조에는 금융통화위원회에서 심의·의결할 사항을 규정해 놓았고, 그중 제3호에는 기준이자율에 대한 결정이 명기되어 있다.

　한국은행의 목적은 물가안정이고, 수단은 통화신용 정책이다. 통화신용 정책이 통화의 축소와 확대를 결정하는 정책이다.

　통화가 확대(이자율 인하)되면 어떤 방식으로든지 물가와 자산 가격은 오르게 되어 있다. 따라서 한국은행의 통화신용 정책은 보수적으로 운영될 가능성이 크다.

 03　통화량과 국가 경제의 건전성

　한 국가의 복지 수준을 평가함에 있어서 지니계수나 소득불평등도를 활용해서 평가한다. 지니계수가 높으면 빈부 격차가 심하다고 평가한다.

빈부 격차나 소득의 양극화는 복지 수준이 낮은 것 이상의 여러 문제를 야기한다. 앞에서도 이야기했듯이 노동소득의 증가나 소득 분배 확대는 국민경제의 소비승수를 높여준다고 했고, 국민경제의 소비승수가 높으면 통화량을 확대하지 않아도 소비가 늘어나서 국민소득을 증가시킨다고 했다.

이 말은 적은 통화량으로도 현재 상태의 국민소득을 유지할 수 있고, 미래에 닥칠 위기 시에 통화량을 확대해서 소비를 진작시켜서 국민경제의 위축을 막을 수 있다는 것을 의미한다.

소비승수를 높여서 경제구조를 최적화함으로써 국제경쟁력도 갖출 수 있다. 노동소득의 증가와 소득 분배의 확대를 가능하게 함으로써 국가의 성장잠재력을 높이고, 국가의 건전성을 높여서 국가의 안전성을 높인다.

04 통화신용 정책과 성장 정책

정권의 목표는 경제의 단기성장에 있다. 공급 확대를 경제 정책 기조로 하는 정부는 단기성장 정책의 수단으로 노동소득 증가나 소득 분배를 확대하는 정책은 정책 방향과 배치되기 때문에 선택할 수 없고, 재정 적자 증가는 국회의 견제를 받기 때문에 차선책이고, 금융통화위원회의 의결만으로 결정할 수 있는 통화 확대 정책을 가장 선호한다.

통화 확대에 따른 물가상승, 자산가 상승(버블 발생), 가계 부채 확대의 일차적 책임은 한국은행이 져야 한다.

공급 확대 경제 시스템에서는 정부가 정책적으로 빈부 격차를 확대하게 하고, 경제구조를 불균형하게 한다. 그 결과 서민경제, 중소기업경제가 아주 취약하게 된다.

통화의 확대로 물가가 상승하고(공급과 소비의 격차가 확대되면 물가는 상승하지 않고 오히려 하락한다), 자산가가 상승(버블 발생)해서 경제에 부담으로 작용하거나 작용할 것으로 예측되면 통화를 축소해야 한다. 하지만 통화 확대로 빈부 격차가 확대되고 경제구조가 취약해져서 통화를 축소하면 서민경제, 중소기업경제가 무너지게 된다.

통화를 축소하지 못하면 버블이 확대되어 경제 전반에 부작용을 확대한다.

국제경쟁력이 약화되고, 국제경쟁력이 약화되면 경쟁력을 확보하기 위하여 특정 부문의 희생을 요구하게 되고, 경제는 더욱더 불균형하게 되고, 취약한 부문은 더 취약해진다. 경제의 불균형이 확대되고, 더 취약해지면 통화축소는 더 어려워진다.

그런데도 경제가 어려워 계속해서 통화를 확대(양적 완화: 기준이자율 인하와 발권을 통한 국채와 담보부채권 인수)하면 버블이 계속해서 확대되므로 결국은 붕괴하고 만다.

한국은행이 통화를 축소하면 서민경제와 중소기업경제를 망친 원흉으로 지목되고, 통화를 축소하지 못하면 물가를 관리하지 못하고, 자산가 상승을 막지 못하고, 가계부채를 확대해서 통화신용 정책에서 실패했다는 오명을 쓰게 된다.

정부가 빈부 격차를 확대하고, 경제구조를 취약하게 만들어 놓아 통화를 축소하지 못하게 해 놓았기 때문에 통화신용 정책에서 실패했는데도 불구하고, 정부의 경제 정책실패가 아닌 한국은행의 통화신용 정책의 실패가 되어 일차적으로 한국은행의 책임으로 돌아온다.

정부가 더 이상 통화 확대를 하지 못한다면 어떤 단기성장 정책을 사용하게 될까?

정부가 선택할 수 있는 정책은 두 가지다. 하나는 노동소득을 증가시키고 소득 분배를 확대해서 국민경제의 소비승수를 높이는 정책이고, 다른 하나는 재정 적자 증가를 통하여 정부 소비를 확대하는 정책이다.

무엇을 선택할 것인지는 모르지만, 둘 다 세입·세출 정책이니만큼 국회의 동의가 필요하다.

정부가 재정 적자 정책을 사용하기 위해서는 그만큼 더 설득력 있는 정책설명이 있어야 할 것이다. 정책의 타당성이 부족하거나 정부의 소득 분배 확대 노력이 부족하다면 그만큼 국회와 국민을 설득하기 어려울 것이고, 그런 만큼 국민경제의 건전성은 높아질 것이라고 본다.

05 한국은행과 정부의 위치

정부와 한국은행의 가장 상위의 목표는 국민경제의 건전한 성장일 것이다. 하지만 정부의 책임자는 선거로 선출되기 때문에 국민경제의 건전성보다는 단기성장에 치중하게 된다.

통화는 확대하기는 쉬워도 축소시키기는 대단히 어렵다. 따라서 한국은행은 통화 확대를 꺼리게 된다. 국민경제의 성장에 맞추어 통화 확대가 뒤따르지 않으면 경제 성장에 장애가 될 수도 있다고들 주장한다. 하지만 통화를 얼마만큼 확대해야 한다는 기준은 제시하지 못한다.

현대는 신용경제이고, 정보과학이 발달하여 유효수요만 있다면 통화의 속도는 거의 무한대로 빨라진다.

한국은행을 정부의 예하에 두면 정부는 국민과 국회의 견제를 피하기 위해서 또는 경제구조를 취약하게 만들거나 소득 분배를 악화시켰다는 자신들의 치부를 숨기기 위해서라도 통화 확대 정책에 매달리게 되어 있다.

단기성장 정책에서 통화 확대 정책이라는 만병통치약이 있는 한, 정부는 빈부 격차축소나 균형성장이라는 경제의 건전성에는 관심을 가지지 않게 된다.

국민경제의 건전한 발전을 위해서는 정부로부터 통화 확대 정책이라는 만병통치약을 회수해야 한다. 통화 확대라는 만병통치약을 회수하기 위해서는 한국은행을 정부로부터 완전히 독립시켜야 한다.

한국은행이 정부의 통화 확대요구에 대항할 수 있도록 하기 위해서는 통화신용 정책에 관한 자료를 정부의 영향 없이 확보할 수 있어야 한다. 금융기관에 대한 감사와 조사권도 정부와 별개로 행사할 수 있어야 한다.

제9장

감세와 국채 발행이 국민경제에
미치는 영향

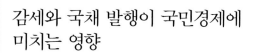

01 감세와 정부의 지출축소와 재정 적자

1) 감세로 인한 정부 지출과 민간소비의 변화

감세를 하면 그 액수만큼 정부 지출은 줄어들고, 민간의 소비는 확대된다.

민간의 소비능력이 늘어난 것만큼 정부의 지출이 줄어들었으니, 거시적인 관점에서 보면 생산과 소비는 변하지 않는다고 본다.

미시적인 관점에서 보면, 감세 대상과 정부 지출축소내용에 따라 달라지겠지만, 대체적으로 감세는 고소득층이나 기업이 주 대상이 되고, 정부의 지출축소는 복지지출이 되곤 하므로 국민경제의 소득 분배가 악화된다고 본다.

경제 환경에 따라 다를지 모르지만, 소득 분배가 악화되면 우리나라의 경우에는 소비가 축소되고, 소비가 축소되면 생산도 축소된다. 생산이 축소되면 고용이 축소하고, 소득 분배가 악화한다. 생산이 축소한 것만큼 전체적으로 고용수준(율)이 떨어진다.

소비가 축소되면 재고가 증가하면서 가격이 하락하고, 가격이 하락하면 가격경쟁력이 상승하여 무역 흑자가 증가한다. 하지만 무역 흑자 증가에 의한 생산 증가보다 소비 감소에 의한 생산 감소가 더 많다고 본다.

2) 국채 발행과 한국은행의 국채 인수

감세로 인한 세입축소를 국채를 발행하여 메움으로써 정부 지출을 축소하지 않는 경우, 국채를 한국은행이 매입하면, 한국은행은 본원통화를 그만큼 더 발행(양적 완화)하게 된다.

한국은행의 국채매입은 그만큼의 본원통화(은행권)가 확대되는 것이므로 민간은행의 신용창조능력과 합하여 국채 발행액의 십 수배 정도 통화량을 확대하는 효과가 있다고 본다.

통화가 확대되었으니 소비가 확대되고, 생산이 확대되고, 자산가가 상승하고, 물가상승이 일어나고, 국가자원의 배분에 변화가 일어나서 노동소득의 배분 비율이 줄어들고, 빈부 격차가 확대되는 것은 당연한 현상이다.

단, 디플레이션 시기에는 통화가 늘어나도 대출이 잘 확대되지 않으므로 일정 기간은 소비 축소, 생산 축소, 자산가 하락, 물가 하락을 막아주는 역할을 하기도 한다. 하지만 일정 기간이 지나면 소비를 더 축소시켜 디플레이션을 더 심화시킨다.

3) 국채 발행과 민간의 국채 인수

정부가 국채를 발행하여 민간에 매각하면(한국은행이 인수해서 다시 민간에 매각하면), 민간이 보유한 유동성(통화)이 정부로 이전되므로 민간의 유동성이 줄어들고 이자율도 올라가고, 투자도 소비도 줄어들게 된다고 말하지만, 실제로는 거의 줄어들지 않는다.

국채를 매입하는 곳이 은행이 되고(민간이 매입하더라도 결국은 여러 곳에 보증금으로 사용되고, 사실상 국채는 거의 은행이 매입하게 됨), 국채가 은행의 BIS 비율[국제결제은행(Bank for International Settlement, BIS)의 기준에 따른 각

은행의 자기자본비율을 높임으로써 실제로는 국채매입을 하기 전과 비슷한 대출능력과 해외차입능력을 유지하게 되므로 민간이 보유한 유동성은 변화가 거의 없고, 이자율도 거의 올라가지 않는다(국채 발행이 사실상 본원통화를 발행한 것과 거의 비슷한 효과를 발생한다).

적자재정으로 국채를 발행한 것만큼 국내의 통화가 늘어난다.

신용창조로 인한 통화 승수까지 고려한다면 통화가 확대되는 것만큼 또는 그 이상으로 국민경제의 소비나 자산 투자가 확대될 수 있으므로 생산이 확대되고, 자산가가 상승하고, 물가가 상승하고, 빈부 격차가 확대된다.

미시적인 관점에서 보면, 감세로 빈부 격차를 확대했고, 재정 적자로 통화를 확대하여 자산가 하락과 물가 하락을 방지해서 빈부 격차가 줄어들 수 있는 기회를 없앴으므로, 민간의 실질적인 소비능력은 줄어든다.

소비능력이 줄면 장기적으로 소비가 축소되어 재고가 발생하고 생산이 축소된다. 생산의 축소는 노동소득축소와 가계소득을 축소시켜 다시 소비를 축소시키는 악순환에 빠진다.

 02 출구 전략과 국제경쟁력

세계 경제가 디플레이션에 빠졌고, 디플레이션에 벗어나기 위해서 통화를 확대하고 있다. 통화 확대의 부작용을 없애기 위해서 디플레이션에서 벗어나면 통화를 줄이는 출구 전략을 모색하고 있다. 과연 각국은 출구 전략을 사용할 수 있으며, 출구 전략 후에는 국제경쟁력은 어떻게 변할 것인가?

통화를 확대하면 빈부 격차가 확대된다. 빈부 격차가 확대된 후에 통화가 확대되기 전의 수준으로 통화를 축소하면 서민경제가 통화를 확대하기 전보다 더 어려워진다.

빈부 격차가 더 심화된 나라(소득의 양극화가 심한 곳)는 통화량을 줄일 수 없다. 경제의 불균형이 심한 나라(중소기업과 대기업의 불균형이 심한 나라)도 통화량을 줄일 수 없다. 통화량을 줄이면 취약한 곳에서 당장 문제가 발생하기 때문이다.

빈부 격차가 심한 나라, 경제의 불균형이 심한 나라는 다른 나라보다 먼저 출구 전략을 사용할 수 없다. 그 이유는 다른 나라보다 더 먼저 통화량을 줄이면 국내의 취약한 서민경제, 중소기업이 무너져서 더블딥([Double Dip)에 빠질 수밖에 없기 때문이다(Double Dip: 경기침체 이후 일시적으로 경기가 회복되다가 다시 침체되는 이중침체 현상).

빈부 격차가 심한 나라나 불균형이 심한 나라는 다른 나라가 대부분 다 출구 전략을 사용하고, 다른 나라의 경제가 정상화된 후에 출구 전략(통화량 축소)을 사용하게 되지만, 이미 다른 나라는 자산가 하락과 물가 하락을 이용하여 구조조정을 한 뒤이기 때문에 국제경쟁력이 갖추어졌지만, 출구 전략(통화량 축소)을 사용하지 못한 나라는 자산가도 하락하지 않았고, 물가도 하락하지 않았기 때문에 구조조정을 하지 못해서 국제경쟁력이 통화 확대 전보다 더 약화될 수밖에 없다.

통화 확대 전과 같은 국제경쟁력을 유지하기 위해서는 그만큼 더 환율을 상승시키고, 국민소득을 낮추고, 임금을 낮추어야 한다. 국민소득이 낮아지니 당연히 소비도 축소되고, 생산도 축소되고, 고용도 축소된다.

자산가와 물가는 올라갔는데, 임금은 더 낮추게 되었으니 국민 생활이 어떠할까?

매국노

공황이든 공황이 아니든 적자재정(국가부채 확대)을 통하여 경제를 운영하면, 빈부 격차가 확대되고, 불균형이 확대된다. 복지 확대를 위한 재정 적자도 자산 가격상승과 무역 적자로 연결되어 또 다른 경제 문제를 만든다.

빈부 격차가 확대되고, 불균형이 심화되면 경제를 거시적으로 운영하기가 어려워져 결국은 여러 가지 방법으로 단기 정책을 남발하고, 단기 정책을 남발하면 그만큼 국가의 자원 배분이 왜곡되어 국가의 경쟁력이 약해진다.

이명박 정부와 박근혜 정부는 이에 더하여 부자 감세, 노동 개악까지 해서 빈부 격차를 노골적으로 확대하는 정책을 사용했으니 우리나라의 경제가 얼마나 운영하기가 어려워졌을까?

이명박, 박근혜 정권이 잘못한 것도 당장 눈에 보이는 경제운영을 위해서 국가의 자원을 낭비하고, 국가의 경쟁력을 더 약화시키고, 국민의 생활을 더 어렵게 했기 때문이다.

서민들의 생활을 더 어렵게 만들어서 감세와 재정 적자 확대를 반대하지 못하게 하고, 자신의 친구들인 외국 자본가, 재벌들, 건설족들에게 국가의 자원을 마음대로 퍼주고 있는 것이다.

바로 이런 자들이 매국노가 아니고 누가 매국노일까?

제10장

적정 투자율과 경제 전략

경제 문제에서 가장 중요한 문제는 적정한 투자율을 찾는 것이고, 국가의 자원을 투자와 소비로의 배분율을 정하는 것이라고 할 수 있다.

성장 전략은 경제의 균형과 안정을 해치지 않는 범위 내에서 국민경제의 적절한 투자율을 결정하는 것이라고 할 수 있고, 성장 전략 중 기업 투자 확대 전략이나 부채 확대 전략, 수출 확대 전략은 투자 확대 전략의 일부분 중 하나라고 할 수 있다.

경제 전략의 수립은 투자 확대를 통한 성장 전략인 기업소득주도 성장 전략과 개인 소비(소득 분배) 확대를 통한 성장 전략인 가계소득주도 성장 전략 중에서 어떤 전략이 더욱 효율적인가, 적정한 투자율을 찾아갈 수 있는가, 국민경제에서 투자를 최대화할 수 있는가를 확인하는 과정이라고 할 수 있다.

 ## 01 투자율과 국민경제

투자율이 적정수준보다 높으면 생산능력이 소비능력을 초과하여 재고가 발생하고, 재고가 발생하면 산업의 가동률이 저하되고 생산이 축소된다. 생산의 축소는 산업의 구조조정을 거쳐 다시 생산능력을 감소시킨다.

투자율이 적정수준보다 낮으면 국제경쟁력이 하락하여 수출이 감소하고 수입이 확대되어 무역 적자가 발생한다. 무역 적자가 발생하면 환율이 상승하고 환율이 상승하면 무역이 균형을 이뤄야 하지만 해외자본이 유입되어 환율이 상승하지 않고 무역 적자가 만성화한다.

적정 투자율은 고정된 것이 아니고 경제 환경의 변동에 따라 달라진다. 투자의 변화가 소득을 변화시키고, 소비능력을 변화시켜 적정 투자율까지 변화시킨다.

 투자와 경제 정책

경제 정책의 목표는 국민경제의 적정 투자율을 찾아가는 것이고, 그 방향은 생산능력과 소비능력을 일치시키는 것이고, 생산능력을 확대하여 소비능력을 확대하는 것이고, 소비능력을 확대하여 투자를 확대하게 하여 생산능력을 확대하는 것이다.

경제 정책의 목표는 국민경제의 적정 투자를 높이는 것이고, 잠재성장률을 높이는 것이라고도 말할 수 있다. 적정 투자율이 증가하면 잠재성장률도 증가하기 때문이다.

경제 정책의 목표는 국민경제에 가장 적은 부담을 주면서 적정 투자율과 소비능력을 최대화하는 것이고, 생산능력에 맞추어 소비능력을 최대화하는 과정이고, 소비능력에 맞추어 생산능력을 최대화하는 과정이라고도 말할 수 있다.

03 적정 투자율에 대한 접근 방법

국민경제의 적정 투자율에 접근하는 방법, 적정 투자율을 확대하는 방법으로는 투자 확대를 통하여 생산능력을 높여서 생산과 소비를 확대하는 기업 투자 확대 정책과 소비능력의 확대를 통하여 투자를 확대하여 생산능력과 소비능력의 확대를 추구하는 두 가지 방법이 있다.

어떤 방법이 국민경제의 적정 투자율을 높일 수 있는지, 더 효율적인 투자 확대방법인지를 검토해보고 경제 전략을 수립해야 한다.

1) 기업 투자 확대를 통한 접근 방법(현재의 경제 전략)

국가의 자원을 기업의 투자 확대에 추가로 배분하면, 국민경제의 생산능력은 확대된다. 반면에 그만큼 소비능력은 축소된다.

국민경제의 생산은 소비능력과 일치되는 점에서 결정된다는 점을 생각한다면, 국가의 자원을 기업의 투자지원에 사용하여 투자를 확대하는 전략으로는 국민경제의 생산을 확대할 수 없다는 것을 알 수 있다. 국민경제의 생산을 확대할 수 없다는 의미는 기업의 투자 확대가 적정 투자율을 상회하는 과잉 투자라는 의미가 성립한다.

기업 투자 확대 전략에 의한 경제운영과 진행 과정으로 보면 다음과 같다.

기업에 대한 자원 배분 확대→기업의 투자 확대→국민경제의 생산능력 증가, 소비능력 감소→소비 축소→재고 확대→생산 감소와 무역 혹자 증가→산업가동률 하락→한계기업퇴출→생산능력 감소→고용 감소→소득 감소→다시 소비능력 감소의 악순환 발생.

소비능력 감소→부채 확대(이자율 인하, 재정 적자 증가)→소비능력 일시 회복, 기업 투자 확대, 자산 가격상승→일시 생산회복→물가상승, 소득 분배 악화와 소비능력 감소, 가처분 소득 감소, 소비 축소→스태그플레이션(Stagflation) 발생과 부채 확대 정책 되풀이→디플레이션→자산시장 붕괴→금융 시스템 붕괴→생산 시스템 붕괴.

2017년 5월 현재 우리나라 경제의 위치는 스태그플레이션에서 디플레이션에 진입하고 있다고 보며, 무역 흑자와 설비 투자 확대가 디플레이션진입속도를 약간 더디게 하고 있다고 본다.

2) 소비능력 확대를 통한 접근 방법

국가의 자원을 개인의 소비능력향상에 우선 배분하면, 국민경제의 소비능력이 향상한다. 국민경제의 소비능력(내수)이 향상하면 기업은 투자를 확대하게 된다. 기업의 투자가 확대됨으로써 생산능력이 소비능력을 따라잡게 된다.

또한, 내수가 확대되면 수입도 증가하게 된다. 수입이 증가하여 무역 적자가 발생하면 환율이 상승하여 국내소득(소비능력)의 구매력을 낮추게 되지만, 환율상승에 의한 구매력(소비능력) 하락보다, 자원 배분 확대에 의한 소비능력 향상의 소비 확대 효과가 더 크게 발생한다.

소비로의 소득 배분을 확대하면 소비능력이 향상되는 반면에 기업의 투자는 감소한다.

소비가 확대되고 가격이 상승하면 재고가 감소하고 기업의 투자가 확대된다. 기업의 투자 확대는 이자율을 인상하고 이자율의 인상은 해외

자본의 유입 확대로 이어진다. 이자율 인상은 투자를 감소시켜 적정 투자율을 자연스럽게 찾아가게 한다. 해외자본의 유입을 최대한 억제하여 무역 적자가 발생하지 않는 상태의 투자가 적정 투자라 하겠다.

3) 경제 전략의 선택

적정 투자에 대한 접근은 기업 투자 확대를 통한 접근보다는 소비능력 확대를 통한 접근방법이 더 우월하다.

소비능력을 확대하는 방법이 효율적이면 효율적일수록 국가의 자원을 더 많이 투자에 배분할 수 있으므로 적정 투자율은 더 높아질 수 있다.

경제 전략은 투자 확대를 통한 성장 전략에서 소비능력 확대를 통한 성장 전략인 가계소득주도 성장 전략으로 변경되어야 하고, 가계소득주도 성장 전략의 완성도는 소비 확대 정책의 효율성에 달려 있다.

04 보수와 진보의 경제 전략과 정책에 대한 평가

우리나라 보수진영(새누리, 종전 민주당, 국민의당)의 경제 정책은 전략 자체가 잘못되었기 때문에 아무리 정책의 완성도가 높아도 정책목표(성장, 안정, 균형)를 달성할 수 없다. 정책의 완성도가 높아서 정책목표인 성장을 잘 달성하면 잘 달성할수록 안정과 균형과 같은 다른 정책목표를 더 해치게 된다.

그래서 임기 후반으로 가면 양립할 수 없는 목표의 달성이라는 모순에 빠지고, 레임덕에 빠지게 된다.

진보진영은 경제 정책의 방향(전략)은 잘 잡았다고 보지만, 정책의 완성도가 낮고, 우선순위에 대한 검토도 없고, 방향(전략)에 대한 이해도가 낮아 국정을 맡을 능력조차도 인정받지 못하고 있다.

문재인 정부가 '소득주도 성장 정책'을 내세우고 일자리(노동소득) 확대를 통한 성장 정책을 추구하고 있지만, 정책의 완성도가 낮고 일관성도 없어서 소득주도 성장이 가능할 것이라고는 생각되지 않는다.

제11장

경제민주화와 법규의
실효성 확보

01 경제민주화의 의미

경제민주화란 여러 가지 의미를 내포하고 있다. 민주주의 본뜻인 의사결정에의 참여와 같이 기업의 의사결정에 노조의 참여를 의미하기도 하고, 소득 분배를 확대하여 모든 국민에게 인간다운 삶을 보장하는 것을 경제민주화라고 주장할 수도 있다. 하지만 현재 우리나라 정치권에서 사용되는 의미는 '네이버 지식백과'의 설명과 같다고 본다.

'경제민주화란 정치권과 시민단체를 중심으로 대기업에 쏠린 부의 편중 현상을 법으로 완화해야 한다는 주장을 통칭하는 말이다.'

이 주장의 근거는 헌법으로, 우리나라 헌법 제119조 제1항에는 "대한민국 경제질서는 개인과 기업의 경제상 자유와 창의를 존중함을 기본으로 한다."고 명시되어 있다. 반면에 제2항은 "국가는 균형 있는 국민 경제 성장과 적정한 소득 분배, 시장지배와 경제력 남용 방지, 경제 주체 간의 조화를 통한 경제민주화를 위해 경제에 관한 규제와 조정을 할 수 있다."는 조항을 적시해, 자유시장경제 원칙을 기본적으로 존중하지만, 부의 편중 같은 부작용을 막고자 국가가 개입할 수 있는 여지를 남겨 놓고 있다.

정치권에서는 이 제119조 제2항을 근거로 대기업에 쏠린 부의 편중 현상을 법으로 완화시켜야 한다고 주장하고 있으며 이를 통칭해서 '경제민주화'라고 부르고 있다.[7]

---

7 PMG 지식엔진연구소 저, 『시사상식사전』, 박문각, 2018.

02 경제민주화의 근거와 한계

경제민주화의 헌법적 근거는 헌법 제1조 제1항 '대한민국은 민주공화국이다. 제2항 대한민국의 주권은 국민에게 있고, 모든 권력은 국민으로부터 나온다.'라는 것에서 출발하며, 헌법 제34조의 인간다운 생활을 할 권리와 국가의 복지증진의무조항, 헌법 제119조 제2항 '국가는 균형 있는 국민경제의 성장 및 안정과 적정한 소득의 분배를 유지하고, 시장의 지배와 경제력의 남용을 방지하며, 경제주체간의 조화를 통한 경제의 민주화를 위하여 경제에 관한 규제와 조정을 할 수 있다.'다.

그 한계는 헌법 제119조 제1항 '개인과 기업의 자유와 창의를 존중함을 기본으로 해야 한다.'다.

헌법 제119조 제1항의 의미는 기업과 개인의 창의를 존중하기 위하여 규제를 최소화하는 방식으로, 생산의 축소를 최소화하는 방식으로 경제민주화를 해야 한다는 뜻으로 해석된다.

03 경제민주화의 내용

협의의 경제민주화는 국민의 경제적 평등을 실현하기 위하여 공정한 경쟁을 하게 하는 것이며, 구체적으로는 경제력의 집중을 방지하기 위한 재벌 개혁, 대기업과 중소기업 관계의 정상화, 강자(갑, 이하 갑이라 한다)와 약자(을, 이하 을이라 한다)의 관계 정상화를 통하여 약자에 대한 착취를 막는 정책이다.

1) 재벌 개혁

재벌을 개혁하기 위해서는 재벌을 개혁할 수 있는 효과적인 정책을 수립·시행하는 것도 중요하지만, 왜 그동안 재벌 개혁이 실패했는지, 무엇이 재벌 개혁을 가로막고 있는지를 확인하고, 극복할 수 있는 전략을 수립하고 시행해야 한다고 본다.

재벌을 개혁하기 위해서는 제일 먼저 할 것은 금산분리 정책을 시행하여 금융 자본과 산업자본을 완전히 분리하고, 순환출자·상호출자를 금지시켜 가공의 자본을 창조하지 못하게 하여 불공정경쟁과 기업지배를 막고, 출자총액을 제한하여 문어발확장을 막으며, 기업집단법을 제정하여 내부거래, 일감 몰아주기나 해외의 페이퍼컴퍼니를 이용한 편법증여·상속 등 이익의 사유화를 막으며, 집단소송제를 도입하여 소액주주의 피해구조를 쉽게 하면 재벌을 해체하는 수준으로 개혁할 수 있고, 재벌의 부정적인 영향도 최소화할 수 있다고 본다.

(1) 재벌 개혁 정책

① 금산분리법 시행
금산분리는 금융 자본과 산업자본을 분리시키기 위한 법률의 규정이다. 대한민국에서는 실질적으로 산업자본의 금융 자본 소유를 허가하되, 은행자본에 대해서는 소유를 금하고 있으므로 은산(銀産)분리라고 할 수 있다. 현재는 이것마저 사실상 없어졌다.

금산분리의 목적은 금융 자본, 즉 은행 등 일반인의 예금이 재벌기업의 개인금고 자금으로 이용되는 것을 막는 데에 있다. 금산분리의 대상은 은행뿐만 아니라 여신과 수신 기능을 수행하는 모든 금융기업으로 확대되어야 하다고 본다.

② 순환출자·상호출자금지

순환출자는 계열회사에 대한 지배력을 높이기 위해 재벌들이 사용하는 변칙적인 출자방법이다.

예를 들어 한 그룹 내 A사가 B사에 출자하는 방식으로 A사는 B사의 최대주주가 된다. 이어 B사가 C에 출자할 경우 B사의 최대주주인 A사는 B사와 C사의 최대주주가 돼 B사와 C사를 동시에 지배할 수 있게 된다.

다시 C사가 지배주주인 A사에 출자하면 A사의 서류상 자본금은 늘어나 확실한 지배주주 역할을 할 수 있게 된다.

만일 B사가 부도나면 A사의 자산 중 B사에 출자한 자본이 사라지게된다. 한 계열사가 부실해지면 출자한 다른 계열사까지 부실해지는 부실의 악순환이 발생할 수 있다.

상호출자는 서로 독립된 법인끼리 자본을 교환형식으로 출자하는 것을 말한다.

현행 상법과 공정거래법에서는 A와 B 두 계열사 간 출자 즉 상호 출자를 금지하고 있지만, 순환출자에 대해서는 별도의 규정을 두지 않고있다고 한다.

상호출자는 일반적으로 재벌그룹 계열사 간에 결속력(대주주의 지배력강화)을 강화하거나, 자기자본을 부풀려 은행융자나 회사채 발행 한도확대 등 유리한 여건을 조성하려는 목적으로 이뤄지는 경우가 많다.

③ 출자총액 제한 확대

출자총액 제한 제도는 대규모 기업집단에 속하는 회사가 순 자산액의 일정 비율을 초과해 국내회사에 출자할 수 없도록 한 제도다.

업종 다각화에 따른 대기업들의 무분별한 사업 확장을 막기 위해 자산총액 10조 원 이상인 기업집단 소속의 기업에 한해 순자산의 40%를 초과하여 계열사·비계열사를 불문하고 국내회사에 출자할 수 없도록 하던 제도다.

1997년 폐지되었다가 1999년 공정거래법(현행 독점규제 및 공정거래에 관한 법률)을 개정하면서 부활하였지만, 2009년 개정 시 조문이 다시 삭제되었다.

이 제도는 그동안 대기업들의 과다한 확장을 막는 데는 기여했으나, 기업 퇴출과 적대적 인수합병을 어렵게 한다는 이유로 1997년 폐지되었던 것인데, 이후 적대적 인수합병이 한 건도 일어나지 않고, 오히려 대기업들의 계열사에 대한 내부지분율이 증가하는 등 부작용이 일어남에 따라 부활하였다가, 기업에 대한 규제의 완화를 이유로 2009년 다시 폐지되었다.[8]

재벌을 해체하기 위해서는 출자총액을 25% 이하로 규제할 필요가 있다.

④ 기업집단법 제정

정태인 '새로운 사회를 여는 연구원' 원장은 "기업 분할명령제·계열 분리 명령제가 포함된 기업집단법이 필요하다."고 주장하고 있다.

김상조(한성대 교수) 경제개혁연대 소장은 "기업집단 관련 규정을 통합한 법을 새로 만들어 기업집단이 강점을 실현하게 하는 동시에 그에 상응하는 책임을 지게 하자."고 제안했다.

---

8 PMG 지식엔진연구소 저, 『시사상식사전』, 박문각, 2018.

기업집단의 강점을 실현하게 하는 것이 곧바로 경제력 집중이 발생할 수 있도록 한다. 기업집단 제도는 재벌과 재벌기업에게는 안전과 발전을 주지만 국민경제는 불안정성을 확대하고, 대마불사로 국가의 운명을 기업운명과 등치시키고, 국민경제의 효율성을 저해한다.

장상환 경상대 경제학과 교수는 "상법이나 공정거래법, 금융관련법은 개별 대기업을 대상으로 하는 것이기 때문에 이(異) 업종 간 혼합결합에 의한 경제력 집중과 지배력 남용행위는 규율하기 어렵다."고 하며, "복합그룹인 재벌을 효과적으로 규제하기 위해 경쟁법, 회사법, 금융관련법은 물론 하도급 법, 노동법 등을 모두 포괄하는 특별법인 기업집단법을 제정할 필요가 있다."고 주장한다.

기업집단법을 제정하여 재벌 해체 명령 또는 재벌의 행위규제를 단일 법률로 규정할 필요가 있다고 본다.

(2) 재벌기업의 행위규제

① 일감 몰아주기 방지

일감 몰아주기는 재벌의 총수 일가가 회사를 설립하면 그룹 계열사들이 이 회사에 일감을 집중적으로 몰아주거나 물건을 높은 가격에 사주는 방식으로 '그들만의 거래'를 하는 것을 말한다.

일감 몰아주기를 통해 총수 일가는 계열사를 바탕으로 수월하게 부를 확대하고 재벌 3·4세 등 총수 자녀들은 이 회사의 이익으로 계열사의 지분을 매입해 기업을 물려받는, 즉 편법증여·상속에 이용되고 있다.

일감 몰아주기는 재벌의 대표적인 불공정행위다. 일감 몰아주기는 법인이익 이전과 조세회피, 기업이익의 사유화, 편법증여·편법상속, 부의 세습, 소액주주의 이익침해, 다른 기업과 개인의 사업 참여기회의 박탈이라는 치명적인 부작용이 있다.

일감 몰아주기는 다른 경쟁업체들의 사업참여를 원천 봉쇄해 해당 산업 부문의 균형 있는 발전을 저해한다. 특히 동종기업을 재벌 3·4세 소유기업의 하청회사로 만들어 국내 모든 산업을 재벌 3·4세의 노예기업으로 만든다.

일감 몰아주기를 방지하기 위해서는 대기업(계열기업포함)은 대주주·경영자와 특수 관계인이 대주주이거나 경영자로 있는 기업과의 거래에서 공개경쟁을 거치지 않는 거래에 대해서는 증여로 간주하고 증여세를 부과하면 재벌들의 일감 몰아주기는 사실상 불가능해질 것이다.

일감 몰아주기로 인해서 대기업의 다른 주주의 이익이 침해된 경우에 집단소송이 가능하도록 하면 재벌기업의 일감 몰아주기는 더 힘들 것이라고 본다.

재벌은 일감을 몰아주는 이유로 규모의 경제를 이용한 비용의 감소를 위해서 어쩔 수 없는 선택이라고 변명을 한다. 하지만 "어째서 일감 몰아주기의 대상기업이 재벌 자식들의 소유회사여야 하느냐?"에 대하여는 대답을 하지 않는다.

② 중소기업·골목상권침해 방지

재벌 3·4세가 재벌의 거대한 네트워크, 막강한 자금력을 이용하여 중소기업영역을 침해하고, 골목상권을 침해해서 중소기업이 고사되고, 영세자영업자가 무너져 서민경제 자체가 무너지고 있다.

개인과 기업의 영업선택 자체를 규제하는 것은 사실상 불가능하다. 재벌이 아니면 다른 기업이라도, 외국기업이라도 영업을 할 것이기 때문이다. 변화하는 경제 환경에서 영업 종목에 대한 규제는 득보다 실이 많을 수 있다.

하지만 재벌 3·4세가 재벌계열사라는 네트워크를 이용하는 것, 막강한 자금력을 이용하는 것만은 막아야 한다.

재벌을 해체함으로써 재벌 3·4세가 재벌계열사의 네트워크를 이용하는 것을 최소화할 수 있을 것이다.

재벌 3·4세가 재벌계열사의 네트워크를 이용하는 것을 일감 몰아주기로 간주하고, 증여세를 부과하면 재벌 3·4세의 재벌계열사를 이용한 불공정한 경쟁은 방지할 수 있을 것이라고 본다. 재벌 해체는 경제력 집중을 막아 재벌 3·4세의 자금력에 영향을 줄 것이라고 본다.

(3) 재벌 개혁을 가로막는 장애들과 극복방안

재벌의 개혁을 시도하기도 전에 재벌은 개혁에 저항하고 대비할 것이다. 재벌들의 저항은 자신의 생존과 발전을 위한 본능적인 것으로 당연하다.

전경련과 재벌경제연구소, 관계가 있는 전문가(학자), 언론 등을 동원하여 재벌 개혁의 부당함을 주장할 것이고, 투자 확대, 고용 확대 계획을 발표하여 국민을 회유할 것이며, 지분정리에 대비해서 자금을 비축할 것이며, 국회의원을 회유하여 입법을 방해할 것이고, 마지막으로 외국으로의 기업 및 자본탈출도 시도할 것이라고 본다.

① 전경련(전국경제인연합회) 해체

전국경제인연합회는 재벌의 이익을 대변한다. 민감한 문제에 대하여 당사자인 재벌총수는 뒤로 물러나고, 전경련 부회장과 실무자들을 재벌총수의 방패막이로 내세워 국민의 비난이 재벌총수에게로 몰리는 것을 막고 있다.

전경련을 해체하면 재벌들도 경총, 상공회의소의 일원에 불과하게 된다. 경총이나 상공회의소는 경제인 전체, 상공인 전체, 자본가 전체의 이익을 대변하게 되므로 재벌의 이익도 일차적으로 걸러지게 된다.

전경련이란 방패막이가 없어지므로 재벌의 문제에 재벌기업과 재벌총수가 직접 여론 앞에 나설 수밖에 없게 된다.

② 지식의 헤게모니 확보

지식의 헤게모니는 국민의 신뢰다. '재벌들이 국민을 먹여 살린다.', '삼성의 수출 확대가 국가를 성장시킨다.'라고 국민들이 인식하고 있는 한, 재벌 해체는 국민의 지지를 받기 어렵다. 재벌 해체가 국민의 지지를 받기 어려우면, 재벌 해체를 주장하는 정치세력이 집권하기도 어렵고, 집권한다고 해도 국민의 지지 없이는 사실상 정책추진이 불가능하다.

재벌의 경제적 성과가 재벌의 능력보다는 국민의 희생을 바탕으로 이루어진 것이고, 사실상 국민의 이익을 편취한 것이라는 것, 재벌의 이익 확대가 일반 국민의 소득을 빼앗았기 때문이라는 것을 증명하여 국민의 인식을 바꾸도록 해야 한다.

국민이 진실을 알게 되면 재벌의 해체가 시대적 과제가 될 것이라고 본다.

③ 경제적 혼란과 방지대책

재벌이 지분정리에 대비하여 자금비축을 시도하면, 국민경제는 단기적으로 투자 축소→생산 축소→고용 축소→가계소득 축소→소비 축소로 이어져 불황에 빠지게 된다.

경제가 불황에 빠지면 서민 생활이 어려워지고, 어려움이 계속되면 서민들은 재벌 개혁의 결과에 대하여 의심을 하게 될 것이다.

재벌은 전문가·언론·국회의원들을 동원·회유하여 재벌 개혁의 부당함을 홍보할 것이다.

국민의 삶이 힘들어지면 아무리 좋은 정책이라도 추진동력을 상실하게 된다.

경제가 불황에 빠지면 빠질수록 재벌 개혁 정책은 추진동력이 약해지므로 재벌은 경제를 더 어렵게 할 것이라고 본다.

재벌 개혁을 하기 위해서는 재벌이 투자를 하지 않더라도 국민경제가 침체하지 않을 수 있는 정책을 준비해야 하고, 재벌 개혁 이전에, 최소한 동시에는 시행해야 한다.

재벌이 투자를 하지 않더라도 국민경제가 침체하지 않기 위해서는 경제 전략을 기업의 투자지원 확대를 통한 성장 전략에서 국민경제의 소비능력 확대를 통한 성장 전략(가계소득주도 성장 정책)으로 경제 전략을 변경해야 한다.

소비능력 확대를 위한 경제 전략의 변경이 곧 경제민주화라고 말할 수 있다.

④ 외국으로의 기업 이전에 대한 대책

재벌은 해체를 피하기 위하여 계열사를 외국으로 이전시킬 수도 있다고 본다. 계열사의 이전은 산업의 재편 시기에 국내 일자리를 없애고, 경제를 불황에 빠지게 한다. 경제민주화는 자본의 이익률을 낮춘다. 자본의 이익률이 낮아지면 자본 중 일부는 해외로 탈출할 것이다.

재벌 해체가 재벌 자본의 이익률을 낮추는 것이므로 재벌의 자본도 해외로 탈출할 것이고, 해외 투자의 확대, 공장 이전 등의 방식으로 진행될 것이라고 본다.

계열사의 이전, 공장 이전은 국민의 희생으로 만들어진 국내자본이 해외로 나가는 것이므로 단기적으로는 국내경제를 불황에 빠뜨리고, 사회 윤리적으로도 문제가 많다.

일정한 기간 동안 법인의 해외이전을 금하고, 해외 투자에 대한 규제를 확대해서 재벌기업의 해외이전·해외 투자를 최소화해야 한다.

⑤ 국회의 입법권과 국회의원 회유에 대한 대책

재벌 개혁에서 가장 중요한 과정이 국회의 입법 과정이다.

재벌은 재벌 개혁을 막기 위하여 재벌이 가진 모든 힘을 다 사용할 것이다. 전문가와 언론을 동원해서 국민을 협박할 것이다.

그리고 모든 저항이 무력화되어 재벌 개혁 법안이 입법화될 때를 대비하여 재벌 개혁 반대론자들을 국회의원에 당선시키기 위해서 노력을 할 것이고, 더하여 회유·강압으로 재벌 개혁안이 입법화되지 못하도록 최선을 다할 것이라고 본다.

재벌 개혁에 성공하기 위해서는 재벌 개혁을 지지하는 국회의원을 많이 당선시켜야 하고, 재벌들이 국회의원들을 회유·강압하지 못하도록, 국회의원들이 국민을 배반하지 못하도록 감시를 철저히 해야 한다.

2) 대기업과 중소기업 관계의 정상화

⑴ 대기업의 중소기업에 대한 횡포

중소기업에 대한 대기업의 횡포는 필설로 형용할 수 없을 정도로 심각하다. 가히 범죄적 수준이다. 우리나라경제의 문제점인 경제력 집중, 내수 축소, 고용 감소, 소득 분배 악화 이 모든 것들이 사실상 대기업이 중소기업을 약탈하기 때문에 발생하고 있는 점이 많다. 대기업과 중소기업의 관계를 정상화하여 대기업의 약탈을 막아야 경제민주화도 가능하다.

대기업의 횡포를 흔히 불공정거래라고 부르지만, 그 내용을 들여다보면 사실은 형법에 나오는 온갖 악질적인 범죄행위나 다름없다.

대기업의 횡포를 범죄적 관점에서 표현한 신문기사를 보면 다음과 같은 내용이 나와 있다.

① 기술탈취는 절도행위다

유망한 중소기업에 구매계약을 해주는 대가로 기술정보의 공개를 요구하는 것은 절도행위이고, 중소기업의 기술을 가로채는 것은 강도질이다.

② 이익 편취 행위는 강도행위다

대기업이 자신의 요구에 따른 설계변경 때문에 발생하는 추가비용을 지급하지 않는 것은 부도덕한 이익 편취 행위다.

하도급비의 고의적인 연체는 하청기업의 자금 사정을 악화시킨다. 하도급비의 지급을 늦춤으로써 하청기업을 압박하거나 부도를 유도하여 대기업은 단가 인하, 비용부담, 기술·회사탈취와 같은 원하는 목적을 달성한다.

③ 부당한 하도급 단가 인하는 사기행위에 해당한다

추가발주를 미끼로 던지면서 납품단가의 인하를 요구해 관철한 뒤 추가발주 약속을 지키지 않는 것은 사기죄에 해당한다. 계약서 없는 발주와 발주취소도 사기행위에 해당한다.

④ 폭력행위다

납품계약에서 가장 만연된 불법행위인 이면계약 작성, 계약서의 사후 작성, 계약조건 변경 요구 등은 조직폭력배의 더러운 구역관리 행위와 하등의 차이가 없다.

(2) 대기업의 중소기업에 대한 착취원인

① 수직계열화

대기업이 중소기업을 착취하게 된 이유는 정부의 산업합리화 정책 때문이다. 정부는 수출경쟁력을 확대하기 위하여 대기업과 하청기업을 수직계열화했다. 그 결과 하청중소기업의 운명 자체가 대기업의 손에 매달리게 되었다.

② 기업에 대한 몰이해와 규제의 약화

기업은 이익을 먹고 살아간다. 이익을 남기는 방법으로 제일 중요한 것이 비용을 줄이는 것 즉, 원가절감이다. 대기업 직원의 입장에서 원가를 절감해야 하고, 원가절감을 위해서는 대기업인건비를 줄이는 것과 납품가격을 인하하는 것이 있다.

대기업인건비를 줄이는 것 자체가 자신들의 보수를 낮추는 것이다. 그러므로 자신들의 보수를 낮추기보다는 하청기업의 납품단가 인하를 추진할 것은 너무도 당연한 이야기다.

이 과정에서 기업의 안전과 발전본능, 경영자의 욕심, 직원들의 이기심이 작용하여 필설로는 표현할 수 없는 정도의 불법·부당행위가 일어나는 것 또한 당연한 현상이다.

죄 중 가장 큰 죄는 괘씸죄다. 법보다 주먹이 가깝다. 모든 것은 법으로 해결할 수 없다. 약자가 강자에게 법의 잣대를 들이댄 이후에는 현재의 경제·사회 시스템에서 퇴출당한다.

대기업이 하청기업의 원가를 관리한다. 당연히 기술에 관한 자료도 대기업에 제출해야 한다. 기술탈취는 당연한 현상이다. 대기업의 검수 직원, 납품계약 직원 하나가 중소기업의 사활을 장악하고 있다. 온갖 비리는 다 생길 수밖에 없다.

(3) 동반성장(상생) 정책의 문제점과 정책 방향

정부는 대기업의 중소기업착취를 막고 동반성장(상생) 정책을 추진하고 있다. 노무현 정부와 이명박 정부의 초기에는 상생 정책을 추진했고, 후반기에는 동반성장위원회를 구성하고, 동반성장 정책을 추진했다.

박근혜는 창조경제센터를 만들어 전담 대기업에게 관리 및 지원하게 하고 있다. 전담 대기업에게 폭력배들과 같은 나와바리(구역)를 인정하는 것과 별로 다르지 않다. 센터 내의 중소기업과 창업가들은 전담 대기업의 하청기업이나 전담 대기업이 정부의 지원을 빨아먹는 통로가 되는 노예기업이나 좀비기업이 될 수밖에 없지 않나 생각된다.

① 상생 정책의 문제

상생 정책은 대기업에 대한 규제를 통해서 상생을 유도하는 정책이 아니고, 상생 대상과 상생의 내용을 대기업의 임의에 맡기는 정책이다. 대기업과 중소기업의 상생은 강제적으로 해야 한다. 그러므로 대기업의 임의에 맡기는 상생 정책은 처음부터 실패할 수밖에 없었다.

기업은 이성적인 조직이 아니고, 생존과 발전이라는 본능에 의해서 움직이는 비이성적인 조직이다. 인간을 지성체라고 하는 이유는 이성적인 생각과 행동을 할 수 있기 때문이다. 인간이 아닌 인간으로 구성되는 집단이나 조직은 이성적인 조직이 아니고, 본능에 의해서 움직이는 유기체에 불과하다.

비이성적인 집단, 본능에 의해서 움직이는 집단의 행동을 규율함에 있어서는 강제적인 방법이 아니면 실효성이 없다.

대기업과 하청중소기업의 관계를 보면, 상생하는 경우는 아주 적고, 대부분의 경우에서 이해가 충돌하는 대립 관계, 제로섬의 관계다. 이해가 충돌하는 대립적인 관계는 강제적인 방법이 아니면 상생 협력 관계가 될 수 없다.

강제력이 없는 상생 협력 관계는 지속성이 없다.

경제 환경은 항상 변한다. 이익이 많이 나는 시기에는 여유가 있기 때문에 상생 협력 하더라도 큰 문제가 없지만, 경제 환경이 변하여 이익이 줄어들면, 기업은 자체적으로 해결하려고 하지 않고(자체적인 해결은 고통스럽다), 하청중소기업을 통해서 해결하려고 한다. 이것은 기업이라는 유기체의 본능적인 행동이다.

상생 정책은 중소기업 부문에서 악화가 양화를 구축하는 '그레셤의 법칙'이 작동하도록 해서 나쁜 기업만 살아남게 하여 중소기업 전체를 황폐화한다.

대기업의 입장에서 하청중소기업에 대한 상생 협력의 우선순위를 생각해보면 다음과 같다.

① 대기업 대주주의 방계기업, 재벌후계자소유의 기업
② 대기업경영자, 임원의 친척이 경영하는 하청중소기업
③ 대기업의 계열하청중소기업
④ 대기업 퇴직 임원이 경영하는 하청중소기업
⑤ 대기업의 임원, 기타 의사결정 참여자에 대한 경·조사 관리를 잘하는 하청중소기업의 순서로 상생 협력하고,
⑥ 특허권 공유를 허용할 정도로 기술력이 있는 하청중소기업은 상당한 기간 동안 상생 협력을 하겠지만, 상생 협력 대상기업이라기보다는 다른 기업에 납품을 하거나 새로운 기술을 개발하여 경쟁대상 기업으로 발돋움하는 것을 막아야 하는 관리 대상 기업이고,
⑦ 대기업의 임원, 기타 의사결정 참여자에 대한 경·조사 관리를 잘하는 하청중소기업이지만 여러 이유로 상생 협력 우선순위에서 밀린 기업
⑧ 납품가 인하 요구에 반발하거나, 원가자료요구 등에 잘 협력하지 않는 하청중소기업은 상생 협력의 대상이 아니고, 죽여야 하는 우선순위의 하청중소기업이다.
⑨ 특허권의 공유를 거절한 기업은 가장 먼저 죽여야 하는 중소기업이 될 것이라고 본다.

(4) 정책 방향

중소기업과 대기업 관계는 중소기업을 지원하는 방식으로는 문제를 해결할 수 없다. 가장 급한 점은 대기업이 힘의 우위를 바탕으로 불법·부당행위를 자행함에도 중소기업은 대항할 방법이 없다는 점이다.

중소기업 정책의 방향은 대기업이 불법·부당행위를 못 하게 하는 것

이어야 한다.

대기업이 불법·부당행위를 못 하게 하기 위해서는 중소기업에게 대기업의 횡포에 대항할 수 있게 최소한의 버틸 수 있는 힘을 만들어줘야 하고, 대기업의 불법·부당행위에 대한 징벌적인 손해배상제도를 도입하고, 공정거래위원회를 개혁해서 공정거래위원회가 대기업의 봉사기관이 아니고 대기업의 횡포를 방지하는 기관으로 만들어야 하고, 검찰과 법원이 대기업의 봉사자가 되지 않도록 해야 한다.

3) 강자와 약자의 관계 정상화

경제민주화의 의미는 평등이고 공정한 경쟁이다. 모든 사람은 법 앞에 평등하다고 하지만 사회는 법보다는 주먹이 가깝다. 강자(갑, 이하 '갑'이라고 한다)의 불법·부당한 행위에 대하여 약자(을, 이하 '을'이라 한다)가 항의하거나 신고하는 경우에 '을'은 현재의 경제·사회 시스템에서 퇴출당할 것을 각오해야 한다.

'을'이 현재의 경제·사회 시스템에서 퇴출당한다는 의미는 '을'은 지금까지 쌓아놓은 모든 경제적 관계를 포기해야 한다는 의미이고, 더 이상 경제 활동을 할 수 없게 된다는 의미다.

그러므로 어떤 '을'이 모든 것을 포기하고 '갑'의 횡포에 저항할 수 있겠는가?

세상에서 모든 불합리한 것들의 대부분은 '갑'과 '을'의 관계가 정상적이지 않기 때문에 발생한다.

'죄 중에서 제일 큰 죄가 괘씸죄'라는 말이 있다.

'검사와 경찰서장, 기자가 관내에서 술을 먹으면 술값을 누가 부담하느냐?'는 수수께끼의 정답은 '술집 주인'이라고 한다.

경제민주화를 이루고, 사회 시스템의 복원력을 높여서 국가가 정상적으로 발전하기 위해서는 가장 먼저 '갑'과 '을'의 관계를 정상화하여야 한다. '갑'과 '을'의 관계를 정상화하면 '갑'에게는 법규를 지켜야 하는 '불편함'을 주지만, '을'에게는 '갑'의 불법·부당행위에 대하여 항의할 수 있는 '표현의 자유'를 줄 수 있다.

 • '갑'에게 불법·부당행위를 하지 못하게 하기 위해서는 '갑'이 불법·부당행위를 할 경우에 총피해금액의 몇 배에 해당하는 징벌적인 벌과금과 피해의 배상금을 부과하고, 신고자('을' 또는 내부자를 포함한 제삼자)에게 벌과금의 일정률(20% 이상)을 지급하고, 피해자인 '을'과 동종의 피해자들에게 배상금을 지급하도록 하면, '갑'은 불법·부당행위 자체를 하기가 어려울 것이다.

 • '을'에게 표현의 자유를 주기 위해서는 '을'이 '갑'의 불법·부당행위에 항의 또는 신고함으로써 '을'이 입을 피해보다 '을'에게 더 많은 이익이 돌아오도록 하면, '을'은 '갑'의 불법·부당행위를 감수하기보다는 '갑'의 불법·부당행위를 신고할 것이라고 본다.

제12장

중소기업 정책

01 중소기업 분류와 정책

1) 완제품 생산기업

(1) 완제품을 생산하여 시장에 직접 판매하는 중소기업

완제품을 생산 판매하는 중소기업은 대기업에 비하여 자금, 기술력, 홍보능력, 판매망 등 모든 분야에서 열악하다. 이러한 문제를 해결하기 위한 정책은 자원 배분의 문제도 있지만, 실질적으로는 아이디어의 문제다. 정책적 아이디어는 대선주자들이나 중소기업 관련 부서에서 개발할 사항이라서 언급하지 않겠다.

제품개발은 기업의 책임으로, 판매나 홍보는 정부의 지원으로 문제를 해결해야 한다.

(2) 유통 대기업·홈쇼핑에 납품하여 판매하는 중소기업

유통 대기업과 납품 중소기업 관계의 문제는 유통 대기업이 다량의 구매·판매망을 가진 것을 이용하여 납품가격을 깎거나 계약서에 명시될 수 없는 추가부담을 지우는 등 부당행위를 하는 것이다.

부당행위에 대한 규정을 열기형식으로 규정하지 말고 포괄적으로 규정하고, 위반에 대하여 징벌적인 손해배상을 부과한다면 유통 대기업의 횡포를 줄일 수 있다고 본다.

중소기업청 또는 중소기업협동조합에서 홈쇼핑을 직접 운영하거나 농협에서 홈쇼핑을 직접 운영하면서 수수료를 낮추면 홈쇼핑의 부당행위·과다수수료 문제를 상당히 해결할 수 있을 것이다.

2) 하도급 중소기업

최종생산물의 가격이 결정된 후에 도급계약을 체결하는 대기업과 중소기업의 관계는 주로 건설산업 부문, 플랜트제작, IT 산업 부문이 이에 해당한다.

최종생산물의 가격이 결정된 후에 도급계약이 체결되면, 원청기업의 이익과 하도급 기업의 이익은 대부분 마지막 하도급의 노동자가 부담하게 된다. 마지막 하도급 기업의 노동자의 실질임금을 삭감하는 방식으로 다단계로 하도급 계약이 이루어진다.

발주자와 원청대기업의 계약이 체결될 때에 노동자의 시간당 임금(노임단가)을 명시하고, 공시하도록 하고, 최종 하도급 노동자까지 동일하게 적용을 하도록 하며, 위반할 경우에는 차액의 몇 배에 해당하는 배상금과 벌과금을 부과하고, 원청자와 하도급 업체가 연대책임을 지도록 하며, 신고자에게 벌과금의 일정한 비율을 포상금으로 지급하게 하면, 노동자에 대한 임금착취도, 다단계 하도급 구조도 많이 감소할 것이라고 본다.

3) 납품 중소기업

최종생산물의 판매가격이 결정되지 않은 상태에서 납품계약이 체결되는 대기업과 중소기업의 관계에서 주요 문제점은 대기업이 힘의 우위를 바탕으로 중소기업의 기술탈취, 납품가 인하 강요, 계약서 없는 납품, 원재료가격상승 시에 납품가격 조정 거부 등이 있다.

대기업의 기술탈취를 막기 위해서는 대기업이 납품기업의 원가관리·품질관리 등 여타의 이유로 중소기업의 기술 자료에 접근한 경우에는 기술탈취 소송에 있어서 입증 책임을 대기업에게 지우고, 불평등한 관계에서의 기술탈취이므로 손해배상액의 산정에서도 여타의 기술탈취에 의한 손해배상보다 2배 이상 산정하도록 하면 기술탈취소송에서 중소기업의 위치가 한결 나아질 것이므로 대기업의 기술탈취는 상당히 줄어들 것이라고 본다.

납품가 인하 강요 문제에 대해서는 납품 중소기업의 총매출에서 납품가 인하를 강요한 대기업에 납품하는 비율이 33% 이상이라면 대기업과의 납품 관계 해제는 납품 중소기업의 사활을 좌우하게 되므로 중소기업은 대기업의 납품가 인하 강요를 거절할 수 없다.

납품이 매출의 33% 이상인 중소기업에 대해서 대기업이 납품가 인하를 강요하는 경우에 일정한 조건으로는 종전과 같은 조건으로 일정한 기간 계약이 존속할 수 있도록 한다면, 중소기업은 대기업의 납품가 인하를 받아들이거나, 아니면 일정한 기간 동안만 납품 관계가 유지된다는 것을 조건으로 납품가 인하를 거절할 수 있다.

이 경우에도 대기업은 여러 가지 행태로 납품 중소기업의 계약관계를 방해할 수 있다. 단가분쟁이 발생한 납품 관계에 있어서 품질에 대한 평가를 객관적인 기관이 담당하게 한다면 대기업의 납품방해 행위는 상당히 완화될 것이라고 본다.

계약서체결 없이 납품하는 경우에 분쟁이 발생하면 납품 중소기업은 권리구제를 보장받을 수 없다. 대기업에 계약서체결의무를 부여하고, 위반 시에 벌과금을 부과하며, 계약서 없이 납품하는 경우에 분쟁이 발생한 경우에는 가장 최근의 계약과 동일한 조건으로 계약 기간이 연장되었다고 간주하면, 대기업이 계약서작성을 회피할 이유가 없어지고, 중소기업의 권리구제도 가능할 것이다.

원재료의 가격이 상승한 경우에도 납품받는 대기업이 가격 인상을 거부하여 중소기업을 힘들게 하고 있다. 정부가 민간의 가격조정에 직접 관여하는 것은 경제적으로 보면 득보다 실이 많다.

원자재가격이 일정기준 이상으로 폭등한 경우에는 원자재를 사용하는 기업집단의 대표자에게 협상권을 부여하면 중소기업의 개별행동을 막을 수 있으므로 대기업과의 관계에서 협상력을 높일 수 있을 것이라고 본다.

02 공정거래위원회 개혁

유사한 대기업의 불법·부당행위가 두 번 이상 발생하는 데에도 불구하고 규제할 수단이 안 만들어져 있다면 공정거래위원회의 담당 직원과 담당국·과장을 문책하고, 승진에 대해서도 제도개선을 한 사람만이 승진할 수 있게 하면 공정위에 근무하는 공무원들이 최소한 재벌 대기업의 봉사자는 되지 않을 것이라고 본다.

공정위 직원에 대한 평가는 벌과금의 부과가 아니고 사법부에서 벌과금이 확정되는 것을 기준으로 판단해야 한다. 공정위 직원이나 위원에 대한 책임감을 부여할 수 있는 제도를 마련해야 한다. 앞에서는 기업을 제재하고 뒤에서는 기업의 이익에 봉사하는 공정위를 개혁해야 한다. 공정위직원은 퇴직 후 관련 기업 취업을 금지해야 한다.

검찰과 법원의 문제

단기적으로 검찰의 기소독점권을 이원화시키고, 검사들에 대한 감독·조사기관이 만들어진다면 검찰의 재벌 대기업에 대한 면죄부는 최소화할 것이라고 보며, 법원의 문제도 규제법령을 명확하게 하여 판사들의 재량범위를 최소화하면서 민중 통제를 확대하면 상당히 해결될 것이라고 본다.

장기적으로는 경찰을 중앙정부 경찰과 지방정부 경찰로 나누고 수사권을 부여하고 검사에는 공소권만 부여하되 수사나 재판과정에 민중 통제를 확대하는 방법을 도입할 필요가 있다.

제13장

복지 정책의 방향

복지 정책의 의미는 국민의 행복한 삶을 보장하기 위한 정책이다. 복지 정책과 경제민주화의 근본적인 목표는 같다. 복지 정책도 경제민주화의 하나라고 할 수 있다.

 01 복지 정책의 목적

1) 복지 정책의 경제학적 의미

복지는 국민의 행복한 삶을 의미하며, 복지 정책은 국민의 행복한 삶을 위한 정책이다.

복지 정책의 경제적 기능을 보면, 소비를 확대할 수 있는 소득 분배 기능과 보험 기능인 상호부조 기능을 가지고 있고, 국민연금과 같이 미래에 대한 대비 기능과 저축 기능이 있다. 보험 기능도 소비 확대 효과가 상당히 있다.

복지 정책은 소득재분배 정책에 비하여 소득 분배가 불균형하게 발생하고, 소비 확대 효과도 소득재분배 정책에 비하여 상당히 약하다.

소비를 확대하기 위해서는 소득재분배 정책이 복지 정책보다 우선순위가 높고, 복지 정책은 소득재분배 정책에 대한 보충적 정책이라고 할 수 있다.

2) 복지 정책의 원칙

- 복지는 국가의 시혜가 아닌 국민의 권리다.
- 모든 국민이 평등하게 복지대상이 되어야 하며 복지 정책의 혜택을 받아야 한다.
- 복지 정책은 효율적이고 합리적이어야 한다. 복지 정책은 국민경제(개인과 기업과 정부)의 부담을 최소화해야 한다. 복지 정책은 국민경제의 낭비와 정책목표의 달성도와의 조화가 필요하다. 복지 정책도 정책 관리비를 최소화해야 한다.
- 복지 사각지대를 최소화해야 한다.
- 소득 분배가 악화되어서는 안 된다.

 복지 정책의 방향

복지 정책의 비용은 국민의 세금이다. 국민의 세금을 사용하는 데에 있어서는 무엇보다 효율적으로 사용되어야 한다. 최소의 투입으로 최대의 편익이 있어야 한다.

복지 정책도 국가의 자원을 사용하는 것이므로 국민경제의 비용이 최소화되도록 하여야 한다. 국민경제에서 비용을 최소화하는 것이 가장 효율적인 자원 배분이다.

복지 정책의 방향이 일관성을 잃으면 정책 간의 간섭 효과에 의해서 정책 효과를 감소시킨다. 정책 효과가 감소되면 정책에 소요되는 비용이 증가하게 된다. 정책 방향의 일관성이 있어야 한다.

복지 정책도 전략이 필요하다. 국민경제의 투자율을 높이고 선순환하기 위해서는 소비를 확대하되 가장 효율적으로 확대해야 하고, 복지 정책도 국민의 행복한 삶을 위한 정책이지만, 국민경제의 소비 확대 정책의 일환이므로 복지 정책도 전략적인 사고를 가지고 가장 효율적으로 시행되어야 한다.

1) 국가복지와 자치단체복지

국가는 하나의 경제단위다. 자유변동환율제를 사용하는 국가는 환율에 의해서 국제경쟁력이 조정된다. 어느 한 부분에 대한 투자의 확대는 다른 부분의 투자 감소를 수반하고, 생산에 대한 자원 배분의 확대는 소비에 대한 자원 배분의 감소를 수반한다. 투자 확대로 인해서 어느 한 부분이 발전하여 국제경쟁력이 상승하더라도 환율상승에 의해서 조정되고, 투자가 감소한 부분의 경쟁력 하락으로 국가 전체적으로는 경쟁력이 상승하지 않는다.

국가의 경영원리는 발전보다는 균형이다.

반면에 지방자치단체의 경영원리는 경쟁이고, 발전이다.

A 자치단체가 살기 좋은 환경이 되면 다른 자치단체 주민들의 이주가 늘어난다. 주민이 증가한다는 것은 국가 전체에서 그만큼 지위가 높아지고, 자원 배분권도 높아진다고 할 수 있다.

한 자치단체가 자원을 복지 정책에 더 많이 투입하면 현재의 주민들은 살기가 좋아지지만, 인프라 등에 대한 투자가 줄어들어 장기적으로는 타 자치단체와의 경쟁에서는 경쟁력이 떨어질 수 있다.

복지 정책은 국가가 주로 담당해야 하고, 자치단체는 지방의 특색을 살려 국가의 복지 정책이 못 미치는 부분을 보충하는 정도에 그쳐야 한다.

복지 정책이 계속적으로 확대되어야 한다는 점을 생각하면 지방자치단체가 시행하는 복지 정책 중에서 전국적으로 확대하는 것이 더 낫다고 판단되면, 자치단체의 복지 정책을 중앙정부로 이관하고, 자치단체는 그 재원으로 다른 복지 정책을 시행할 수도 있다고 본다.

우리나라는 1961년부터 50여 년 동안의 불균형성장 정책으로 인하여 자치단체 간의 격차가 아주 심하다. 복지의 책임이 지방자치단체에 주어진다면 지역 간의 불균형을 더 확대할 것이다.

경제민주화의 정신이 균형이고 공정한 경쟁이다. 자치단체 위주의 복지 정책은 경제민주화에 역행하는 복지 정책 방향이다. 하지만 2016년 현재는 중앙정부가 복지를 포기함에 따라 자치정부가 복지비용을 부담해야 하는 상황에 놓여 있다.

2) 국가복지와 사회복지

사회복지란 복지비용의 상당 부분을 국민 개개인의 기부에 의존하고, 복지시설의 운영도 개인이나 단체에 의지하는 것을 말한다. 우리나라는 예산의 부족으로 복지비용과 복지시설운영을 상당 부분을 사회에 의존하고 있고, 국가는 기부금에 대한 조세 감면, 복지시설 운영비의 상당 부분을 지원하고 있다.

사회복지는 기부금 모집·관리의 부정, 재단의 편법상속에 이용, 재단의 불법행위와 개인의 치부, 복지시설운영비 지원과 관련한 공무원과의 유착과 부정부패, 복지시설의 인권유린 등의 부작용이 많이 발생하고 있다.

사회복지는 국가의 자원을 낭비하고, 여러 가지 부작용이 많으므로 상당한 규제가 필요하다. 복지 전략은 국가복지 위주로 하되 현실적으로 사회복지를 없앨 수 없으므로 국가복지를 보충하는 정도에 그쳐야 한다.

3) 국가복지와 가족복지

가족복지란 경제적 약자(노인·장애인·어린이)에 대한 복지를 국가가 담당하지 못하고 가족에게 미루는 것을 말하고, 정부는 공무원의 보수체계를 통한 지원, 개인의 소득에 약간의 조세를 감면하는 방식으로 가족복지를 지원하고 있다.

현재의 장애인복지, 노인복지, 기초생활복지 정책은 가족복지와 충돌하여 사실상의 복지 사각지대를 많이 만들고 있다.

이제는 가족이 담당한 경제적 약자에 대한 지원을 부양가족의 유무와 상관없이 모든 경제적 약자를 전부 복지대상자로 하여 국가가 부담하여야 한다고 본다. 당연히 공무원의 보수체계는 개편되고, 개인의 소득세감면도 폐지되어야 한다.

4) 국가복지와 기업복지

기업복지는 근로자에 대한 복지(단 고용보험, 산재와 같은 부조는 제외)의 상당 부분을 기업이 부담하는 것을 말하고, 국가는 조세 감면을 통해서 지원하고 있다.

현재와 같이 일자리가 부족한 때에는 일자리 자체가 복지다. 기업복지 혜택에서도 정규직과 비정규직이 차별을 받는 실정이다.

기업복지에 대하여 조세 감면 등의 지원을 하는 것은 국민의 세금으로 정규직을 지원하여 불균형을 확대하는 것이 되고, 소득 분배를 악화하게 하여 경제민주화에 역행하게 된다.

복지 전략에서 기업복지는 지양되어야 하고, 기업복지에 대한 정부의 지원 역시 폐지되어야 한다.

5) 급여복지와 시설(사업체)복지

급여복지는 복지대상자에게 직접 급여를 지급하는 것을 말한다. 급여복지는 대상자에게 직접 급여를 주는 것이므로 관리하기가 쉽고 관리비용이 적다. 반면에 개인이 복지 목적과는 다르게 급여를 사용할 수 있기 때문에 복지 목적을 달성하지 못할 수도 있다.

하지만 복지의 경제적 목적이 소비의 확대임을 생각한다면, 급여복지의 소비 확대 효과가 가장 높으므로 급여복지가 가장 효율적이다.

시설(사업체)복지는 복지비용을 복지대상자에게 지급하지 않고, 복지시설을 운영하는 사람, 복지사업을 하는 사람에게 복지비용을 지급하는 것을 말한다.

시설복지는 복지비용 지급에 따른 관리를 공무원이 해야 하므로 관리비용이 많이 들고, 복지시설운영자와 공무원의 유착이 발생하여 부정·부패가 만연하고, 복지비의 누수도 많다.

복지대상 중 복지시설이용이 불가능한 사람에게는 지원이 되지 않는 등 복지 사각지대가 생기고, 복지시설이용이 불필요한 사람에게까지 복지시설을 이용하게 하여 과소비에 의한 낭비가 생긴다.

복지시설이용에 시혜적 성격이 가미됨으로 인해서 이용자의 권리가 무시될 가능성이 크다.

복지 정책의 방향은 시설복지보다는 급여복지 위주로 가야 한다.

6) 보편적 복지와 선별적 복지

보편적 복지는 복지대상을 구분함에 있어서 소득 격차 등을 이유로 복지대상에서 제외하지 않고, 대상이 되는 모든 사람에게 복지를 제공하는 것을 말한다.

선별적 복지는 복지대상을 소득 등으로 구분하여 일부를 복지대상에서 제외하고 복지를 제공하는 것을 말한다.

선별적 복지는 국가 예산의 소요가 적고, 보편적 복지는 국가 예산의 소요가 많다. 단 국민경제적 입장에서는 선별적 복지나 보편적 복지나 비용의 차이가 거의 없다.

선별적 복지의 단점은 복지대상을 구분하는 관리비용이 많이 발생할 수 있고, 때에 따라서는 계급제도의 부활과 같은 부작용이 발생할 수 있다. 반면에 보편적 복지는 때에 따라 복지대상이 복지를 많이 소비하는 과소비를 낳을 수 있다.

선별적 복지를 하면 계급 제도의 부활과 같은 비민주적인 효과를 가져오는 복지, 복지대상을 구분하는 데에 비용이 많이 소요되는 복지 정책은 보편적 복지를 해야 한다.

보편적 복지를 하면 과소비가 예상되는 경우에는 선별적 복지를 하되, 선별적 복지의 부작용과 보편적 복지의 부작용을 비교형량하여 복지대상의 확대, 복지지원액을 결정하여야 한다.

2011년 서울 시장 보선에서 쟁점이 된 학생 무상급식 문제는 선별적 복지를 하면 복지대상을 구분하는 관리비용이 상당히 소요되고, 학생들을 차별화하여서 계급이나 집단 간의 갈등을 불러올 수 있다. 반면에 보편적 복지를 하더라도 과소비는 일어나지 않는다.

학생 무상급식은 어떤 이유라도 선별적 복지로 가서는 안 되고, 보편적 복지로 가야 한다.

03 복지 정책의 재원과 부동산 보유세율인상 문제

복지 정책을 계속하기 위해서는 재원의 확보가 지속적으로 가능해야 한다.

복지 정책의 재원을 부동산의 보유세율을 인상해서 해결하자는 사람들이 있다. 부동산가격의 상승이 빈부 격차 확대의 주원인인 것을 이유로 부동산보유세율을 인상함으로써 부동산가격을 낮추어 빈부 격차를 축소하고, 복지재원도 확보할 수 있다는 발상이라고 본다.

하지만 부동산의 가격상승은 보유세율보다는 통화 확대 효과에 의해서 발생한 점이 더 많다. 빈부 격차의 주원인도 통화 확대 때문이고, 부동산가격이 상승한 것은 통화 확대의 결과일 뿐이다.

소득 분배 확대나 복지 정책을 사용하기 위해서는 제일 먼저 해야 할 것이 통화를 축소하는 것, 총수요를 관리하는 것이다.

통화를 축소하면 부동산 가격이 하락한다. 부동산 가격이 하락하면 부동산 보유세율을 2배로 인상해도 세입은 많이 증가하지 않는다. 또한 보유세율의 인상으로 부동산에 대한 투자가 다른 곳으로 가면 부동산 가격은 더 하락할 것이고, 세입은 거의 종전수준으로 환원할 것이고, 복지 재원으로 사용하기에는 전혀 도움이 되지 않을 것이다.

하지만 현재의 부동산 보유세율은 상당히 낮은 수준이고, 현재 수준의 2배 정도로 인상되어야 한다고 본다.

이유는 통화축소에 따른 부동산가격 하락 정책이 외국인의 부동산 투자 확대로 방해받지 않아야 하고, 국가의 자원은 부동산에 투자되는 것보다 산업에 투자되는 것이 국민경제에 더 이롭고, 소비 확대 정책으로 노동의 소득 분배율이 높아지면 자본의 이익률이 낮아지게 되므로 부동산에 대한 투자이익률을 더 낮추어야 국가의 자원이 부동산으로 몰리는 것을 방지할 수 있기 때문이다.

제14장

국민경제를 운영하는
두 가지 방식

경제 환경은 끊임없이 변화한다.

시간이 경과함에 따라 자본이 축적되면 자본과 노동의 투입비율과 소득 배분 비율이 변화하고, 과학기술의 발달에 의해서도 자본과 노동의 투입비율과 소득 배분 비율이 변화하고, 법률의 제정이나 집회·시위와 같은 정치 행위에 의해서도, 조세의 징수와 예산지출에 의해서도 자본과 노동의 투입비율과 소득 배분 비율이 끊임없이 변화한다.

국제정치 질서와 조약에 의해서도, 환경의 변화에 의해서도 경제 환경이 변화하고, 경제 환경의 변화는 자본과 노동의 투입과 소득 배분 비율을 변화시킨다.

경제 환경이 변하면 자본과 노동의 투입과 소득 배분 비율이 변하고, 소득 배분 비율의 변화는 새로운 경제 현상들을 나타나게 한다. 경제 현상들은 국민경제에 좋고 나쁜 영향을 주어 경제 문제를 만들고, 경제 문제를 해결하지 못하면 경제 문제는 사회 문제로 발전하고, 사회 문제가 심화되면 체제(정치·경제·사회 시스템)의 문제로 발전하게 된다.

국민경제를 운영한다는 의미는 경제 환경의 변화에 맞추어 자본과 노동의 투입과 소득 분배를 결정하는 경제 시스템을 변화시키는 것이고, 나타나는 경제 현상에 대응함으로써 경제 문제를 최소화하고, 경제 문제를 해결하여 경제 문제가 사회 문제로, 체제(정치·경제·사회 시스템)의 문제로 발전하는 것을 막는 것이다.

경제 환경의 변화, 경제 현상, 경제 문제를 해결하기 위하여 대응하는 방법으로는 두 가지 접근방법이 있다. 하나는 대증요법·거시경제 정책으로 경제 문제의 해결을 시도하는 것이고, 다른 하나는 구조조정·미시경제 정책으로 경제 문제의 해결을 시도하는 것이다.

01 국제경기의 침체로 인해서 수출과 수입의 동시 감소와 국내산업의 침체

1) 대증요법·거시경제 정책 대응과 정책 효과

(1) 대증요법·거시경제 정책의 대응

수출을 증가시키기 위하여 수출산업에 대한 지원을 확대한다. 기준이자율 인하와 투융자자금 지원, 환율 하락방지, 노동시장 유연화(해고의 자유, 비정규직 제도, 변형 근로 확대와 잔업에 대한 보수할증률 축소, 임금피크제와 포괄임금제, 노조활동 자유 억제 등), 전기료의 인하 등을 통하여 기업의 가격경쟁력을 높여서 수출을 증가시키고자 한다.

투자 확대를 통하여 고용을 확대하여 내수를 확대하고자 한다.

재정 적자를 확대하여 정부 소비를 증가시키고, 기준이자율 인하로 민간부채를 확대하여 자산시장(부동산과 주식시장)을 호황으로 이끌어 내수를 확대하고, SOC 건설을 확대하여 고용을 확대하고 산업의 가격경쟁력을 높이고자 한다.

(2) 대증요법·거시경제 정책의 효과와 부작용

수출기업의 경쟁력 강화를 위한 기준이자율 인하와 투융자자금 지원, 조세지원, 기타 서비스지원과 노동시장 유연화 정책은 국민경제에서 자본소득은 증가시키지만, 노동소득을 감소시킨다.

환율을 상승시키거나 하락을 방지하기 위해서는 외환(외국자금)이나 국내자금을 해외로 내보내야 하나, 해외로 자금을 내보내면 국내 이자율이 상승하여 투자비용을 증가시킨다. 환율 정책은 사용하지 못한다. 단 외평채를 동원해서 외환을 매입한다. 일시적인 효과는 있지만, 지속할 수 없다. 이 경우 외환보유고가 증가한다.

재정 적자의 확대와 SOC 건설 확대는 일시적인 경기부양 효과는 있으나 자본소득을 증가시키고 노동소득을 감소시킨다. 기준이자율 인하는 통화량(유동성)을 확대하여 자산의 가격을 상승시켜 자본소득을 증가시키고 노동소득을 감소시키면서 가계부채를 확대한다.

자본소득의 증가는 생산(공급)을 확대하고 노동소득의 감소는 가계소득을 감소시키고 소득 분배를 악화시켜 개인 소비를 감소시킨다. 생산 증가와 개인 소비 감소는 생산과 소비의 격차를 더 확대하여 국민경제에서 재고를 증가시킨다. 적정재고 이상의 재고 증가는 기업의 수익을 저하시키고 경제 성장률을 저하시킨다.

재고의 증가는 기업부채를 증가시키고 한계기업을 생산에서 퇴출하면서 고용과 노동소득을 감소시키고, 실업을 증가시키면서 소득 분배를 다시 악화시킨다.

기업부채 확대는 기업의 투자능력을 약화시키고, 가계부채의 확대는 민간의 소비능력을 약화시켜서 경제를 디플레이션에 빠지게 한다.

이자율의 인하는 주택의 가격을 상승시킬 뿐만 아니라 그보다 더 빠른 속도로 전세가격을 상승시킨다. 전세가격의 상승은 전세대란으로, 가처분 소득의 감소로 이어져서 민생대란으로 번져간다.

2) 구조조정·미시경제 정책 대응과 정책 효과

⑴ 정책 방향과 정책 수단

국제경기위축에 따른 수출 감소를 상수로 보고, 수출 감소로 인한 생산 감소를 내수 확대를 통한 생산 증가로 상쇄시키면서 수출 위주의 경제 시스템을 내수 위주의 경제 시스템으로 전환해야 한다.

내수를 증가시키기 위해서는 소득 분배를 확대하고 자본소득을 감소시키고 노동소득을 증가시켜야 한다.

소득 분배를 확대하기 위해서는 소득세의 최고세율을 인상하고 누진율을 강화해야 하고, 소득재분배 정책을 확대해야 한다. 소득재분배 정책으로 사회안전망을 완비하면 국민들의 미래에 대한 두려움을 없애서 국민경제의 소비성향을 최대한 높일 수 있다.

기업 간의 격차를 최대한 축소함으로써 고용을 확대하고 소득 분배를 확대할 수 있다. 기업 간의 격차를 축소하기 위해서는 기업에 대한 직접 지원을 없애고, 법인세를 정규직 1인당 평균 생산액을 기준으로 하는 누진세율구조로 바꿔야 한다.

자본소득을 감소시키고 노동소득을 증가시키기 위해서는 최저임금을 대폭 인상함과 동시에 저임 외국인노동자의 유입을 억제하고, 노동시간을 단축하고, 잔업에 대한 보수할증률을 대폭 높이고, 변형 근로시간을 단축해야 한다.

단 노동시간 단축과 동시에 법인세를 정규직 1인당 평균 생산액을 기준으로 누진세율구조로 변경해야 한다. 간접고용을 금지함과 동시에 비정규직에 대한 기업별, 사업장별 총량도 규제해야 한다.

경제민주화법규를 지속적으로 추진하여 완비하고 법규의 실효성을 확보함으로써 강자들의 지대추구행위를 최소화하여 초과이윤을 최소화해야 한다.

최고이자율을 대폭 낮춤으로써 금융자금이 소비자금융에서 생산자금융으로 전환되도록 유도하고, 최고이자율 이상의 대부계약은 계약 자체를 무효로 하며 변제의무를 면제하여 불법 사금융을 근절시킨다.

불량금융상품에 대한 배상책임을 강화함으로써 자본(금융과 보험)이 기업과 가계의 소득을 탈취하는 것을 최소화한다.

(2) 구조조정·미시경제 정책의 부작용

자본소득을 감소시키고 노동소득을 증가시키는 과정에서 저축이 감소하고 이자율이 상승하고 투자가 감소하여 국민경제의 생산(공급능력)이 감소한다. 반면에 소득 분배가 확대되고 노동소득이 증가함으로써 개인 소비(유효수요)가 증가한다. 그 결과 공급의 감소와 수요의 증가로 인해서 가격이 상승한다.

가격이 상승하면 수출이 감소하고 수입이 증가하여 무역 적자가 발생한다. 무역 적자가 발생하는 이유는 국내보다 국외가 가격에 대한 공급 탄력성이 높기 때문이다.

소득 분배 확대와 노동소득 증가에 의한 소비 증가의 대부분은 일차적으로 국내 서비스 산업에서 발생한다. 서비스 산업의 소비(생산) 증가는 다른 부문으로부터의 중간재 구입과 인건비의 지출이므로, 소비 증가에 따른 가격상승의 수입 확대 효과는 상당히 천천히 발생한다.

무역 적자(수출 감소와 수입 증가)는 환율을 상승시켜 무역의 균형(수출 증가와 수입 감소)을 이루도록 하지만, 국내의 저축 감소와 소비 증가에 따른 투자 확대는 이자율을 상승시키고, 이자율의 상승은 해외자본의 유입을 확대한다. 해외자본의 유입은 환율의 상승을 막거나 환율을 하락시켜 무역 적자가 만성화되도록 한다.

무역 적자의 만성화는 다시 국내의 생산을 감소시키면서 소비를 확대하도록 하여 다시 해외자금의 유입으로, 무역 적자의 확대로 이어지면서 조세 감소, 국가부채의 증가 국가 부도로 이어지게 한다.

⑶ 구조조정·미시경제 정책의 부작용 해결 방향

가장 효율적인 방법으로 소득 분배를 확대하고, 자본소득을 감소시키고 노동소득을 증가시킴으로써 국민경제의 생산(공급능력) 감소를 최소화한다.

가장 효율적인 방법으로 소득재분배 정책과 사회안전망을 구축함으로써 국민경제의 비용을 최소화하면서 개인 소비(유효수요)를 최대한 끌어올린다.

해외자본의 유입 정책을 폐지하고, 해외자본의 유입을 효과적으로 차단함으로써 환율이 우리나라의 평균 가격경쟁력을 반영하도록 하여 무역 적자가 만성화하는 것을 막는다.

장기성장 정책(과학기술 발전과 간접비용 최소화)으로 국민경제의 국제경쟁력을 유지해야 한다.

02 성장률 둔화, 투자 감소, 총매출 감소, 기업수익률 저하

1) 대증요법·거시경제 정책 대응과 정책 효과

⑴ 대증요법·거시경제 정책의 대응

국민소득은 개인 소비와 정부 소비와 기업 소비와 무역 흑자의 합이다.

경제 성장률을 높이기 위해서는 개인 소비나 정부 소비, 기업 소비, 무역 흑자를 증가시켜야 하는데, 현재의 정부는 기업 투자를 확대하는 것으로 경제를 성장시키고자 한다.

대중요법적인 경제 정책으로 기업 투자를 확대하고 기업수익을 확대하기 위해서는 기업에 대한 감세(법인세 감세), 기준이자율 인하, 규제 해제, 자본진입 제한 해제(공기업 민영화, 서비스 산업진입 제한 해제, 의료 민영화), 해외자본 유입 확대 정책, 인건비 감소 정책(노동시장 유연화 확대)을 사용하고, 경제 성장률을 높이기 위해서 재정 적자를 확대하고 SOC에 대한 투자를 확대한다.

(2) 정책 효과와 부작용

기업 투자 확대 정책은 일시적으로 기업의 투자를 증가시켜 국민소득을 증가시키지만 재고가 증가하여 기업의 매출이나 수익은 거의 증가시키지 못한다. 기업의 투자가 증가한 반면에 노동소득을 감소시켜 가계소득을 감소시키고 소득 분배를 악화시켜서 개인 소비를 대폭 감소시킨다.

생산(공급능력)과 소비(유효수요)의 격차가 크게 발생한다. 생산과 소비의 격차만큼 재고가 증가하게 되고, 재고의 증가는 기업부실을 확대하고 한계기업의 손실을 확대하여 생산에서 퇴출시킨다.

재고의 증가는 기업 총매출의 감소로, 한계기업의 손실은 기업의 평균 수익률 하락으로, 기업부실의 확대로, 부실기업의 생산에서의 퇴출은 고용과 노동소득의 감소로, 실업의 증가로 이어지고, 노동소득의 감소는 가계소득 감소와 소득 분배의 악화와 소비의 감소로, 소비의 감소는 다시 생산과 고용의 감소로 이어져 국민소득을 감소시킨다.

정부에서는 낮아지는 성장률을 높이고 개인 소비의 감소를 상쇄하기 위하여 재정 적자를 확대하여 정부 소비를 높이지만, 이는 통화량을 확대시켜 자산가의 상승으로 이어지고 자산가의 상승은 자본소득을 증가시키고 노동소득을 감소시켜 다시 개인 소비를 감소시킨다. SOC에 대한 투자 확대 역시 자본소득을 증가시키고 노동소득을 감소시킨다.

감소하는 소비(국민소득), 낮아지는 경제 성장률을 종전과 같이 유지하기 위해서는 지속적으로 재정 적자 증가폭을 확대해야 하고, 이자율을 낮추어야 한다. 재정 적자 증가의 확대는 국가부채를 기하급수적으로 증가시켜 국가 부도 상황으로 몰고 가고, 이자율의 인하는 가계부채를 증가시켜 가계를 파산상태로 몰고 간다. 가계의 파산은 부동산시장의 파괴로, 부동산시장의 파괴는 금융 시스템의 붕괴로, 경제 시스템의 붕괴로 이어진다.

2) 구조조정·미시경제 정책 대응과 정책 효과

(1) 경제 문제에 대한 진단

경제 정책이나 환경의 변화 없이 경제 성장률이 저하하는 이유는 국민경제의 소비성향이 낮아지고 있기 때문이고, 국민경제의 소비성향이 낮아지는 이유는 소득 분배가 악화하고, 자본소득 분배율이 증가하고 노동소득 분배율이 감소하기 때문이다. 고소득자의 소비성향이 저소득자의 소비성향보다 낮고, 자본소득의 소비성향은 노동소득의 소비성향보다 아주 낮다.

투자가 감소하는 이유는 매출과 수익이 감소할 것으로 예상되기 때문이다. 매출이 감소하는 이유는 국민경제의 소비가 감소하기 때문이고, 수익성이 감소하는 이유는 기업 간의 경쟁이 격심해지고 과잉 투자가 발생하고 재고가 증가하고 있기 때문이며, 기업 간의 격차가 확대되어 한계기업의 손실이 커 대다수의 기업이 투자할 여력이 없어지기 때문이다.

(2) 경제 정책 방향과 정책 수단 및 정책 효과

경제 성장률을 높이기 위해서는 개인 소비를 증가시켜야 하고, 개인 소비를 증가시키기 위해서는 소득 분배를 확대하고, 자본소득 분배율을 낮추고 노동소득 분배율을 높여야 한다. 정책 수단은 앞장과 같다.

투자의 감소 역시 과잉 투자 때문에 발생하는 것이므로 기준이자율을 높이고 기업 투자를 촉진하는 정책을 최대한 억제해야 한다. 창업에 대한 지원 정책도 최소한으로 해야 한다.

기업의 총매출 감소나 수익률 저하 역시 과잉 투자와 개인 소비 감소 때문에 발생하는 것이므로 정책 방향과 정책 수단은 앞장과 같다.

(3) 정책의 부작용과 해결 방향(앞장과 동일)

03 엔저 현상과 한국경제의 가격경쟁력 문제

엔저로 자동차 산업 등 일본과 경쟁 관계에 있는 산업의 수출이 감소하고 수출 감소는 생산 감소로, 고용의 감소로 이어진다. 경쟁력의 회복이 필요하다.

1) 대증요법·거시경제 정책 대응과 정책 효과

가격경쟁력은 환율과 생산원가에 달려있다.

일본의 엔화 하락에 대비해서 경쟁력을 유지하기 위해서는 우리나라 환율을 상승시켜야 하고, 환율을 상승시키기 위해서는 자본을 해외로 내보내야 한다. 하지만 자본을 해외로 내보내면 투자가 감소하고, 자산(주택과 주식)가격이 하락한다. 이는 주택 가격의 폭락, 금융 시스템의 붕괴로 이어지므로 환율상승을 통한 가격경쟁력회복은 선택이 쉽지 않다.

생산원가에 영향을 주는 것으로 중요한 것은 기술, 설비 투자, 원재료비, 인건비, 조세가 있다. 기술이나 설비 투자 문제는 단기적으로 해결할 수 없고, 기술 개발과 설비 투자는 상시적인 문제이며, 기업자체의 문제다. 원재료비는 국가 간에 차별화가 거의 불가능하다. 결국 정부가 선택할 수 있는 정책은 인건비 감소 정책 외에는 없다.

자동차산업에서 인건비 감소는 정규직의 경직성을 슬림화하는 것과 정년의 단축이나 임금피크제의 도입, 간접고용을 확대하는 것과 같은 노동시장 유연화 정책 외에는 사실상 없다.

박근혜 정부가 사용하고 있거나 사용하려고 하는 정책은 4대 부문 개혁이라는 이름으로 임금피크제, 노동조합에 대한 탄압, 정규직 해고의 자유 확대 등이 있다.

인건비의 감소는 노동소득의 감소이고 노동소득의 감소는 자본소득의 증가를 동반한다. 자본소득은 노동소득보다 소비성향이 극히 낮다. 자본소득이 증가하고 노동소득이 감소하면 개인 소비(내수)가 급격하게 감소한다. 내수의 감소는 전체기업의 매출 및 수익 감소, 생산의 감소, 고용의 감소로 이어지면서 경제를 더 침체시킨다.

수출을 확대하여 경제를 살리기 위해서는 일본에 대한 경쟁력을 확보해야 하고, 일본에 대한 경쟁력을 확보하기 위해서 노동 부문에 대해 개혁을 하여 자본소득을 증가시키고 노동소득을 감소시키면 국내 소비를 감소시켜 경제를 더 침체시킨다는 역설적인 결과로 나타난다.

2) 구조조정·미시경제 정책 대응과 정책 효과

엔저로 인해서 우리나라 자동차산업 등의 수출이 감소하고, 우리나라 환율이 고평가되고 있다는 문제 제기에 대해서는 동의하지 않는 부분이 있다. 엔저로 인해서 우리나라 자동차산업과 같이 일본과 경쟁 관계에 있는 산업의 수출이 감소하고 있다는 데에는 동의하지만, 우리나라의 환율이 고평가되고 있다는 데에 대해서는 동의하지 못한다.

이유는 환율은 한 국가의 평균경쟁력을 나타내는 지표다. 우리나라 환율이 고평가되고 있다면 우리나라는 무역 적자국이 되어야 한다. 하지만 우리나라는 연 600억\$~900억\$ 정도의 무역 흑자국이다. 무역 흑자국이 환율이 고평가되고 있다고 한다면 무역 적자국은 뭐라고 해야 하겠는가?

현재 국제경제에서 미국의 무역 적자가 연 6,000억\$ 정도 발생하고 있고, 이는 미국이 양적 완화로 달러를 보충하고 있기 때문이다. 세계 경제에서 미국의 무역 적자 외의 다른 요인을 고려하지 않는다면 우리나라의 적정 환율은 무역 흑자가 200억\$ 정도가 되는 환율이 적정 환율이다.

일본이 엔저 정책을 사용한다고 해서 일본의 국민소득이 증가하지는 않는다. 비록 일부 부문에서 가격경쟁력이 높아진다고 하더라도 장기간 지속될 수 없고, 엔저 정책으로 나빠지는 소득 분배는 일본의 성장 잠재력을 갉아먹어 제2의 침체기로 접어들 것이라고 본다.

일본이 제2 침체기로 접어들든, 아니든 관계없이 엔저로 우리나라의 산업이 피해를 보는 것은 사실이다. 이 문제의 근본을 해결하기 위해서는 우리나라의 산업구조를 정상화하는 방향으로 문제를 해결해야 한다.

일본과 경쟁 관계에 있는 산업을 지원하여 경쟁을 더 치열하게 해야 하는지, 아니면 일본의 엔저에 따른 경쟁 산업의 생산 감소와는 관계없이 우리나라의 산업구조를 정상화하여 다른 부문의 생산이 증가함으로써 엔저로 인한 일본과의 경쟁 산업의 생산 감소를 상쇄하는 방향으로 해결하는 것이 더 나은지를 생각해볼 필요가 있다.

일본과의 경쟁 산업에 대한 지원을 하게 되면 다른 모든 부문에 피해가 발생하고 우리나라의 산업이 현재보다 더 불균형하게 발전한다. 그 결과 소득 분배가 악화하고 경제 시스템의 비용이 증가하여 장기적으로 국제경쟁력을 잃게 된다.

일본과의 경쟁에서 이기기 위하여 모든 산업에 대한 지원을 확대하면 소득 분배가 악화하고 자본소득이 증가하고 노동소득이 감소하여 소비를 감소시켜서 국민경제는 성장하지 못하고 후퇴하게 된다. 국민경제의 후퇴를 막기 위해서 재정 적자를 확대하고 기준이자율을 내리면 국가부채가 증가하고 가계부채가 증가하여 국가 부도와 금융 시스템의 붕괴를 앞당긴다.

그러므로 엔저의 대응 정책으로 일본산업과의 경쟁을 더 부추기는 정책으로는 엔저로 인한 경제 문제를 해결할 수 없다는 결론이 나온다.

우리나라의 경제 문제를 해결하기 위해서는 자본과 노동의 투입비율과 소득 배분 비율을 변경시켜야 한다.

자본의 투입을 감소시키고 노동의 투입을 증가시키고, 자본소득을 감소시키고 노동소득을 증가시켜야 한다. 노동의 투입 증가와 자본의 투입 감소는 자본비용의 증가로 이루어진다. 자본비용의 증가는 이자율의 인상, 해외자본의 유입억제, 법인세의 누진화 등이 있으며, 앞에서 충분히 설명했다.

자본소득이 감소하고 노동소득이 증가하면 소득 분배가 확대되고 개인 소비가 증가한다. 개인 소비가 증가하면 가격이 상승하고, 가격이 상승하면 무역 흑자가 감소하여 환율이 상승한다.

환율이 상승하면 일본과의 경쟁 관계에 있는 산업은 인건비상승과 환율상승이 서로 상계되어 큰 변화가 일어나지 않지만, 그 외의 산업은 인건비상승으로 인한 경쟁력 약화에 따른 생산 감소보다 환율상승과 개인 소비 증가에 의한 생산 증가가 더 많이 발생한다.

경제 정책의 방향을 바꿈으로써 엔저로 인한 수출 감소와 생산 감소에 영향을 미치지 않으면서 다른 산업 부문에서 생산을 늘려 엔저 문제를 해결할 수 있다.

 기업의 양극화 해소

삼성전자와 현·기 자동차의 영업이익점유율이 산업 전체 영업이익의 30%라고 한다.

1) 기업양극화의 문제점

기업 간의 격차가 확대되면 경쟁력이 높은 기업은 생산과 매출이 증가하고 고용도 증가한다. 반면에 경쟁력이 약해지는 기업은 생산과 매출이 감소하고 고용도 감소한다. 생산이 증가하는 기업들의 생산과 매출의 증가와 생산이 감소하는 기업들의 생산과 매출의 감소는 비슷하다. 반면에 생산이 증가하는 기업의 고용 증가보다 생산이 감소하는 기업의 고용 감소가 훨씬 더 크다. 이유는 경쟁력이 강한 기업의 1인당 생산성이 더 높기 때문이다. 즉 생산에 대한 노동계수가 낮기 때문이다.

국민경제에서 고용이 감소하면 노동소득이 감소하고, 소득 분배가 악화하고 소비가 감소한다. 소비의 감소는 다시 생산을 감소시켜서 국민 소득을 감소시킨다.

기업의 양극화는 소득 분배 악화, 저성장(성장률 하락), 소비 감소(디플레이션), 실업자 증가라는 경제 문제를 만든다.

2) 대증요법·거시경제 정책 대응

기업의 격차 확대를 경제 문제로 인식하지 않는다. 기업 간의 경쟁 결과로 인식한다. 경제 문제로 인식되는 것은 저성장과 소비 감소(경기침체), 고용 감소다.

경제 성장률을 높이기 위하여 투자 확대 정책을 사용한다. 투자를 확대하기 위해서는 기업에 대한 인센티브를 줘야 하는데, 투자할 여력이 있는 기업은 경쟁력이 높은 기업이다.

경쟁력이 높은 기업에 인센티브를 주니 경쟁력이 높은 기업이 투자를 확대하면 확대할수록 기업 간의 격차는 더 확대되고, 기업 간의 격차가 더 확대되면 고용이 감소하여 노동소득이 더 감소하고 소득 분배가 더 악화하여 소비도 더 감소(경기침체)하고, 성장률도 더 저하된다.

기업의 투자를 확대하기 위한 인센티브 정책은 처음에는 자본비용 감소 정책으로 기준이자율 인하, 해외자본 유입 정책, 법인세 감세에서 규제 해제와 개별기업에 대한 특혜로, 인건비 감소를 위한 노동시장 유연화 정책으로, 마지막은 자본의 진입이 규제된 분야에 대한 진입의 허용(공기업 민영화, 서비스 산업 선진화, 의료 민영화) 정책으로 진행되어 왔다.

기업에 대한 인센티브를 확대하면 확대할수록 성장률이 저하되므로 정부는 경제 성장률을 유지하기 위해서 재정 적자와 기준이자율 인하를 지속적으로 확대한다. 기업에 대한 인센티브의 확대와 재정 적자의 확대, 이자율 인하는 고용 감소와 소득 분배를 악화시켜서 국민경제의 소비능력을 지속적으로 약화시킨다. 국민경제의 소비능력 약화는 경제 성장률을 예측보다 더 낮추어 매년 조세 수입을 감소시키면서 재정을 더 압박한다.

재정압박이 계속되면 정부는 지출을 줄이려고 시도한다. 복지망국론이 대두되면서 복지비의 축소를 시도하고, '작은 정부론'이 등장하면서 정부 기능을 축소하고 민영화를 더 확대하려고 시도한다.

복지의 축소는 개인 소비를 더 감소시키고, 정부 기능의 축소는 개인의 가처분 소득을 감소시켜서 결과적으로 국민경제의 소비를 더 감소시킨다. 복지의 축소, 정부 기능의 민영화가 경제를 더 침체시켜 재정을 더 압박하는 결과를 만든다.

기업에 대한 인센티브는 결국 노동소득의 감소, 가계소득의 감소로 이어지고 이는 다시 소비 감소, 생산 감소, 고용 감소로 이어져서 국민소득을 감소시킨다. 저성장은 결국 조세 수입의 감소로 이어지고 이는 재정 적자의 확대로 이어진다.

재정 적자의 확대, 소득 분배의 악화는 다시 국민경제의 소비성향을 낮추어 재정 적자의 소득 증가율을 하락시켜서 재정 적자와 국가부채를 기하급수적으로 증가시킨다. 결국 국가 부도로 이어진다.

대중요법적인 거시경제 정책의 미래는 국가 부도이고, 금융 시스템의 붕괴고, 산업의 붕괴고, 국가의 해체나 전쟁이다.

3) 구조조정·미시경제 정책 대응

(1) 문제의 진단과 정책 방향

기업의 격차 확대가 소비의 감소로 이어져서 경제를 저성장으로 이끈다. 기업의 격차를 축소시킴으로써 문제의 근본을 해결해야 한다.

기업의 격차가 확대되는 이유는 세 가지다.

첫째는 성장 부문이나 성장기업에 대한 국가의 지원 정책 때문이다. 국가로부터 지원을 받은 기업은 경쟁력이 높아지고 생산성이 높아져서 생산이 증가하지만 국가로부터 지원을 받지 못한 기업은 상대적으로 경쟁력이 낮아져서 생산성이 낮아지고 생산이 감소한다.

둘째는 경제민주화법령의 미비로 인하여 대기업들이 하청기업의 이익을 착취하거나 경제 시스템에서의 우월한 지위를 이용해서 대기업이 중소기업의 이익을 착취할 수 있다. 대기업은 경쟁력이 높아져서 생산성이 높아지고 생산이 증가하는 데 비하여 착취를 당한 하청기업이나 중소기업은 경쟁력이 낮아지고 생산성이 낮아져서 생산이 감소한다. 지대추구행위(초과이윤)에 의한 착취가 이에 해당된다.

셋째는 정부의 투자유인 정책이 과잉 투자를 불러와 기업 간의 격차를 확대한다. 정부의 투자유인 정책과 경쟁의 격화로 인해서 과잉 투자가 일어남과 동시에 개인 소비의 감소와 맞물려 생산(공급능력)과 소비의 격차가 확대되어 재고가 증가하고, 재고의 증가는 한계기업의 손실을 확대한다.

(2) 구조조정·미시경제 정책과 효과

첫 번째로 기업에 대한 직접 지원 정책을 없앤다.

두 번째로 경제민주화법규를 완비해가면서 법규의 실효성을 높인다.

세 번째로 기업 투자유인 정책을 폐지한다.

네 번째로 법인세율을 정규직 1인당 평균 생산액을 기준으로 누진구조로 만들어서 생산성이 높은 기업에 법인세를 더 많이 부과한다.

기업 격차 축소 정책의 효과로 기업의 격차가 축소되면 1차 효과로는 기업 전체의 생산 증가는 별로 차이가 없다. 하지만 2차 효과로 생산성이 낮은 기업의 생산이 증가하면서 고용이 증가하고, 노동소득이 증가하여 소득 분배가 확대되고 개인 소비가 증가한다. 개인 소비의 증가는 다시 생산과 소비의 증가를 불러와 국민소득을 증가시킨다.

05 청년 실업의 증가 문제

1) 대증요법·거시경제 정책 대응

⑴ 정책 방향과 정책 효과

거시경제 정책에는 청년 실업 증가 문제를 해결할 정책이 없다.

청년들에게 눈높이를 낮춰라. 정규직의 고용 유연화, 임금피크제, 청년 인턴제, 신규고용 증가 기업에 대한 임금지원이나 조세 감면 등이 있다.

청년들에게 눈높이를 낮추라는 것은 경제 정책이 아니고, 정규직 고용을 유연화하면 청년 실업은 더 증가했으면 증가했지 감소하지 않을 것일 뿐만 아니라 노동소득을 더 감소시키므로 소득 분배 악화, 소비 감소, 생산 감소, 다시 고용 감소라는 악순환에 빠지게 되고, 청년 인턴제는 적은 인건비로 고용을 하는 것이니 이 역시 고용과 노동소득만 감소시킨다. 신규고용 증가 기업에 대한 임금지원이나 조세 감면 역시 자본소득을 증가시키므로 결국 소비 감소, 생산 감소, 고용 감소, 노동소득 감소, 다시 소득 분배 악화와 소비 감소라는 악순환에 빠지게 한다.

2) 구조조정·미시경제 정책 대응

⑴ 청년 실업이 증가하는 이유

처음으로 일자리를 찾는 청년들은 적정한 보수와 장기적이면서 안정적인 좋은 일자리를 선택하고자 한다. 이유는 한 번의 선택이 평생을 좌우하는 경우가 많기 때문이다. 특히 우리나라처럼 고용 시스템이 경직되고 격차가 심한 곳은 더 심하다.

청년 실업이 지속적으로 증가하는 이유는 장기적이면서 안정적인 좋은 일자리가 지속적으로 감소하고 있기 때문이다. 이는 간접고용과 비정규직 제도 때문에 정규직 일자리가 감소하고 있기 때문이다.

두 번째는 근본적으로 고용이 감소하기 때문이다. 고용의 감소는 제조업의 정규직, 유통업의 정규직, 자영업과 저임 서비스 산업에서 주로 일어나고 있다.

(2) 문제 해결 접근방법

① 고용의 감소 문제 해결 방향

서비스 산업에서 고용의 감소가 일어나는 이유는 교통과 통신의 발달 때문이기도 하지만, 그보다도 더 문제가 되는 것은 소득 분배가 악화하고, 자본소득이 증가하고 노동소득이 감소하여 국민경제의 개인 소비가 지속적으로 감소하고 있기 때문이다.

고용의 감소 문제를 해결하기 위해서는 소득 분배를 확대하고, 자본소득을 감소시키고 노동소득을 증가시켜야 한다. 더하여 교통과 통신(정보처리기술)의 발달에 따라 유통업에 있어서의 중간도·소매상의 감소로 인한 고용의 감소를 상쇄하기 위해서라도 소득 분배 확대와 자본소득 감소와 노동소득 증가가 더 많이 이루어져야 한다.

② 정규직 감소 문제 해결 방향

정규직을 확대하고, 간접고용과 비정규직을 최소화하기 위해서는 다음과 같은 방안이 필요하다.

첫째로 법인세의 세율을 정규직 1인당 평균 생산액을 기준으로 누진구조로 만들어 부과하면 생산에 비하여 정규직 고용을 많이 하는 기업은 낮은 법인세율을 적용받을 것이고, 생산에 비하여 정규직 고용을 적게 하는 기업은 높은 법인세율을 적용받을 것이다. 기업은 정규직을 많이 고용하고 낮은 법인세율을 적용받을 것인지, 아니면 정규직을 적게 고용하고 높은 법인세율을 적용받을 것인지를 선택할 것이고, 결국 정규직을 많이 고용하여 법인세율을 낮추고자 하는 기업이 증가할 것이므로 전체 고용에서 정규직의 비율이 증가하게 된다.

법인세의 누진율이 높으면 높을수록 정규직을 더 많이 고용하려고 할 것이다. 하지만 너무 높으면 기업의 해외 탈출, 기업이익의 해외이전과 같은 부작용 또한 더해질 것이다.

둘째로 간접고용을 금지하고, 간접고용허용기준을 엄격하게 정하고, 위반에 대한 징벌적인 배상제도와 법규의 실효성을 확보(당사자 및 제삼자가 신고하면 배상금과 벌금의 일정 비율 지급)하면 간접고용은 건설업이나 일시적인 플랜트제작 등 일부 부문으로 한정될 것이다.

셋째로 비정규직(사내하청 포함)의 비율을 기업 기준, 사업장 기준으로 총량(비율)을 제한하면 비정규직을 전체고용에서 일정 비율 이하로 낮출 수 있을 것이다.

넷째로 비영리법인에 대해서도 법인세를 부과함으로써 비영리법인의 고용을 정규직으로 유도하면서 탈세방지, 부와 영향력의 탈법적인 상속 방지, 정경유착 등을 방지할 수 있다.

다섯째로 법인세부과가 불가능한 기관의 고용은 간접고용과 비정규직 고용 자체를 금지할 필요가 있다.

제15장

산업구조의 문제

한 나라의 산업구조를 보면 그 나라의 자원이 얼마나 적절하게 배분되고 있는지를 알 수 있다. 국가가 발전하기 위해서는 국가가 가진 자원이 적절하게 배분되어야 한다.

국가가 가진 최고의 자원은 노동력이다. 국가의 자원이 적절하게 배분되었다면 당연히 고용률은 높을 것이고, 실업률은 낮을 것이고, 소득분배도 확대될 것이다. 역으로 고용률을 통해서 국가의 자원 배분의 적절성을 파악할 수 있고, 산업구조의 문제점을 확인할 수 있다고 본다.

산업이 국가의 자원을 효율적으로 활용하지 못하면서 정상적인 방법으로 국제경쟁력을 확보하고, 경제를 다른 나라보다 더 빨리 발전시킬 수 있다는 것은 말이 되지 않는다. 국민의 희생을 발판으로 성장을 한다면 그러한 성장은 할 가치도 없고, 지속될 수도 없다.

01 고용률과 산업의 구조 문제

우리나라의 고용수준이 낮은 이유는 우리나라의 제조업의 고용수준이 낮기 때문이고, 우리나라의 제조업의 고용수준이 낮은 이유는 산업구조적인 측면에서 보면 중소기업의 비중이 작기 때문이다.

우리나라의 중소기업 비중이 낮은 이유는 우리나라의 산업이 불균형적으로 발달하였고, 정부가 불균형 정책으로 대기업을 지원하고, 중소기업에 대한 대기업의 부당행위를 규제하지 않아서 대기업과 중소기업사이에 힘의 균형이 완전히 무너졌기 때문이다.

이제는 중소기업을 지원하는 정책을 사용하면 대기업이 그것을 다 빨아먹어서 실제는 중소기업을 지원하기보다는 대기업을 지원하는 결과를 만들고 있다.

생산 대비 중소제조업의 고용률이 대기업의 고용률보다 현격히 높으므로 우리나라의 고용률을 높이기 위해서라도 지금보다 중소기업의 생산이 상당히 많이 확대되어야 한다.

중소기업의 생산을 확대하기 위해서는 대기업과 중소기업의 관계를 정상화해야 하고, 정상화하기 위해서는 경제민주화를 지속적으로 추진하여 대기업과 중소기업의 힘의 균형을 잡아줘야 하고, 기업에 대한 지원을 직접 지원에서 간접 지원으로, 국가의 자원 배분 프로젝트를 국가가 직접 배분하는 방식이 아닌 간접 배분 방식으로 지원하되 중소기업 우선으로, 불균형성장 전략을 균형성장 전략으로, 공정거래위원회의 조사와 재량에 의한 처벌이 아닌 자동으로 사법 조치 되어 처벌되는 방식으로, 처벌도 피해에 대한 구제와 손해배상 위주로, 원상복구 위주로, 중소기업이 최소한의 자구책을 사용할 수 있도록 하는 실효성이 있는 규제를 해야 한다.

가장 중요한 것은 경제 전략을 기업 투자 확대 전략에서 가계소득주도 성장 전략으로 바꿔야 한다.

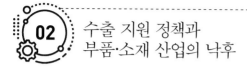

02 수출 지원 정책과 부품·소재 산업의 낙후

  우리나라의 대일본무역 적자를 해소하기가 어려운 점은 우리나라의 수출산업이 일본의 소재, 부품산업에 의존하고 있고, 대기업 위주의 수출을 위한 조립 산업 중심으로 발전해왔기 때문이다. 정부의 수출 확대지원 정책은 대기업의 하청기업인 중소기업에 대한 착취를 묵인하게 했고, 그 결과 필설로 표현할 수 없을 정도의 편법들이 난무해서 하청중소기업이 자생력을 상실했고, 부품·소재 산업이 발전할 수 없었다.

  대기업의 하청중소기업에 대한 착취는 중소기업의 기업 환경을 극도로 악화시켜 중소기업을 창업하고자 하는 사람들의 의욕까지 완전히 사라지게 했다.

  대일본 무역 적자를 축소하는 것, 고용률을 높이는 것, 소득의 양극화를 축소하는 것, 산업을 고도화하는 것, 수출의 외화가득률을 높이는 것 등의 모든 것은 부품·소재 산업을 발전시켜야 가능하고, 부품·소재 산업을 발전시키기 위해서는 대기업의 중소기업에 대한 착취구조를 없애는 것부터 시작해야 한다.

03 불균형성장과 산업구조

　산업을 발전시키는 방법으로 불균형성장 전략과 균형성장 전략이 있다. 어느 전략이 더 나은 지는 각 나라가 처한 환경에 따라 다르다. 우리나라는 1960년대부터 지금까지 50여 년 동안 불균형성장 위주로 경제 정책을 운용해왔다.

　불균형성장은 자원 배분을 왜곡되게 운영하여 발전을 추구하는 것이므로 단기적인 관점에서 보면 자원의 배분이 최적화되지 않으므로 인해서 항상 국가의 경제 규모(GDP)는 과소상태가 된다.

　반면에 전후방 관련 효과가 자원의 왜곡 배분에 따른 산업 규모의 축소보다 큰 경우에는 경제가 더 빨리 성장하고, 고용도 확대된다.

　균형성장은 단기적으로 자원의 최적 배분을 추구하는 것이므로 현시점에서 고용을 최대화할 수 있다. 반면에 저개발국가에서는 별도의 성장 모멘텀을 가지지 못하게 되면 성장 자체가 불가능해진다는 견해도 있다.

　현재 우리나라의 상태를 진단하면, 일부 성장 동력산업을 제외하고는 전후방 관련 효과가 거의 일어나지 않는 상태에 도달했다고 본다.

　일부 성장 동력산업을 제외하고는 산업을 직접 지원하는 불균형성장 정책을 폐지하고, 무차별적으로 지원하는 정책으로 전환하여야 하고, 특히 대기업을 지원하는 정책, 결과적으로 대기업의 지원으로 전환되는 정책만은 없애야 한다.

　불균형 상태를 치유하기 위해서 별도의 규제와 지원 정책도 필요하다. 불균형을 시정하는 방법으로는 불균형 정책으로 초과이윤을 얻고 있는 부문에 대해서 초과이윤을 얻지 못하도록 규제를 하고, 힘이 약해

진 부문에 대해서는 간접적으로 지원하는 정책을 사용하면 부작용이
적다.

 ## 04 제1차·제2차 산업의 발달과
제3차 산업

　산업을 제1차 산업, 제2차 산업, 제3차 산업으로 나누면 서비스 산업
은 제3차 산업이다. 산업이 발전하면 제1차 산업의 비중보다 제2차 산
업의 비중이 높아지고, 제2차 산업의 비중보다 제3차 산업의 비중이 높
아진다.

　제1·제2차 산업에 비해서 제3차 산업이 부가가치 대비 고용인원이
많다.

　그래서 정부는 제3차 산업을 발전시켜서 고용을 확대하려고 시도를
한다. 하지만 이러한 선택은 고용을 확대하기보다는 고용을 더 축소하
게 될 것이다.

　제3차 산업은 제1·제2차 산업에 서비스를 제공하거나 제1·제2·제3차
산업에서 소득이 발생한 사람에게 서비스를 제공함으로써 부가가치가
발생한다.

　제1·제2차 산업이 발전하면 제1·제2차 산업에 서비스를 제공하는 제
3차 산업도 같이 발전하게 되고, 제1·제2차 산업이 발전하면 제1·제2차
산업과 제3차 산업의 소득이 늘어나기 때문에 사람들이 건강, 후생, 위
락, 관광, 문화 등 제3차 산업에 더 많은 소비를 하게 되므로 제3차 산
업이 제1·제2차 산업보다 더 크게 발전하게 된다.

제1·제2차 산업이 발전하면 발전할수록 경영합리화, 전문화가 필요하고, 그 결과 제1·제2차 산업의 많은 부분이 아웃소싱이라는 이름으로 외부에 용역을 주게 된다. 외부의 용역으로 전환되는 부분의 대부분이 제3차 산업(서비스 산업)으로 분류되므로 그만큼 제1·제2차 산업의 비중은 줄어들고, 제3차 산업의 비중이 늘어나게 된다.

제3차 산업을 발전시키기 위해서 제3차 산업을 정부가 지원을 해도 그 부분의 제3차 산업의 부가가치를 증가시키지 못한다. 부가가치가 증가하지 않으면 당연히 고용도, 소득도 증가하지 못한다.

제1·제2차 산업의 성장 없는 제3차 산업만의 성장은 근본적으로 불가능하다. 우리나라가 서비스 산업을 통한 성장 전략, 일자리 전략을 추구하는 것은 재벌과 대기업에 대한 규제 없이는 우리나라의 제조업을 성장시킬 방법이 없기 때문에 재벌경제연구소가 재벌과 대기업에 대한 규제를 피하기 위해서 의도적으로 서비스 산업의 발전을 통한 성장 전략을 관료와 정치인들에게 주입한 결과라고 생각된다.

우리나라의 관광산업, 의료산업, 복지후생산업이 낙후된 이유는 우리나라의 국민소득이 낮고, 빈부 격차가 심하고, 주택 가격과 사교육비가 높고, 노동시간이 길어 관광을 즐기거나 건강과 문화생활에 투자할 시간과 가처분 소득이 적기 때문이다.

관광산업매출의 대부분도 결국 소비를 통해서 일어나는 것이므로 관광산업을 확대하기 위해서는 관광지를 개발하는 것보다 먼저 우리나라 국민의 소득을 높이고, 분배를 확대하고, 법정 노동시간을 줄여야 한다.

중소기업의 고용 확대, 노동소득의 증가, 노동시간의 단축, 소득 분배의 확대가 없으면 아무리 4대강을 개발하고, 관광지를 개발하고, 롯데빌딩을 지어도 관광산업은 발달할 수 없다.

오히려 그러한 개발에 소요되는 자금을 소득 분배를 확대할 수 있는 복지 정책에 사용한다면, 국제경쟁력을 높이는 기술 개발에 사용한다면, 고용도 확대될 것이고, 국제경쟁력도 높아질 것이고, 관광산업의 부가가치도 더 늘어날 것이다.

의료산업, 복지후생산업 역시 마찬가지다. 국민들의 소득이 늘지 않고, 고용이 확대되지 않고, 소득 분배가 확대되지 않고서는, 정부의 복지지출이 늘지 않고서는 의료산업이든 복지후생산업이든 확대되고 발달할 수 없다. 수요가 늘어나지 않는데, 어떻게 부가가치가 늘어나고, 산업이 발전하겠는가?

정부가 고용을 확대하겠다면, 국민소득을 높이겠다면, 가장 우선적으로 대기업의 중소기업에 대한 착취를 규제해야 하고, 노동소득 비중을 높이고, 소득 분배를 확대해야 한다.

05 경제 위기와 산업구조

우리나라는 주기적으로 경제 위기가 발생하고, 경제 위기를 타개하기 위하여 기업구조조정을 단행한다. 기업구조조정은 부실기업의 합병과 인수기업에 종잣돈 지원, 대량해고를 수반한다.

경제 위기는 경기침체와 기업부실의 확대가 심화되어서 대량도산이 예견되는 상황이고, 대량도산이 발생하면 경제 시스템의 위기, 체제의 위기가 발생할 수 있는 상태이다. 경제 위기가 정례화하는 것은 특정 부문에 국가의 자원이 과잉 배분되고 있기 때문이고, 기업부실이 확대되는 이유는 기업 재고가 폭증하기 때문이고, 기업 재고가 폭증하는 이유는 기업 투자 확대를 지원하여 국민소득에서 기업 소비가 차지하는 비중이 그만큼 증가하기 때문이다.

1) 과거의 경제 위기사례

(1) 1970년대 중화학공업에 대한 투자 확대와 79년 석유파동과 경제 위기

박정희 정권은 산업고도화라는 미명하에 중화학 산업에 대한 투자를 확대하는 경제 정책을 사용했다. 중화학 산업은 대표적인 자본 집약적인 산업이고 에너지를 많이 사용하는 산업이다. 자본 집약 산업은 대규모설비가 필요한 산업이므로 대규모 부채가 필요하고, 감가상각이나 부채에 대한 이자로 인해서 고정비용은 아주 많이 들고 가변비용이 아주 낮다.

경기가 호황일 때에는 가동률이 높아지므로 이익이 많이 발생하지만, 경기가 불황일 때에는 손실이 많이 발생한다.

1979년 석유가격 폭등으로 인한 수요의 감소와 에너지 과다 사용에 의한 생산비용상승이 손실을 폭증시켜 기업부실을 확대하여 대규모 구조조정을 하게 되었다. 기업부채 대부분은 국민의 혈세로 충당되었다.

(2) 1998년의 국가 부도와 IMF에 의한 구조조정

1998년의 국가 부도는 국내 금융사들의 해외차입 확대와 해외 투자 실패, 삼성전자의 일시적인 수출 확대에 따른 환율관리의 실패라는 이유로 발생했지만, 근본적인 원인은 재벌들의 과잉 투자 때문이다.

과잉 투자가 발생하면 기업의 재고가 증가하고, 기업의 재고가 증가하면 기업의 부실이 증가한다. 기업의 부실이 증가하면 기업부채가 기하급수적으로 증가한다. 기업부채를 증가시키지 못한다면 기업은 파산하고, 기업의 파산은 금융기관의 부실과 파산으로 연결되어 금융 시스템을 붕괴시키고, 금융 시스템의 붕괴는 산업의 붕괴로 이어진다.

IMF 후 공적자금으로 부실기업의 부채를 정부가 인수하고(기업부채를 국가부채로 전환) 하고, 부실기업을 합병하고, 재벌들의 부채비율을 낮추고, 노동자들을 대량해고함으로써 과잉설비를 상당 부분 해소하여 구조조정을 마무리했다.

2) 2016년의 경제 위기

정부는 조선·해운·건설·철강·석유화학 등 5개 산업을 '취약업종'으로 지정하는 작업을 하고 있고, 해운과 조선 산업에 대한 구조조정을 단행하고 있다.

(1) 조선업에서 과잉설비가 발생한 이유

조선업에 과잉 투자가 발생한 이유는 자본 투자에 대한 지원 정책과 노동시장 유연화 정책 때문이다.

일반적인 조선업은 대규모 자본과 높은 수준의 설계기술과 보통수준의 노동 기능과 관리기술이 필요한 산업이다.

자본에 대한 지원 정책(규제 완화, 조세와 금융지원)과 사내하청과 파견근로와 같은 노동시장 유연화 정책은 조선 산업에 대한 투자를 확대하는 기반이 되었다. 그 결과 우리나라의 조선기업 4개가 세계 5대 조선기업에 속할 정도로 조선 산업이 발달했다.

조선업의 투자 확대(공급 확대)와 국제경제의 환경변화(수요 감소)는 공급과잉 문제로, 과잉설비 문제로, 대규모 구조조정 문제로, 대량해고 문제를 발생시키고 있다.

(2) 해운업에서 과잉설비가 발생한 이유

해운업의 과잉설비는 무역물동량의 감소 때문이다. 해운업은 거대한 자본 투자 산업이다. 해운업에 대한 규제 완화(선령, 자본도입, 금융, 조세 지원 등)는 자본의 이익을 극대화한다.

해운업이 다른 산업에 비하여 자본의 단위당 수익이 높으면 해운업에 대한 투자는 증가할 수밖에 없고, 투자가 증가하면 설비도 증가하고, 물동량이 감소하면 과잉설비와 부채 문제가 발생할 수밖에 없다.

해운업은 용선료나 선박구입 차입금 이자와 같은 고정비용은 아주 많이 들고 인건비나 운항경비와 같은 가변비용은 대단히 낮다. 물동량이 적어지면 수익이 감소하고 손실이 급증한다. 부채가 많은 기업이나 용선료가 높은 기업은 손실이 급증하여 구조조정대상이 될 수밖에 없다.

(3) 건설업에서 과잉설비가 발생한 이유

건설업에서 과잉설비가 발생한 근본 이유는 버블의 붕괴 때문이다. 이를 구체적으로 설명하면 정부의 SOC에 대한 과잉 투자, 재정 적자, 낮은 이자율 정책과 파견근로제도와 특수고용직(장비도급사업자제도) 때문이다.

파견근로제도와 장비도급사업자제도는 종합건설회사와 하청회사인 전문건설업자의 노무관리비용 등 노동비용을 획기적으로 감소시킨다. 노동비용의 감소는 영업이익의 증가로, 영업이익의 증가는 자본이익과 부정부패이익의 증가로 이어진다.

이익의 증가는 사업 참여자의 증가로, 설비의 과잉으로, 공급의 과잉으로 이어진다.

정부의 SOC에 대한 과도한 투자는 당연히 건설업의 과잉설비 투자로 이어진다.

재정 적자를 통한 SOC에 대한 과도한 투자가 있었고, 민간자본의

SOC 사업 참여제도는 건설업의 과잉 투자에 큰 몫을 담당했다.

재정 적자는 직접적으로 SOC에 대한 투자 확대로 연결되지만, 재정 적자를 위한 국채 발행의 확대는 통화량의 확대로 이어진다. 통화량의 확대는 기업과 부자들의 소득 증가로, 부자들의 소득 증가는 자산에 대한 투자 확대로, 자산에 대한 투자 확대는 자산 가격의 상승으로 이어진다.

부자들이 투자하는 대표적인 자산은 주택을 포함한 부동산과 주식을 포함하는 금융자산이 있고, 우리나라는 금융자산시장이 투자시장으로 잘 발달해 있지 않다. 통화량의 확대로 인한 투자의 증가는 주택시장에서 주로 발생한다.

주택에 대한 투자의 증가는 주택 가격의 상승으로, 주택 가격의 상승은 건설업의 투자 및 공급 확대로, 건설업의 과잉설비 증가로 이어져서 대규모 구조조정 문제를 발생시킨다.

이자율의 인하는 자본비용을 감소시켜서 투자를 증가시키고, 이자율의 인하는 예금 투자수익을 감소시킴으로써 상대적으로 임대 투자수익 등 다른 투자의 수익을 증가시킨다. 임대사업의 투자수익 증가는 임대사업에 대한 투자 확대로, 임대사업에 대한 투자 확대는 건설업의 투자 확대로, 과잉설비 증가로 이어진다.

우리나라는 다른 OECD 국가에 비해서 국민생산에서 건설업이 차지하는 비율이 2배 이상 높다고 한다. 이유는 우리나라는 부채 확대를 통한 성장 정책을 정책 기조로 유지하고 있기 때문이다.

⑷ 석유화학산업에서 과잉설비가 발생한 이유

석유화학산업은 전형적인 자본집약산업이다. 자본에 대한 우대 정책은 자본집약산업에 대한 투자 확대로 이어진다. 석유화학산업에 대한 투자 확대는 경제가 확대되는 시기에는 가동률을 높여서 최고의 수익을 발생시키지만, 경제가 축소되는 시기에는 투자자본에 대한 부채의 이자 때문에 손실을 최대화한다.

⑸ 철강 산업에서 과잉설비가 발생한 이유

철강 산업도 거대한 자본의 투자가 필요한 자본집약산업이다. 자본에 대한 우대 정책은 철강 산업에 대한 투자 증가로 이어졌다. 건설업에 대한 투자 확대는 철강 수요의 증가로 이어져서 철강 산업의 투자 확대로 이어졌다.

중국의 SOC 건설과 주택에 대한 투자 확대는 우리나라 철강 산업의 투자 확대로 이어졌다.

투자의 확대와 중국의 수요 감소와 국내의 수요 감소로 재고가 증가하고, 과잉설비의 증가로 이어져서 대규모 구조조정 문제가 발생하고 있다고 본다.

3) 과잉설비를 해소하는 방향

경제 위기는 과잉설비 때문에 발생한다.

단기적으로는 구조조정 정책을 실시하여 과잉설비를 해소하되, 후유증을 최소화하는 정책을 동시에 시행해야 한다.

장기적으로는 경제 정책의 방향을 기업의 투자 확대를 통한 성장 정책에서 가계소득 확대를 통한 성장 정책으로 바꿔야 한다.

단, 기간산업에 대한 문제는 경제·안보적 차원에서 검토할 필요가 있다.

제16장

산업용 전기요금 인하가
국민경제에 미치는 영향

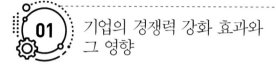

산업용 전기요금을 원가 이하로 공급하면 우리나라 기업의 평균 가격경쟁력이 높아지고, 수출이 증가한다. 수출이 증가하면 환율이 하락하여 일정한 지점에서 수출과 수입이 균형을 이룬다. 1회의 무역 흑자와 환율 하락에 의한 국내소득의 구매력상승 효과가 있다.

무역 흑자 대부분은 전기를 많이 사용하는 장치산업에서 발생하고, 무역 흑자는 산업의 생산(영업이익과 인건비) 증가분과 같고, 산업의 영업이익 증가분은 전기료감면과 같을 것이라 간주한다.

가격대비수요의 탄력성이 국내보다 국외가 아주 높으므로 무역 흑자에 의한 영업이익 증가분이 전기료감면보다 아주 많을 것이라는 견해도 성립할 수 있다. 하지만 장치산업의 생산 증가가 많으면 많을수록 노동집약산업의 생산 감소도 그만큼 많이 발생하므로 계산의 편의를 위해 산업의 영업이익 증가분은 전기료감면과 같을 것이라 간주한다.

장치산업의 생산 대비 영업이익률이 2/3이고. 노동집약산업의 생산 대비 영업이익률을 1/3이라고 한다면. 장치산업의 생산 증가는 전기료감면액의 1.5배(=영업이익 증가 1.0+인건비 증가 0.5)라고 계산할 수 있다.

02 가계의 가처분 소득 감소와
그 영향

산업에 원가 이하로 전기를 공급하는 것만큼 그 차이는 가계가 추가로 부담할 수밖에 없다.

산업에 낮은 요금으로 전기를 공급하면 그만큼 가계의 전기료부담이 증가하고, 가계의 전기료부담 증가는 가계의 가처분 소득을 감소시킨다.

가계의 가처분 소득이 감소하면 개인 소비가 감소하고, 소비가 감소하면 소득(생산)과 고용이 감소한다.

가계의 가처분 소득의 감소는 가계의 전기료부담 증가와 같고, 가계의 전기료부담 증가는 산업용 전기요금의 감소액과 비슷하다.

국민경제의 소비승수를 2.5[=1/(1-0.6)]라고 라고 한다면 국민의 소득 감소는 가계가처분 소득의 감소의 2.5배 정도 된다고 할 수 있다.

가계의 가처분 소득의 감소에 의한 국민소득의 감소는 산업용 전기료 감소의 2.5배만큼 감소한다고 계산할 수 있다(단, 기업의 전기료부담 감소의 1.5배 정도 무역 흑자가 증가하므로 실제 국민소득의 감소는 1.0배 정도라고 해야 할 것이다).

03 산업의 구조조정 효과

환율은 우리나라 산업의 평균경쟁력을 반영한다. 전기료가 낮아져서 무역 흑자가 발생한다면 환율이 우리나라의 평균경쟁력을 반영하는 환율보다 높은 곳에 있고 전기를 많이 사용하는 기업(장치산업)의 경쟁력은 우리나라 기업의 평균경쟁력이 높아지는 것보다 더 많이 경쟁력이 높아진다.

반면에 생산에 비해서 전기를 적게 사용하는 기업(노동·기술 집약산업)의 경쟁력도 높아지지만, 평균경쟁력이 높아지는 것보다 적게 높아진다.

산업용 전기료의 하락으로 경쟁력이 높아지면 무역 흑자가 발생하고, 무역 흑자가 환율의 하락에 의해서 균형을 이루어서 우리나라 기업의 평균경쟁력이 종전수준으로 떨어지면, 전기를 많이 사용하는 장치산업은 전기료를 낮추기 전보다 더 높은 경쟁력을 가지게 되어 생산이 증가한다. 반면에 생산에 비해서 전기를 적게 소비하는 기업(노동·기술 집약산업)은 환율이 하락하면 전기료를 낮추기 전보다 더 낮은 경쟁력을 가지게 되므로 생산이 감소한다.

산업용 전기료가 낮아지면 우리나라의 장치산업 생산이 증가하고 노동·기술 집약산업의 생산은 감소한다.

장치산업의 생산이 증가한다는 의미는 장치산업의 기업이윤과 고용이 증가한다는 의미이고, 노동·기술 집약산업의 생산이 감소한다는 의미는 노동·기술 집약산업의 기업이윤과 고용이 감소한다는 의미다.

산업의 구조조정 후의 장치산업의 생산 증가가 무역 흑자와 비슷하다면(실제는 무역 흑자보다 더 많을 것이라 짐작한다), 구조조정 후 장치산업의 생산 증가는 전기료 감소의 1.5배(=영업이익 1.0+인건비 0.5) 정도 될 것이고, 노동집약산업의 생산 감소도 전기료 감소의 1.5배(영업이익 0.5+인건비 1.0) 정도가 되고, 국민경제에서 자본소득인 영업이익은 0.5가 증가하고 노동소득인 인건비는 0.5가 감소한다.

국민경제에서 자본소득이 0.5가 증가하고 노동소득이 0.5가 감소한다면 국민소득은 0.5가 감소하고, 자본소득은 0.3이 증가하고 노동소득은 0.8이 감소하여 일자리가 아주 많이 감소한다.

※ 계산 방식은 제2부 제20장 '의료기관자법인 설립하면 일자리는 감소한다'를 참조하기 바란다.

04 종합평가

산업용 전기요금을 원가 이하로 공급하면 1회의 무역 흑자에 의해서 전기료 감소의 1.5배 정도 국민소득(=영업이익 1.0+인건비 0.5)이 증가하고 환율 하락에 의한 국내소득의 구매력상승 효과가 있다.

산업용 전기요금을 원가 이하로 공급하면 국민의 가처분 소득이 전기료 감소액과 비슷하게 감소하고, 가처분 소득 감소의 소비승수(2.5)만큼 소비(국민소득)가 감소한다.

산업의 구조조정 후 국민소득은 자본소득인 기업의 영업이익은 전기료 감소의 0.3배 정도 증가하고 노동소득인 인건비는 0.8배 정도 감소하여 국민소득은 0.5배 정도 감소한다.

산업용 전기요금을 원가 이하로 공급하면 국민소득은 전기료 감소의 1.5배 정도 감소하고, 고용이 많이 감소한다. 단 환율 하락에 의한 국내소득의 구매력 향상 효과가 있다.

05 산업용 전기요금을 인상하고 가정용 전기요금을 내리면 경제적 효과는?

산업용 전기요금을 원가만큼 올리고 가정용 전기요금을 원가만큼 내리면 그 효과는 산업용 전기요금을 내리고 가정용 전기요금을 올린 것과 정반대의 효과가 있다고 하겠다.

　산업용 전기료를 원가만큼 올리고, 가정용 전기료를 원가만큼 내리면 국민소득은 최소한 전기요금인상액의 1.5배에서 환율상승에 의한 구매력 감소분을 공제한 것만큼 증가할 것으로 추정한다.

제17장

국가의 자원낭비와
소모적인 경쟁

01 국가의 발전과 정부의 역할

국가의 자원은 생산을 위하여 투자되거나 재생산을 위하여 국민의 후생으로 소비되어야 국가가 보다 더 빠르게 발전할 수 있다.

국가의 자원이 생산에 투자되지 않고 재생산에도 기여하지 않는 부분에 소비된다면 국가의 자원이 적절하게 배분된다고 볼 수 없고, 국가 경쟁력도 유지하기가 어려워질 것이고, 국가 발전도 기대할 수 없을 것이다.

국가의 발전은 정부가 국가의 자원을 시·공간적으로 적절하게 배분함으로써 달성하게 된다. 국가의 가장 큰 책무가 자원 배분의 적절성이라고 하겠다. 정부가 국가의 자원을 배분함에 있어서 국가의 발전과 관련이 없는 부분에 배분하거나 배분되게 하여 자원을 낭비하는 배분을 가장 어리석은 배분이라고 해야 할 것이다.

02 자원의 낭비유형과 소모적 경쟁

국가의 자원이 국가 발전에 사용되지 않고 낭비되는 것을 보면,

첫 번째는 국가안전을 위해서 필요하지만, 자원을 낭비하여 국가 발전에는 장애가 되는 국방비를 들 수 있다. 미국이 북유럽과 같이 복지

확대를 통하여 생산과 소비의 균형을 이루지 못하는 이유도 과다한 국방비로 국가의 자원을 낭비하기 때문에 산업경쟁력이 약해지기 때문이라는 점이 있다. 우리나라 역시 과다한 국방비 때문에 국가 발전이나 경쟁력확보에 상당한 지장을 받고 있다고 본다.

두 번째는 소모적인 경쟁이다. 입시경쟁으로 비롯된 사교육비는 대부분 국가 발전에 기여하지 못하고 낭비되는 비용이다.

사교육비 지출이 국민소득으로 잡히고 있다고 하더라도 입시를 위한 사교육이 국가의 경쟁력향상에 기여한다고는 볼 수 없다. 입시성적이 높다고 해서 경쟁력 있는 학생이라고는 볼 수 없기 때문이고, 사교육으로 입시성적이 높아졌다고 해서 그 학생이 국가 발전에 더 많이 기여할 수 있는 학생이 되었다고도 말할 수 없기 때문이다.

국민경제의 입장에서 보면 입시를 위한 사교육비 대부분은 낭비되는 소비라고 말할 수 있다.

세 번째는 불필요한 SOC의 건설이다. 정부가 국가의 예산으로 어제 고가도로를 만들었다가, 오늘 철거를 하면 고가도로건설에 지출한 금액과 철거비용으로 지출한 금액 둘 다 국민소득에 잡힌다.

국민경제의 입장에서 보면 전혀 흔적도 없는 불필요한 건설인데도 불구하고 소비했다는 것 하나만으로 국민소득에 잡히고, 경제 성장에 기여한 것으로 나타난다. 이런 예산 집행은 전형적인 낭비다.

이명박 정부가 4대강 사업을 한 것, 특히 보를 건설하는 것 모두가 전형적인 낭비다.

환경파괴 문제는 전문가들에게로 미룬다고 해도 보를 건설하고, 강바닥을 깊이 파서 어떤 경제적 이익이 발생하는지 구체적으로 제시한 바가 없다. 현재보다 얼마 정도 더 많이 취수하는지, 어느 도시에 그만한 수량이 필요한지 어떤 구체적인 자료의 발표가 없었다.

관광개발 역시 마찬가지다. 가처분 소득이 증가하고, 시간적 여유가 있어야 관광을 가든지 말든지 할 것인데, 빈부 격차를 확대해서 고용을 축소시키면서 관광수요를 확대할 수 있겠는가?

관광수요의 확대 없는 관광개발이야말로 과잉 투자이고 국가의 자원을 낭비하는 정부 소비다. 4대강 사업이야말로 전형적인 자원낭비를 초래하는 불필요한 SOC 건설이고, 어리석은 자원 배분이다.

03 인간의 본능과 경쟁

인간이든 동물이든 생명을 가진 유기체는 생존과 발전이라는 본능을 가지고 있고, 생존과 발전을 위해서 경쟁을 한다.

국가 시스템의 구성은 정부(국가), 기업, 개인으로 구성되어 있고, 개인은 기업의 구성요소가 되고, 개인과 기업은 국가의 구성요소가 된다.

개인의 생존과 발전을 위한 활동이 기업의 생존과 발전에 긍정적인 역할을 하기도 하지만, 부정적인 역할도 그만큼 많다.

기업의 생존과 발전을 위한 활동이 국가의 생존과 발전에 긍정적인 역할도 하지만, 부정적인 역할 역시 많이 발생할 수 있다.

개인이 자신의 미래를 위해서 스펙을 쌓고, 학습을 한다면 기업의 발전에 기여를 하게 될 가능성이 크지만, 개인이 자신의 미래를 위해서 투잡을 하기도 하고, 업무와 관련이 없는 공부를 한다고 시간을 많이 사용하면, 기업발전에 장애가 된다고 본다. 영업활동에서도 비슷한 현상들이 나타난다.

국가의 입장에서 보면 기업이 생존을 위해서 문어발식의 경영을 하고, 대마불사를 위해서 몸집을 키우면, 기업의 위기가 국가의 위기로 전환된다. 기업의 규모가 커져 기업구조가 관료화하면, 기업인(소유주)의 입장에서는 안전하고 편리하겠지만, 국가의 입장에서 보면 창의적인 기업의 진입을 막고, 자원의 효율적인 사용을 방해하여 국가 발전에 장애를 준다.

기업이나 개인이 위험을 회피하기 위해서 하는 여러 가지 위험 회피 행동이 국가 경제의 변동성을 높여서 국가 발전에 장애가 되고, 위험 회피 비용의 증가가 국민경제의 자본의 효율성을 낮추어 국민경제의 발전에 장애가 되기도 한다.

우리나라의 경우 가장 큰 자원의 낭비는 입시경쟁에 의한 사교육비 지출이다. 사교육비 역시 개인의 생존과 발전을 위한 지출이지만, 그러한 개인의 행동들이 국가 발전에 장애를 초래하는 대표적인 경우 중 하나다.

국가의 책무는 자원의 적정한 배분이고, 국가는 구성원인 기업과 개인의 생존과 발전 활동이 국가의 발전에 긍정적으로 작용하도록 국가의 자원을 배분할, 배분되도록 할 의무가 있다.

04 소모적인 경쟁의 방지

소모적인 경쟁이란 경쟁에 투입되는 국가의 자원이 아주 많은 데에 비하여 경쟁으로써 얻을 국가의 이익은 아주 적은 경쟁을 말한다. 국가의 막대한 자원을 국가 발전이나 국민의 후생과 상관없는 곳에 투입하면서 국가가 국제경쟁력을 갖춘다는 것은 사실상 불가능하다.

국가는 장기성장을 위해서 국제경쟁력을 갖추어야 하고, 국제경쟁력을 갖추기 위해서는 소모적인 경쟁을 최소화하여 국가의 자원낭비를 막아야 한다.

국민 개개인이 소모적인 경쟁에 참가하게 되는 이유는 첫째로 경쟁에 참여하는 비용보다 경쟁에 승리함으로써 얻을 수 있는 이익이 훨씬 더 많기 때문이다. 둘째는 경쟁에 참여하지 않음으로써 잃는 게 너무 많기 때문이다.

소모적인 경쟁의 유형으로는 첫째로 대학입시경쟁을 들 수 있고, 둘째로는 사법고시와 같은 고시, 요즈음은 공무원시험도 포함할 수 있다. 세 번째로는 삼성을 비롯한 재벌기업의 입사시험, 금융기관·공기업의 입사시험을 들 수 있다.

소모적인 경쟁을 최소화하기 위해서는 경쟁으로써 얻을 수 있는 이익을 대폭 줄이고, 경쟁에 참여하지 않더라도 잃는 게 없도록, 최소화하도록 하면, 소모적인 경쟁은 최소화할 것이라고 본다.

대학입시경쟁을 최소화하기 위해서는 첫째로 소비능력을 확대하는 경제 전략(가계소득주도 성장 정책)으로 사회의 임금(소득) 격차를 최소화하면, 일류 대학에 들어가야 한다는 욕구가 많이 줄어들 것이므로 입시경쟁은 약해질 것이다.

대학을 나오지 않는다고 하더라도 대학출신자와 대학출신이 아닌 자 사이에 임금이나 진급에 차이를 없애면 대학진학 자체가 줄어들 것이므로 입시경쟁은 약해질 것이다.

대학의 학생선발권을 대폭 회수하면, 대학이 입시경쟁을 부추기는 행위를 하지 못할 것이다. 그 방법은 주요대학입시를 수능과 내신으로만 선발하되, 수능과 내신등급을 5등급 이하로 줄이고, 1등급의 비율을 15% 이상 강제로 상대 배분하면, 서울대학교의 학생선발권이 거의 무력화된다.

내신등급의 상대 배분, 수능 1등급의 15% 이상 확대는 특목고에 들어가야 할 이익 자체를 없애기 때문에 특목고 입시경쟁까지 최소화하고, 특목고를 입시학원에서 특목고 설립 본연의 목적으로 돌아가게 할 것이다.

특목고가 본연의 목적을 달성할 수 없다고 판단되면 특목고 자체가 사라질 것이라고 본다.

그리고 대입 전형을 단순화해야 한다. 대입 전형이 복잡하면 복잡할수록 대학입시경쟁은 치열해지고 입시비용도 증가한다. 학부모들의 두려움과 입시학원의 상술이 결합하기 때문이다.

공무원 시험경쟁은 사회 일반의 일자리가 많아지고, 정규직 비정규직의 차별이 없어지면 경쟁이 약해질 것이고, 금융기관·공기업의 입사 역시 금융기관과 공기업의 임금을 공무원이나 일반 기업 수준으로 하향 조정하면 입사경쟁과 부정은 낮아질 것이다.

사법고시와 같은 고시, 회계사와 같은 전문자격시험은 꼭 필요한 지식의 범위로 한정해서 선발기준을 낮추어서 선발인원을 확대하고, 변호사와 같은 전문가들의 업무 범위(기득권)를 대폭 축소하고, 소득세율의 누진 정도를 대폭 높이고, 국가의 법률체계를 단순화하면 전문가들의 소득이 대폭 낮아질 수 있다.

전문가들의 선발인원이 많아지고, 소득이 낮아지면 전문자격시험의 경쟁은 최소화할 것이다. 판·검사의 선발 방식을 변경하는 것도 고려해 볼 필요가 있다.

검사의 기소독점주의를 폐지하고, 재판과정에 대한 민중 통제를 확대함으로써 전관 변호사들의 초과이윤을 완화할 수 있다고 본다.

제18장

선진화 정책이 국민경제에
미치는 영향

01 선진화의 의미

선진화의 사전적 의미는 문물(文物)의 발전(發展)이나 진보(進步) 정도(程度)가 다른 것보다 앞서는 것이라고 되어 있다.

경제적인 측면에서 보면, 과학과 기술의 발달, 시스템의 발달을 이용해서 생산성을 향상하는 것을 말한다고 본다. 과학기술의 발달을 이용하기 위해서는 자본 투자의 확대가 필요하다.

선진화의 또 다른 의미는 자본참여의 확대를 말하고, 자본의 참여를 확대하기 위해서는 자본참여를 규제하는 규제의 해제가 필요하므로 규제의 해제를 의미하기도 한다.

자본의 참여 확대는 노동에 대한 자본의 소득 배분 비율의 확대를 가져오고, 규제의 해제는 비용의 사회화를 가져온다.

자본참여의 확대를 선진화로 잘못 이해하면 사회 모든 부문으로 자본이 침투하여 사회의 모든 부문을 자본가가 지배하는 세상이 만들어지게 된다.

자본참여가 확대되면 정부만이 가질 수 있는 독점의 이익까지 자본이 차지하려고 공기업 민영화를 공기업 선진화라는 말로 포장하고, 사회의 자원 배분 길목을 장악하고 있는 전문 서비스 부문에 대한 자본참여를 배경으로 해서 그동안 비공식적으로 지배했던 전문가집단을 공식적으로까지 지배하여 자원 배분을 왜곡하고, 지식의 헤게모니를 장악하여 세상을 지배하려고 하게 된다.

02 선진화의 필요성과 한계

　현대는 국제경쟁 시대고, 국제경쟁력은 생산성에서 나온다. 과학과 기술의 발달, 시스템의 발달을 이용하여 생산성을 높이는 것은 냉엄한 국제경쟁에서 살아남기 위한 당연한 행동이다. 특히 우리나라와 같이 에너지의 대부분과 식량의 상당 부분을 무역을 통하여 수입하는 나라는 나라의 생존 자체가 국제경쟁력에 달렸고, 생산성 향상에 달려있다고 하겠다.

　하지만 무엇이든지 과하면 부족한 것보다 못하다. 국제경쟁력 확보를 위하여 여타 부분을 너무 많이 희생함으로써 이제는 불균형이 심해져서 국제경쟁력까지 약해지고 있다. 또 국제경쟁력 확보를 위한 과도한 지원은 국제경쟁력의 주체로 간주되고 있는 대기업을 게으르게 하여 오히려 국제경쟁력 향상에 장애가 되고 있다.

03 생산성 향상과 소비와 무역과 국민소득

1) 동일노동과 생산량 증가

　생산성 향상의 의미는 동일노동으로 더 많은 생산물을 만든다는 의미가 있다. 고용을 확대하지 않고도 종전보다 더 많은 생산을 하게 되므로 생산성이 향상되면 종전보다 더 많은 소비가 필요하게 된다는 것을 의미하기도 한다.

생산성이 향상되어 생산이 증가했는데 소비수준(능력)이 종전과 같다면 과잉 생산된 생산물은 재고로 남게 된다. 재고는 다음의 생산을 축소시키므로 재고 발생→생산 축소→고용축소→가계소득 축소와 소득 분배 악화→소비 축소라는 악순환에 빠지게 된다.

국민경제의 한계소비성향이 0.6이라면 소비승수가 2.5이므로 과잉생산의 약 2.5배 정도 국민소득이 감소한다고 추론해볼 수 있다.

소비수준은 그대로인데 공급이 증가하면 재고가 증가하면서 가격이 하락한다. 가격이 하락하면 국제경쟁력이 상승하여 무역 흑자가 발생한다. 무역 흑자에 의한 생산 증가는 재고 증가보다 적다.

소비능력 확대 없는 생산성 향상은 국민소득을 증가시키는 효과는 별로 없다.

2) 동일생산과 원가 감소

생산성 향상의 또 하나의 의미는 동일한 생산물을 생산함에 있어서 종전보다 원가를 줄인다는 의미가 있다. 생산원가의 다른 측면은 부가가치의 배분을 의미하며, 줄어드는 원가의 대부분은 사실상 인건비다. 결국 선진화의 또 다른 의미는 고용의 축소이고, 노동소득의 감소를 의미한다.

소비의 대부분을 차지하고 있는 노동소득이 감소하면, 가계소득 감소와 소득 분배 악화→소비 축소→재고 발생→생산 축소→고용축소→가계소득 축소→다시 소비 축소라는 악순환을 만든다.

국민경제의 한계소비성향이 0.6이라면 소비승수가 2.5이므로 노동소득 감소의 약 2.5배 정도 국민소득이 감소한다고 추론해볼 수 있다.

공급은 그대로인데 소비능력이 감소하면 재고가 증가하면서 가격이 하락한다. 가격이 하락하면 국제경쟁력이 상승하여 무역 흑자가 발생한다. 무역 흑자에 의한 생산 증가는 재고 증가보다 적다.

소비능력 확대 없는 생산성 향상은 국민소득을 별로 증가시키지 못하면서 노동소득만 감소시켜 가계소득을 감소시키고 소득 분배를 악화시킨다.

04 선진화의 부문별 효과와 부작용

1) 제조업 부문

제조업 부문의 선진화는 경쟁력을 향상시켜 생산을 증가시키고, 증가된 생산물은 내수와 수출을 통하여 소비된다.

선진화로 인한 노동소득의 배분율 하락은 내수를 축소시키고, 내수 축소는 재고 증가를 통하여 생산 축소→고용축소→가계소득 축소→소비 축소→다시 재고 발생과 생산 축소라는 악순환을 되풀이한다.

경쟁력향상을 통한 수출 증가는 1회에 한하여 무역 흑자를 발생시키지만 (자유변동환율제하에서는) 환율을 하락시키고 다시 수입을 증가시켜 균형을 이루고, 수입 증가는 국내생산 부문이 차지하고 있는 내수 소비를 감소시켜 내수 부문에 재고를 발생하게 한다.

재고 발생→생산 축소→고용축소→소득축소→소비 축소→다시 재고 발생→생산 축소라는 악순환을 되풀이하게 한다.

생산성 향상을 위한 선진화 못지않게 노동소득을 증가시키고 소득 분배를 확대할 수 있는 경제 시스템을 만들어야 한다. 생산성 향상의 일차적인 책임은 기업의 몫이고, 소득 분배 확대에 대한 책임은 정부의 몫이다.

2) 유통 부문

유통 부문의 선진화는 정보·교통과학기술과 시스템의 발달을 이용함에 따라 중간도매상이 없어지는 방식으로 추진되고, 중간도매상이 없어짐에 따라 중간도매상이 가져가던 생산을 자본과 소비자가 가져가게 된다.

유통 부문에 대자본이 선진화를 이유로 참여하게 되면, 경쟁 관계를 형성하게 되는 자영업 슈퍼, 재래시장의 매출이 급격하게 감소한다. 유통 대기업이 자영업 슈퍼와 재래시장의 부가가치를 빼앗아감으로써 자영업을 몰락시키고, 일자리를 없어지게 한다.

유통 대기업이 유통망을 장악함으로써 힘의 우위를 이용하여 중소생산업체의 부가가치까지 상당 부분 흡수하게 된다. 생산 부분의 고용소득까지 감소시키는 결과를 만들고 있다.

3) 전문 서비스 부문

전문 서비스 시장의 선진화는 전문직의 기득권에 자본이 참여함으로써 소득을 상당 부분 빼앗겠다는 의미다. 변호사 등 전문직에 자본참여가 무슨 의미가 있는지 모르겠다.

이 분야는 자본이 참여한다고 해서 서비스가 향상되고, 부가가치가 증가한다고도 볼 수 없지 않은가?

변호사 등의 기득권 문제는 기득권을 줄이는 방식으로 해결을 해야 하지 않나 생각한다. 어쨌든 이 분야는 경제의 문제라기보다는 정치의 문제라고 생각된다.

전문 서비스 부문은 선진화로 인해서 전문직의 부가가치 배분율이 줄어들고, 자본의 부가가치 배분율이 늘어난다고 해도, 소비에는 약간의 감소 효과가 있겠지만 큰 영향을 주지는 않을 것이라고 본다. 이유는 전문직의 소득이 높기 때문에 전문직의 소비성향이나 자본의 소비성향이나 큰 차이가 없다고 보기 때문이다.

전문 서비스직에 대한 자본참여의 의미는 경제적 의미보다 정치적 의미가 더 크게 깔려있다. 전문 서비스직은 사회의 자원이 배분되는 요소요소를 차지하고 있고, 국가의 지식에 대한 헤게모니를 상당 부분 장악하고 있다.

전문 서비스 부문이 자본에 의해서 장악되면 자본가들이 자원 배분에 직접 관여하게 되고, 지식의 헤게모니까지 직접 지배하게 된다.

지금까지도 자본의 힘과 전문가들의 이기심이 결합하여 자본가들이 국가의 자원 배분을 왜곡시켰는데, 자본가들이 자원 배분을 직접 결정한다면 그 폐해는 이루 말할 수 없이 커질 것이다.

자본가들이 공식적으로 전문가들을 지배하게 되면 지식의 헤게모니를 사실상 자본가들이 지배하게 된다. 지식의 헤게모니가 정치 권력이라는 것을 생각하면 소수의 자본가들이 이 세상을 공식적으로 지배하는 세상이 만들어질 것이라 본다.

4) 공기업 민영화

공기업 민영화를 이명박 정부가 선진화라고 명명했다.

공기업 민영화는 한마디로 말하면 정부(공기업 직원 포함)가 가지고 있던 독점의 이익을 자본가들이 빼앗겼다는 것이다.

독점의 이익은 정부(국민)만이 가질 수 있다는 전제는 논의에서 배제하더라도 공기업을 자본가들이 지배하면 국가 발전이나 공익에 이익이 될 것인가?

이 문제는 간단히 일률적으로 말할 수 없지만, 필자는 정부가 공기업을 지배하는 것보다 자본이 공기업을 지배하는 것이 국가 발전에 장애가 되고, 공익을 배반할 것이고, 더 비효율적일 것이라고 본다.

그 이유는 공기업 직원이나 정부 관료의 이기심보다 자본의 이기심이 더 크고, 그 폐해 역시 더 크기 때문이다. 또 공기업 직원이나 정부 관료의 이기심은 정보의 공개가 확대되면 민중 통제방식으로 통제가 가능하지만, 자본가가 공기업을 지배하게 되면 국민으로서는 법률을 제·개정하지 않는 한 통제가 불가능하고, 사유재산의 보호와 맞물리면 법률의 제·개정으로도 사실상 회복이나 통제가 불가능하기 때문이다.

5) 의료 민영화

의료·치료행위는 일반기업이나 개인에게는 금지하는 행위이고, 의사 면허를 가진 개인이나 비영리의료법인에만 허용되는 특혜행위다.

비영리의료법인(의료기관)의 소유자는 법인의 이익을 배당받을 수 없게 되어 있다. 왜냐하면 의료행위 허용 자체가 독점적 이익을 주는 특혜행위이고, 대단위의료기관을 설립하게 하는 자체가 막대한 독점적 이익을 주기 때문이다. 독점적 이익은 주되 그 이익의 사유화는 하지 못하도록 막아놓았다.

의료기관자법인의 설립을 허용하면, 비영리법인인 의료기관이 의료기관자법인으로 이익을 합법적으로 빼돌릴 수 있는 통로가 만들어진다.

국민 전체의 이익이 되어야 할 비영리의료기관의 이익이 의료기관자법인의 이익으로, 의료기관자법인의 이익이 의료법인자법인 주주와 경영자의 이익으로 전환되고 만다.

의료기관자법인을 설립하여 의료기관과 의료기관자법인의 이익이나 매출이 증가하면 이는 국민부담의 증가이고 가처분 소득의 감소다. 부담의 증가나 가처분 소득이 감소하면 그만큼 다른 부문의 소비가 감소하여 국민경제의 생산이 감소한다.

05 선진화 정책과 정부 지원의 문제점

선진화의 필요성은 국제경쟁력 향상 때문이고, 정부는 국가의 경쟁력 향상을 위하여 국가의 자원을 적정하게 배분해야 한다.

선진화는 앞에서도 말했다시피 재고 발생→생산 축소→고용축소→가계소득 축소→소비 축소→다시 재고 발생과 생산 축소라는 악순환을 발생하게 하는 부작용이 있다. 정부가 국가의 예산으로 선진화를 지원하는 것은 정부가 국가의 예산으로 고용을 축소시켜서 국민소득을 감소시키는 결과를 만든다.

정부가 노동소득을 확대하고 소득 분배를 확대하여 소비를 확대하고 생산과 소비의 균형을 유지하여야 하는 것과 정부 예산으로 선진화를 지원하여 재고 발생→생산 축소→고용축소→소비 축소→다시 생산 축소라는 악순환을 되풀이하는 것을 비교하면 정부가 선진화를 위해서 정부의 예산으로 생산 부문을 지원하는 것이 국가를 발전시키는 것이 아니고 오히려 국가를 후퇴시키는 것이라는 것을 알 수 있다.

선진화의 부작용에 대한 해결 방향

1) 자본과 노동의 부가가치 배분율에 대한 교정

생산 부문을 비롯한 모든 부문의 선진화의 첫 번째 부작용은 소비와 생산의 불일치이고, 노동에 대한 자본의 소득 배분 비율 확대 때문에 발생한다. 선진화에 따른 부작용을 해소하기 위해서는 노동소득 배분율을 종전수준 이상으로 유지될 수 있도록 지속적으로 교정해줘야 한다.

그 방법은 정규직 1인의 평균 생산금액을 기준으로 기업의 법인세율을 누진제로 바꾸어 자본으로 배분되는 소득을 줄이고, 세입 증가분으로 정부가 소비를 지원하는 소득재분배 정책의 재원으로 사용하면 된다.

법인세 누진율을 적정하게 결정함으로서 고용의 축소를 최소화하면서 경쟁력을 확보할 수 있는 최적의 균형점을 찾아갈 수 있을 것이라고 본다.

2) 노동 정책(유통기업, 일반자영업)

유통기업노동자들의 대부분은 비정규직이고, 임금도 최저임금 수준이다.

유통 부문 선진화의 부작용은 정규직 1인 평균 부가가치 금액 기준 법인세율 누진제를 시행하여 법인세 부담을 대폭 증가시키고, 최저임금을 대폭 인상하면 유통 대기업의 경쟁력이 상당 부분 약해지므로 최저임금과 관련이 적은 가족경영형태의 자영업인 동네슈퍼와 재래시장의 경쟁력이 한결 향상될 것이라고 본다.

최저임금의 인상은 모든 부문, 특히 저임금서비스 산업에서 자본의 이익률을 낮추게 되므로 일반 영세자영업 부문을 자본 위주의 시장에서 노동과 자본이 동등해지는 시장으로 변모시키게 될 것이라고 본다.

3) 정치와 사회철학의 문제(전문 서비스업)

전문 서비스업종에 대한 자본참여는 경제의 문제가 아니고 정치의 문제다.

소수의 자본가가 국가를 지배하는 것을 원한다면 전문 서비스 부문에 자본참여를 허용해야 할 것이고, 소수의 자본가들이 지배하는 국가를 원하지 않는다면 전문 서비스 부문에 대한 자본의 참여는 허용되어서는 안 된다.

전문직들의 기득권 문제는 전문직들의 권리를 낮추고 의무를 확대하는 방향으로 해결해야 한다.

4) 공기업 민영화

독점에 대한 이익은 국민만이 가져가야 한다. 공기업 민영화는 개개 공기업의 독점도에 따라 결정되어야 한다. 독점의 수준이 높으면 민영화 방식이 아닌 다른 방법(민중 통제)으로 공기업의 문제점을 해결해야 하고, 독점의 수준이 낮으면 민영화든 공기업 폐지든 무엇이든지 할 수 있다고 본다.

5) 의료 부문 민영화

　의료기관의 이익은 의료기관에 대한 독점적 특혜 때문에 발생하고 있다. 의료기관의 독점적 이익은 자본이 가져가면 안 되고 국민만이 가져갈 수 있다고 본다.

　국민의 소득이 증가하고 가처분 소득이 증가하면 그만큼 의료에 대한 지출이 증가하고 의료법인의 수익도 증가하여 투자도 활발하게 진행될 수 있다. 의료 부문을 선진화시키기 위해서는 국민의 소득을 증가시키고 가처분 소득을 증가시켜야 한다.

제19장

금융산업의 생산 증가가
국민경제에 미치는 영향

금융산업의 소득 증가가 국민경제에 어떤 영향을 주고 있는지를 알기 위해서는 금융산업의 목적(기능)과 소득 창출 방법을 분석해보면 알수 있다고 본다.

금융산업의 목적은 국민경제의 자금관리, 투자자금의 조달·공급 기능과 위험회피를 목적으로 하는 보험 기능이라고 본다.

01 자금의 조달, 관리, 공급 기능

금융산업은 자금의 관리·공급 기능을 수행하면서 소득을 대체로 두가지 방식으로 창출한다.

하나는 국민이 가진 자금(유동성)을 이자라는 대가를 주면서 수집하여, 생산 또는 소비하는 사람에게 대부함으로써 얻는 이자의 차이다. 자금의 대여를 통하여 생산과 소비에 기여함으로써 생산(기업)과 소비(가계)의 소득을 나누어 받아서 예금자와 나누어 가진다.

생산과 소비가 발생하면 소득이 발생하고, 소득이 발생하는 것만큼국민소득이 증가한다. 금융산업이 창출한 생산도 국민소득 증가의 한부분에 해당한다고 생각한다.

다른 하나는 금융산업이 주식거래, 선물거래, 채권거래, 파생상품거래 등 도박장을 개설해 놓거나 참여함으로써 도박에 참가하는 사람들로부터 시설사용료를 징수하거나, 대행함으로써 대행수수료를 받거나 도박에 이겨서 부가가치를 창출한다.

금융산업의 부가가치가 국민소득 증가의 한 부분에 해당하기 위해서는 도박행위로 발생하는 이익이 국민소득의 증가에 포함되어야 한다고 본다. 하지만 주식거래의 차액 발생, 채권거래의 차액 발생, 기타 금융도박행위의 차액 발생을 국민소득의 증가로 보기는 어렵다.

다른 서비스 산업의 경우에는 소비자에게 후생을 발생시키게 되고, 소비의 목적도 후생을 위해서이므로 서비스가 국민소득 증가에 포함되어야 한다고 보지만, 금융도박의 경우에는 도박에 참가하는 자체가 후생을 위한 것이 아니고, 도박으로 이익을 얻기 위해서다.

금융 도박장 자체가 국민 생활의 후생 증가에 기여하지 않는다면, 금융도박장의 수수료징수는 국민의 소득이나 편익의 증가에 전혀 기여가 없는 생산이고, 국민소득 증가가 된다.

현재 금융기관의 소득 창출에 도박장의 수수료가 포함되어 있고, 금융산업의 소득 창출을 분석해보지 않았지만, 도박장 수수료 성격의 소득이 상당 부분을 차지할 것으로 생각한다.

금융산업 소득의 상당 부분이 국민소득의 증가와 전혀 무관한 소득 창출이고, 다른 사람으로부터 반강제적으로 이전된 소득, 즉 약탈소득이라고 본다.

금융산업 소득이 많이 발생하면 많이 발생할수록, 금융산업이 발전하면 발전할수록, 금융산업 규모가 커지면 커질수록 다른 부문(산업)으로부터 약탈하는 소득이 높아진다. 금융산업이 발전하면 발전할수록 명목상 국민소득(GDP)은 커질지 몰라도, 실질 국민소득은 작아진다.

주식거래, 선물거래 등의 수수료를 넓게 보면 국민경제의 자본조달비용이라고도 볼 수도 있다. 선물거래, 주식거래 등을 국민경제의 자본조달 비용으로 본다면 금융산업의 소득 증가는 그만큼 국민경제에서 자본조달비용의 비중이 높아지는 것이므로 국민경제의 자본조달구조가 고비용 구조화되었다고도 말할 수 있다.

자본조달구조가 고비용 구조화되어서는 제조업 등 다른 산업이 발전하기가 어렵게 된다.

02 위험회피(보험) 기능

금융산업의 한 축인 보험 기능도 이제는 위험회피를 넘어서서 도박으로 변질되고 있다. 보험 산업의 부가가치 중 상당 부분이 도박장 고리돈(수수료) 성격이므로 국민경제에 나쁜 영향을 준다.

보험 산업이 발달한다는 것 자체가 그만큼 현재의 경제·사회 시스템이 불확실하다는 것이고, 미래에 위험이 발생할 가능성이 커졌다는 것을 의미한다. 그것은 국가가 그만큼 최후의 보험자 역할을 하지 못하고 있다는 것을 의미하고, 사회안전망이 부실하다는 것을 의미하기도 한다.

과연 일개 보험회사가 얼마나 위험을 회피할 수 있을까?

상호 부조 성격의 보험인 경우에는 동일한 시점에서 위험을 분산시키는 것이므로 보험의 위험회피 기능이 제대로 작동을 할 수 있다.

하지만 미래의 위험을 회피하기 위한 보험일 경우에는 현재와 같이 불확실한 시대에는 보험 기능이 제대로 작동을 할 수 없다. 그 이유는 현재의 자산가치를 미래의 시기까지 보존할 방법이 사실상 없기 때문이다. 경제 시스템이 변동될 정도의 상황이 발생하면 보험회사의 보험 기능은 작동되지 못하게 된다.

미래의 위험을 회피하기 위한 보험을 설계하면서 적용하는 위험률은 보험회사의 이익을 보장하기 위한 것이지 미래의 위험을 대비하기 위한 것이 아니다.

경제 시스템이 변동되지 않으면 보험회사에게 초과이익을 보장해 주고, 경제 시스템이 변동되면 보험회사가 파산하여 보험 기능을 다하지 못하게 되거나 또는 가격에 문제가 발생하여 보험효과가 없어지게 된다.

어쨌든 보험 산업이 발달한다는 것, 보험 산업의 부가가치가 증가한다는 것은 국민들이 위험회피에 더욱 많은 소득을 지출하고 있다는 것, 현재의 문제보다 미래의 위험 문제에 관심을 가질 정도로 여유가 있게 되었다는 것을 말하기도 하지만, 국민경제가 위험회피에 보다 큰 비용을 지불하고 있다는 것을 의미하는 것이므로 경제발전에 그만큼 부담이 되고 있다는 것을 의미한다.

국가가 발전하기 위해서는 보험 산업의 상당 부분을 지속적으로 국가가 흡수해서 국민경제의 위험회피비용을 줄여줘서 보험 산업의 발전이라는 사회비용 증가분을 흡수하고, 도박성 보험에 대해서는 가능한 규제를 확대해서 억제해야 한다.

하지만 보험업계는 국가의 보험흡수를 반대한다. 국가가 담당하고 있는 보험 기능까지 빼앗기 위해서 노력한다. 삼성생명 등 보험회사가 경제연구소에 국가 정책을 연구하는 자금을 제공한 이유도 같은 이유일 것이라 본다.

03 금융산업의 소득을 감소시키는 방법

금융산업의 소득은 국민경제의 자본조달비용일 뿐만 아니라 다른 산업의 비용이기도 하다. 금융산업이 낙후되면 자본조달이 용이하지 않지만, 금융산업이 지나치게 발전하면 산업의 비용이 증가하여 국제경쟁력이 오히려 약화된다.

금융산업은 고용계수가 아주 낮은 대표적인 장치산업이다. 금융산업이 발달하여 국민경제에서 금융산업이 차지하는 소득의 비율이 높으면 우리나라의 고용이 감소하고, 소득 분배도 악화된다.

금융산업은 발달시키되 금융산업의 소득은 최소화되도록 해야 한다.

금융산업을 퇴보시키지 않으면서 소득을 감소시키기 위해서는 다음과 같은 방법이 필요하다.

첫째로 통화를 확대하지 않아야 한다.

통화를 확대하지 않기 위해서는 재정 적자를 없애야 하고, 기준이자율을 높여야 하고, 소득 분배를 확대해야 한다.

이유는 재정 적자는 통화량을 확대하고, 낮은 기준이자율은 대출을 확대하여 통화를 확대하기 때문이다.

통화를 축소하면 소비가 축소되어 경제가 침체되는 문제가 발생하지만, 소득 분배를 확대하여 소비 축소를 극복할 수 있다.

둘째로 최고이자율을 낮추어야 한다.

최고이자율을 아무리 높여도 한계상황에 처한 사람은 최고이자율 대출을 이용하게 되어 있다. 최고이자율을 높여도 한계상황에 처한 사람이 계속 생긴다면, 최고이자율을 높이는 것은 국민의 편익은 확대하지 못하면서도 고리채로 국민들의 가처분 소득을 빼앗고, 고통만 확대한다.

최고이자율을 낮추면 금융산업의 소득이 대폭 줄어들게 되면서 생산 부문의 자금 공급이 증가하고 소비 부문의 자금 공급이 감소한다. 이유는 생산 부문 금융의 이자율이 소비 부문 금융의 이자율보다 낮기 때문이다.

단, 음성적인 고리채에 대해서는 형벌권을 강화하고, 최고이자율을 초과하는 대출에 대하여는 대출 자체를 무효로 하고, 채무를 면제토록 함으로써 채무자를 보호하고, (실질적인) 불법행위자인 전주의 재산도 몰수할 수 있게 해야 한다.

셋째로는 선물시장 등에서 공매도와 같은 사기성이 높은 거래를 금지한다.

자본의 도박적인 거래는 국민경제에 아무런 도움이 되지 않으면서도 금융산업의 소득을 증가시킨다. 결국 국민경제의 비용을 증가시키기 때문이다.

넷째로는 보험과 사기의 결합물인 불량금융상품의 판매를 규제하여야 한다.

상품의 성격상 사전규제는 거의 불가능하므로 일률적으로 규제하기보다는 판매자(금융기관)의 배상 또는 보상책임을 강화하는 사후적인 규제를 확대해야 한다.

다섯째로 국가의 보험 기능을 확대해야 한다.

국가는 최후의 대부자이고, 최후의 보험자다. 국가가 복지 정책을 확대하고, 경제거래에서도 보험자 역할을 확대하면 보험 산업이 담당하고 있는 위험회피상품을 국가가 대체할 수 있을 것이다.

국가의 보험 기능을 확대하면 보험 산업의 소득을 줄여서 국민경제의 경쟁력을 높일 뿐 아니라 국민의 복지도 확대할 수 있다.

미국과 영국의 산업이 망하고 있는 것도, 우리나라의 산업이 망하는 길로 가고 있는 것도 금융산업의 발전을 통하여 국가를 발전시키려고 했기 때문이다.

금융산업 자체가 약탈산업이 되었으므로 우리나라가 금융허브국가가 된다면, 외국 국민을 많이 약탈할까? 아니면 우리나라 국민을 더 많이 약탈할까?

금융산업은 산업 중 최고의 강자다. 강자가 먹을 것이 부족하면 어떤 현상이 나타날까?

강자는 먹이가 부족하면 약탈을 하게 된다.

세계의 기축통화국인 미국의 금융산업도 미국 국민들을 가장 많이 약탈했다.

기축통화국도 아닌 우리나라가 금융허브국가가 된다면 우리나라 국민을 얼마나 약탈해야 금융허브국가가 될 수 있을까?

아마 우리나라 국민을 다 털어먹어서 나라를 완전히 망하게 하기 전에는 금융허브국가는 되기 어려울 것이다.

제20장

의료기관자법인 설립하면
일자리는 감소한다

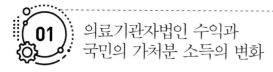

01 의료기관자법인 수익과 국민의 가처분 소득의 변화

　의료기관자법인의 수익은 국민들이 의료기관을 이용함으로써 간접적으로 또는 의료기관자법인을 직접 이용함으로써 발생한다. 의료법인의 생산(영업이익+인건비)은 국민 개개인이 소득을 지출(소비)함으로써 만들어진다.

　국민의 가처분 소득이 증가하지 않는 상태에서 의료기관자법인의 설립을 허용하면 의료기관자법인에서의 생산(영업이익+인건비)만큼 기존에 서비스를 제공하던 기업 또는 다른 일반기업(자영업 포함)의 생산이 감소하게 된다.

　이유는 국민이 의료기관자법인의 서비스를 소비하는 만큼 국민의 가처분 소득이 감소하여 다른 부문의 소비가 감소하기 때문이다.

02 의료기관자법인과 서비스경쟁 관계에 있는 기업의 생산성 비교

의료기관자법인인 만큼 의료기관에서 수의계약 등의 방법으로 특혜를 줄 것이라는 점을 생각하면 의료기관자법인의 생산성은 대단히 높을 것이라고 본다. 생산성이 높다는 뜻은 의료기관자법인의 노동자 1인당 생산금액이 많다는 뜻이며, 생산은 영업이익과 인건비의 합이고, 인건비는 기업 간의 격차가 특별히 크게 나지 않는다는 점을 생각하면, 의료기관자법인의 노동자 1인당 영업이익은 대단히 높을 것이다.

이를 다른 말로 표현하면 의료기관자법인의 영업이익률이 대단히 높을 것이라는 뜻이다. 최소한 우리나라 대기업의 영업이익률보다 높았으면 높았지 낮지는 않을 것이라 추론된다.

반면에 의료기관자법인이 설립됨에 따라 서비스공급이 감소하는 기업이나 자영업자는 현재 우리나라 중소기업의 영업이익률과 별로 다르지 않을 것이라고 본다.

2000년대 초반 우리나라 대기업 평균 생산 대비 영업이익률은 2/3 수준이고, 중소기업의 생산 대비 영업이익률은 1/3 이하라고 한다.

03 의료기관자법인설립이 국민경제에 미치는 영향

의료기관자법인이 설립되면 의료기관자법인이 서비스를 공급하는 것만큼 현재 서비스를 공급하는 기업의 서비스공급(생산)이나 다른 부문의 생산이 감소하게 된다.

의료기관자법인의 설립을 허용하면 의료기관자법인의 서비스공급(생산)이 어느 정도로 발생할지는 모르지만 가령 15조 원의 서비스공급(생산)이 발생한다는 것을 가정하고, 창출되는 일자리와 없어지는 일자리를 비교하면, 의료기관자법인의 설립허용에 대한 타당성을 검증할 수 있다.

의료기관자법인의 공급 확대와 현재 서비스를 제공하는 기업 또는 국민경제전반의 공급 감소와 국민경제의 소비 변화를 정리하면 다음과 같이 정리할 수 있다.

의료법인자회사의 생산이 15조 원 증가하면, 일자리는 어떻게 변화할 것인가(의료기관자법인의 영업이익률은 2/3를 적용하고, 기존서비스제공기업이나 다른 일반기업의 영업이익률은 1/3을 적용한다).

의료기관자법인을 설립하는 데 투입할 비용은 얼마나 될까? 의료기관자법인을 설립하는 데 비용(종잣돈)은 크게 들지 않는다. 의료기구대여업과 같은 의료기관자법인인 경우에는 금융 자본은 대단히 많이 들 것이다.

하지만 의료기관자법인이 없었다면 의료기관이 직접 투자를 했을 것이라는 점을 생각하면 의료기관자법인의 설립을 허용한다고 해서 설비투자는 별로 확대되지 않을 것이라 본다. 의료기관자법인설립에 의한 설비 투자 확대는 고려하지 않는다. 설비 투자를 계산에 포함해도 계산 결과는 크게 달라지지 않는다. 왜냐하면 한 분야에 투자를 확대하면 그만큼 금융 자본의 자금 동원 능력이 감소하기 때문에 다른 부문에서 투자가 감소하기 때문이다.

1) 의료기관자법인의 생산이 15조 원 증가하면, 경쟁기업의 생산은 15조 원 감소한다

국민경제의 가처분 소득이 변화하지 않으면 국민경제의 소비도 변화하지 않는다. 생산과 소비는 같다. 의료기관자법인의 생산이 15조 원 증가하면 경쟁기업의 생산은 15조 원 감소할 수밖에 없다.

⑴ 의료기관자법인과 경쟁기업의 소득과 고용의 변화

① 의료기관자법인의 소득과 고용의 변화
영업이익이 10조 원 증가하고, 임금은 5조 원 증가하며 일자리도 125,000개(=5조 원/4,000만 원) 증가한다.

② 경쟁기업의 소득과 고용의 변화
영업이익이 5조 원 감소하고, 임금은 10조 원 감소하며, 일자리도 250,000개(=10조 원/4,000만 원) 감소한다.

2) 국민경제 전체의 소득과 고용의 변화

소득(생산)의 변화는 없다. 자본소득인 영업이익이 5조 원 증가하고 노동소득인 임금은 5조 원 감소한다. 일자리는 125,000(=250,000-125,000)개 감소한다.

3) 자본소득과 노동소득의 변화가 국민소득과 고용에 미치는 영향

⑴ 자본소득 증가 5조 원의 소비 효과에 의한 소득변화: 2.0조 원 증가

(자본소득의 한계소비성향: 0.2 적용, 노동소득의 한계소비성향: 0.7 적용, 노동소득 분배율: 60% 적용, 계산은 '자본소득과 노동소득의 변화가 국민경제에 미치는 영향' 참조)

- 1차 소비: 1.0조 원(=5조 원×0.2)
- 2차 소비: 0.5조 원(=0.08+0.42)
- 3차 소비: 0.25조 원
- 4차 소비: 0.125조 원
- 자본소득 증가에 의한 소비(생산=소득) 증가의 합: 2.0조 원
- 소비 증가의 합=(1차 소비+2차 소비+3차 소비+4차 소비+5차 소비+6차 +⋯)
- 2조 원=(1조 원+0.5조 원+0.25조 원+0.125조 원+⋯)

- 계산식은 $S = \dfrac{a}{1-r} = \dfrac{1}{1-\dfrac{1}{2}} = \dfrac{1}{0.5} = 2$

⑵ 노동소득 5조 원 감소의 소비 효과에 의한 소득의 변화: 7.0조 원 감소

- 1차 소비 감소: 3.5조 원(=5조 원×0.7)

- 2차 소비 감소: 1.75조 원(=0.28+1.47)

- 3차 소비 감소: 0.875조 원(=0.14+0.735)

- 4차 소비 감소: 0.4375조 원

- 5차 소비 감소: 0.21875조 원

- 노동소득 감소에 의한 소비(생산=소득)변화의 합: 7.0조 원 감소

- 소비 증가의 합=(1차 소비+2차 소비+3차 소비+4차 소비+5차 소비+⋯)

- 7조원=(3.5조 원+1.75조 원+0.875조 원+0.4375조 원+0.21875조 원+⋯)

- 계산식은 $S = \dfrac{a}{1-r} = \dfrac{3.5}{1-\dfrac{1}{2}} = \dfrac{3.5}{0.5} = 7$

⑶ 자본소득 5조 원 증가와 노동소득 5조 원 감소에 의한 국민소득과 고용의 변화

- 국민소득의 변화: 5조 원 감소(-5조 원=소득 증가 2조 원 -소득 감소 7조 원)
- 고용의 변화: 75,000명 감소(-75,000명=-5조 원×60%/4,000만 원)

4) 의료기관자법인의 15조 원 생산 증가가 국민경제에 미치는 영향

⑴ 국민소득의 변화: 5조 원 감소

- 1차 변화: 없음
- 승수변화: 5조 원 감소
- 종합: 5조 원 감소

⑵ 자본소득과 노동소득의 변화: 자본소득 3조 원 증가, 노동소득 8조 원 감소

- 1차 변화: 자본소득 증가: 5조 원, 노동소득 감소: 5조 원
- 승수변화: 자본소득 감소: 2조 원(5조 원의 40%), 노동소득 감소: 3조 원(5조 원의 60%)
- 종합: 자본소득: 3조 원 증가, 노동소득: 8조 원 감소

⑶ 고용의 변화: 20만 명 감소

- 1차 변화: -125,000명(=125,000명-250,000명)
- 승수변화: -75,000명(=-5조 원×60%/4,000만 원)
- 종합: -200,000명(=-125,000명, -75,000명)

04 의료기관 소득의 성격

의료·치료행위는 일반기업이나 개인에게는 금지하는 행위이고, 의사 면허를 가진 개인이나 비영리의료법인에게만 허용되는 특허행위다.

비영리의료법인(의료기관)의 소유자는 법인의 이익을 배당받을 수 없게 되어 있다. 왜냐하면 의료행위 허용 자체가 독점적 이익을 주는 특허행위이고, 대단위의료기관을 설립하게 하는 자체가 막대한 독점적 이익을 주기 때문이다. 독점적 이익은 주되 그 이익의 사유화는 하지 못하도록 막아놓았다.

의료기관자법인의 설립을 허용하면, 비영리법인인 의료기관이 의료기관자법인으로 의료기관의 소득을 합법적으로 빼돌릴 수 있는 통로가 만들어진다.

국민 전체의 이익이 되어야 할 비영리의료법인의 이익이 의료기관자법인의 이익으로, 의료기관자법인의 이익이 의료기관자법인 주주와 경영자의 이익으로 전환되고 만다.